Günter Franzen
SPÄTE
LIEBE

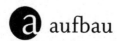 aufbau

Günter Franzen

SPÄTE LIEBE

Wie ich im Internet
die Frau fürs Leben
suchte und fand

ISBN 978-3-351-03757-4

Aufbau ist eine Marke der Aufbau Verlag GmbH & Co. KG

1. Auflage 2019
© Aufbau Verlag GmbH & Co. KG, Berlin 2019
Günter Franzen, 2019
Einbandgestaltung zero-media.net, München
Gesetzt aus der Whitman durch Greiner & Reichel, Köln
Druck und Binden CPI books GmbH, Leck, Germany
Printed in Germany

www.aufbau-verlag.de

Für Ursi
4.12.2018

WAHRHEIT ODER PFLICHT

Die Vorgeschichte zu diesem Buch beginnt am Morgen des 11. November 1997. Die Frau, die an diesem Tag in Frankfurt auf meinem Weg zur Arbeit die U-Bahn betritt, trägt hochhackige, schwarze Wildlederstiefel, einen dunkelblauen, taillierten Wollmantel und eine tief in die Stirn gezogene Baskenmütze, unter der ein blaues Augenpaar aufblitzt. Ihr Blick gleitet wach und offen über die müden, hinter Büchern und Zeitungen verschanzten Fahrgäste hinweg. Ausdruck einer unerschrockenen, den Menschen zugewandten Neugier und Lebendigkeit, die mich auf eine Weise hinreißt, dass ich ihr folgen muss, als sie die Bahn an der übernächsten Station verlässt. Die Fragwürdigkeit meines Treibens wird mir erst bewusst, nachdem ich ihre Gestalt im Menschengewirr aus den Augen verloren habe.

Vierzehn Tage später nehme ich an der Jahrestagung der Deutschen Psychoanalytischen Vereinigung in Wiesbaden teil, und weil der Hauptvortrag gähnende Langeweile in mir verströmt, richte ich den Blick auf die vorderen Stuhlreihen und fahre wie elektrisiert hoch, als ich eine moosgrüne, von einer Art Maulwurfskragen gezierte Cordbluse sehe, aus der sich ein zarter und stolzer Nacken erhebt. Wenn ich sage, dass es mir gelang, sie in der Kaffeepause in ein Gespräch zu verwickeln, gibt das den Charakter unseres Gesprächs nur unzulänglich wieder. Ich rede drauflos wie ein Wasserfall: von der schicksalhaften Begegnung in der U-Bahn, meiner Lebensgeschichte von den Anfängen bis zur Gegenwart, von dem Zwang, sie wiedersehen zu müssen, und als das Bekenntnisstakkato in dem Wunsch gipfelt, mit ihr ein Kind zeugen zu wollen, schaut sie mich an wie einen vom Wahnsinn befallenen Patienten und beendet meinen manischen Monolog mit dem ernüchternden Hinweis auf meinen Familienstand: verheiratet, ein Kind. Die Tagung nimmt ohne uns ihren Lauf, und nach weiteren drei Stunden der heftigen Auseinandersetzung über die moralische Verwerflichkeit meiner Avancen und die Glaubwürdigkeit meiner Motive sagt sie mir, dass sie sich, so verrückt es auch sei, vorstellen könne, sich irgendwann auf mich einzulassen, aber mit Sicherheit nicht als Geliebte. Diesen Status habe sie in ihrer Vergangenheit hinlänglich ausgekostet. Als ich in der Dämmerung den Rücklichtern ihres davonfahrenden Autos hinterherstarre, weiß ich, dass die Phase meiner bis zum 50. Lebensjahr ausgedehnten Adoleszenz vorbei ist und dass diese Frau keine Vagheit des Herzens dulden wird. *Take it or leave it*. Da ist es endlich, das herbeigesehnte Gesicht: offene Augen, die mich umfangen mit Wissen und Güte, Verlangen und Hingabe, Wärme und Vertrauen. Ich bin dem Menschen begegnet, der mir bestimmt war von Anbeginn, von dem ich weiß, dass er zu mir passt wie kein anderer vor und nach ihm, und weil das so ist, bedarf es nur eines Wortes: Ja.

Danach ist alles ganz einfach. Aus den Quellen zweier katholischer Kindheiten springt ein Gefühl unauflöslicher Verbundenheit auf, ein von heiligem Ernst beflügelter Glaube, der den romantischen Furor und die wechselseitige körperliche Anziehung aufhebt: Du und Ich, Treue um Treue bis in alle Ewigkeit.

Credo quia absurdum: es ist gewiss, weil es unmöglich scheint, und nach neunmonatiger Adventszeit bestaunen eine nicht mehr ganz junge Frau und ihr zwölf Jahre älterer Mann, das atmende Wunder, das sie selbst hervorgebracht haben: »Ein Kindelein so zart und fein ...« Ein dankbares Paar, zitternd vor Glück, das, gleichermaßen unverdient wie unverfügbar, zweifellos von oben kommt. Und Gott ist mit den Liebenden, zehn Jahre oder 3650 Tage und Nächte lang. Bis zum Morgen des 15. Juni 2008.

Der Engel, der die Vertreibung verkündet, ist kein mit dem Flammenschwert drohender Cherubim, sondern der stets freundlich lächelnde Leiter des örtlichen Onkologiezentrums. Er kann nach mehrwöchigen diagnostischen Anstrengungen ausschließen, dass es sich bei der anhaltenden Atemnot um das Symptom eines grippalen Infekts, einer Bronchitis oder einer Pneunomie handelt. Er spricht mit fremden Zungen und seine Stimme hat einen scharfen metallischen Klang: »Bronchialkarzinom Stadium IV. Maligner Pleuraerguss. Weichteilmetastase linker Oberarm.«

Da, wo die Haut besonders dünn, durchscheinend und empfänglich ist für ganz andersartige Berührungen, unterhalb ihres linken Schulterblatts, wird der Port gelegt, eine im Durchmesser etwa ein Zentimeter große künstliche Öffnung, durch die diverse chemische Kampfstoffe an die Tumore herangeführt werden. Durch die orale Beigabe acht verschiedener Präparate seien, so heißt es, die Kollateralschäden bei einer positiven Grundeinstellung der Patientin auf nahezu null zu minimieren. Die geforderte Einstellung ist vorhanden, die Nebenwirkungen aber kommen, bleiben und breiten sich aus: Übelkeit, Erbrechen, Krämpfe, Bewegungsstörungen, Schüttelfrost und Angstattacken.

Der sanfte Onkologe mit dem eisernen Kern bemäntelt das Ende seiner Kunst mit Durchhalteparolen und redet von Pfeilen, die er im Köcher und Trümpfen, die er im Ärmel habe. Die maximalinvasive Strahlentherapie verpufft wirkungslos und hinterlässt lediglich verbrannte Hautflächen. Der Tumor hat keine menschlichen Eigenschaften, er ist weder grausam noch heimtückisch. Er ist vollkommen eigenschaftslos und macht einfach und unaufhaltsam weiter. Die Gewalttätigkeit der Medizin, die Gleichgültigkeit der Natur und das Schweigen Gottes verbünden sich gegen die Frau, die unter meinen Händen und vor meinen Augen zerbricht und dahinwelkt, Stunde um Stunde.

Im Verlauf von vier chemotherapeutischen Behandlungszyklen sinkt sie elfmal in die Knie und steht zehnmal wieder auf. Kurz vor dem Eintritt in die Zone des Unsagbaren bittet sie mich zu sich und sagt flüsternd, dass sie mir das Kind anvertrauen müsse und es als eine Ehre betrachte, mit mir verheiratet gewesen zu sein. Aufschreiend verbiete ich ihr, von sich und uns in der Vergangenheitsform zu sprechen, und herrsche sie an, die verfluchten Medikamente zu schlucken und das Wasser zu trinken.

Sie entzieht sich meinen Worten und erlischt am 15. Mai des Jahres 2009 um 22 Uhr 45. Ich schließe ihre Augen, die blauen, küsse ihre Lippen, die zarten, löse die über ihre Schulter verteilten Morphiumpflaster, streife ihr den Trauring vom Finger und umrahme das schöne, schmal gewordene Gesicht mit den Blütenblättern weißer Rosen, um dem Kind den Anblick der toten Mutter zu erleichtern. Da stehe ich und fühle mich kalt, erstarrt und bar jeder Empfindung.

»Ich bin auf alles eingerichtet«, sagt die Hinterbliebene in einem Roman von Christoph Hein: »Ich bin gegen alles gewappnet, mich wird nichts mehr verletzen. Ich bin unverletzlich geworden. Ich habe in Drachenblut gebadet, und kein Lindenblatt ließ mich irgendwo schutzlos. Aus dieser Haut komme ich nicht mehr raus. In meiner unverletzlichen Hülle werde ich krepieren in Sehnsucht.«

Das ist zehn Jahre her. Eine lange Zeit, von der es heißt, dass sie alle Wunden heilt. Meine Lektorin, der ich den nachfolgenden Text anvertraut habe, hat mich vom Gegenteil überzeugt. Mein literarisches Alter Ego, mit dem ich über das Meer der internetbasierten Liebe kreuze, sei ein passiver, aufs Scheitern abonnierter Held des rasenden Stillstands, der bei aller äußeren Umtriebigkeit von dem unberührt bleibe, was er wortreich und ironiegesättigt beschwöre: die Möglichkeit einer späten Liebe.

Weil diese Diagnose weder dem Autor noch seiner Figur schmeichelt, habe ich mich um dieses Vorwort lange gedrückt. Ich wollte dem Tod, dem Verlust und den Schmerzen ums Verrecken kein zweites Mal einen Raum zubilligen, nicht in mir und nicht in den mehr oder weniger fiktiven Lebensgeschichten der Frauen, die sich im Laufe der letzten acht Jahre auf eine Begegnung mit mir einließen. Dass mir diese Verleugnung kurz vor Drucklegung auf die Füße fällt, kränkt zwar meinen schriftstellerischen Narzissmus, kommt jedoch – so meine Hoffnung – der Lesbarkeit des Textes entgegen, der keinen Rat erteilt, aber eine Botschaft enthält: Wer Liebe geben und empfangen will, muss verwundbar bleiben.

ZWEIMAL ZWEI IM ABENDLICHT

»Und Casanova wußte, wie sie ihn sah; denn er sah sich selbst gleichsam im Spiegel der Luft und erblickte sich so, wie er sich gestern in dem Spiegel gesehen, der im Turmgemach gehangen: ein gelbes böses Antlitz mit tiefgegrabenen Falten, schmalen Lippen, stechenden Augen – und überdies von den Ausschweifungen der verflossenen Nacht, dem gehetzten Traum des Morgens, der furchtbaren Erkenntnis des Erwachens dreifach verwüstet. Und was er in Marcolinens Blick las, war nicht, was er tausendmal lieber darin gelesen: Dieb-Wüstling-Schurke; er las nur dies eine, das ihm von allem das furchtbarste war, da es sein endgültiges Urteil sprach: Alter Mann.«

Arthur Schnitzler, Casanovas Heimfahrt

»Ich war nicht mehr jung, als ich beschloß, mein Leben als eine nicht endende, ununterbrochene Liebesgeschichte fortzuführen. Mein Körper befand sich schon in jenem Stadium des Verfalls, das an besonders gefährdeten Partien die beginnende Greisenhaftigkeit offenbart. Schlaffe Gesäßfalten, sich wellendes Fleisch am Bauch und an den Innenseiten der Oberschenkel, unter der Haut das sich in kleinen Klumpen auflösende Bindegewebe. Trotzdem haftete ihm in seinen Konturen seine Jugend noch an und ließ bei vorteilhaften Lichtverhältnissen und bei einer Haltung, die Haut und Fleisch strafft, die Illusion zu, ich sei der Jugend nicht ferner als dem Alter.«

Monika Maron, Animal triste

»Während ich sie beobachtete, überkam mich ein Schmerz, ein metaphysischer Schmerz, und ich unternahm nichts, ihm Einhalt zu gebieten. Intuitiv wusste sie Bescheid, wusste, dass in dem alten Mann auf dem Plastikstuhl in der Ecke etwas Persönliches vor sich ging, was mit Alter und Bedauern und Verfall zu tun hatte. Was ihr nicht sonderlich gefiel, was sie nicht provozieren wollte, obschon es eine Huldigung an sie war, an ihre Schönheit und Frische ebenso wie an die Kürze ihres Kleids. Wenn es von einem anderen gekommen wäre, wenn es eine einfachere und direktere Bedeutung gehabt hätte, wäre sie vielleicht eher bereit gewesen, es wohlwollend entgegenzunehmen; aber von einem alten Mann kommend war seine Bedeutung zu diffus und melancholisch für einen schönen Tag, wenn man es eilig hat, mit der Hausarbeit fertig zu werden.«

J. M. Coetzee, Tagebuch eines schlimmen Jahres

»Bettina Brentano, eine Liebhaberin junger Männer, hat keinen Brecht gefunden, der gegen den Geist ihrer Zeit die Größe, Neuigkeit, Einmaligkeit ihres Lebens erkannt hätte. Sie blieb die unwürdige Greisin, mit der sich auch die nachfolgende Literaturwissenschaft nur ungern oder amüsiert beschäftigte. Was an ihrem Leben in die Zukunft wies, hat man in dieser ihrer Altersbiografie verleugnet. Sie tat nur, was jede intelligente alternde Frau gern täte: lieben, denken, schreiben, Reden schwingen, publizieren – eben: frei sein. Heute können Frauen sich dies alles leisten – außer der Liebe, denn, entgegen aller anderslautenden Behauptungen, ist das Heer der einsamen verlassenen alternden Weiblichkeit groß und wird es bleiben. Es gibt keine alte Venus.«

Hannelore Schlaffer, Das Alter. Ein Traum von Jugend

You'll Be 70

Das ist die Liebe der Senioren
Auf die Dauer, lieber Schatz,
Ist mein Herz kein Ankerplatz.
Es blüh'n auf allen Gräbern Rosen,
Und für keine gibt's im Internet Ersatz

Ein Tag wie jeder, ich träum' von Liebe,
Doch nur ein Traum – aha aha
Menschen wohin ich schau, Großstadtgetriebe,
Und auf einmal sah ich sie, sie
Siebzig Jahr, blondes Haar, so stand sie vor mir
Siebzig Jahr, blondes Haar, wie flieh ich von hier?

Über siebzig Brücken musst du geh'n,
Siebzig dunkle Jahre überssteh'n,
Siebzig Mal wirst du die Asche sein,
Aber niemals mehr der helle Schein.

BÖHMISCHE DÖRFER

Wenn ein Mann in vorgerücktem Alter einer Frau, deren Zuneigung er zu erringen hofft, versichert, ihr bis ans Ende der Welt zu folgen, kann er in der Regel darauf vertrauen, nicht beim Wort genommen zu werden. Ich hatte das Pech, an eine willensstarke Vertreterin des schönen Geschlechts geraten zu sein in der Gestalt von Elli, die diese Regel entweder nicht kannte oder ignorierte, als sie mich aufforderte, sie nach Dux zu begleiten, wo sie 63 Jahre zuvor das Licht der Welt erblickt hatte.

Im Rahmen meiner widerwillig getroffenen Reisevorbereitungen bringe ich in Erfahrung, dass der in diesem nordböhmischen Kaff residierende Graf Joseph Karl von Waldstein sich einstmals des berüchtigten Schwerenöters Giacomo Girolamo Casanova erbarmt, und den greisen, von Gicht und Heimweh geplagten Italiener von 1785 bis zu seinem Tod im Jahr 1798 selbstlos durchgefüttert hatte. Er habe, heißt es in einem zeitgenössischen Dokument des Fürsten de Ligne, 13 Jahre lang darauf bestanden, tagtäglich um Punkt 12 Uhr in der Schlossbibliothek seine Makkaroni serviert zu bekommen. Abgesehen davon, dass ich die Beschäftigung mit dem Niedergang lebender und verstorbener Altersgenossen als wenig erbaulich empfinde, steht das ganze Projekt unter keinem guten Stern.

Auf der Flucht vor den in beiges Einheitstuch gehüllten, vorwiegend aus dem Ruhrgebiet stammenden Reha-Patienten, die sich mit ihren Trinkbechern in Divisionsstärke durch die bezaubernd fragilen Kolonaden der Jugendstilhochburgen von

Marien-, Franzens- und Karlsbad wälzen, erreichen wir unseren Bestimmungsort bereits in einem ziemlich angefressenen Gemütszustand. Die Fassade des Hotels erstrahlt im schönsten Habsburger Gelb, im Foyer hängt der Geruch von Krautwickeln und Moder. Der magenkrank wirkende Objektleiter knöpft uns eine Parkgebühr in ungeahnter Höhe ab und legt uns nahe, den kleinen japanischen Sportwagen meiner Gefährtin zusätzlich mit einer Wegfahrsperre zu versehen, die gegen Zahlung von 3000 Kronen käuflich bei ihm zu erwerben sei. Beim Gang durch die Stadt reiht sich eine Enttäuschung an die andere. Das Grab des legendären Frauenhelden war bereits von prüden Angehörigen der Roten Armee eingeebnet worden, das Elternhaus meiner Geliebten in den letzten Tagen des kommunistischen Regimes den Baggern des Braunkohletagebaus zum Opfer gefallen, kurzum: das Ganze wirkt so besucherfreundlich wie das heimische Bitterfeld im Jahr nach dem Mauerfall.

Wir sitzen auf der verwitterten Terrasse der nach dem toten Schürzenjäger benannten Gaststätte, die Fallwinde aus dem nahen Erzgebirge lassen mich frösteln, der Kaffee schmeckt nach einer Mischung aus Zichorie und Robusta, bettelarme Kinder umkreisen das scheinbar wohlsituierte, von historischen Schuldgefühlen gebeutelte linksliberale Liebespaar, und ich grummele halblaut vor mich hin: »Mensch, Ella, erst schleppst du mich zurück in den verdammten Ostblock und jetzt haben wir auch noch die Zigeuner an den Hacken.« Im Nachhinein bin ich mir sicher, dass selbst Angehörigen des ZK der EKD in dieser misslichen Lage die Gäule durchgegangen wären, aber meine Annahme, dass man im geschlossenen Raum einer intimen Zweierbeziehung reden kann, wie einem der Schnabel gewachsen ist, erweist sich als trügerisch. Die lichtblauen Augen meiner spät ausgesiedelten Begleiterin changieren ins Steingraue, ihre Züge verhärten sich und sie begräbt mich unter ans Unflätige grenzenden Anwürfen: »Du verhärteter alter Idiot! Seit dem Grenzübertritt muss ich deine Übellaunigkeit ertragen, ein chauvinistischer Spruch jagt den anderen, aber jetzt ist Sense! Such dir meinetwegen eine reinrassige Thusnelda aus der Gerontoabteilung der AfD und zieh mit ihr in eins der germanischen Wehrdörfer in der Uckermark, mir gehst du jedenfalls nicht mehr an die Wäsche.«

Mit dem Chanson »Du lässt dich geh'n« landete Charles Aznavour 1962 nicht nur auf einem Spitzenplatz der deutschen Schlagerparade, sondern auch auf der schwarzen Liste der zart keimenden hiesigen Frauenbewegung, die von der resoluten Inge Meysel angeführt wurde. Der rüstige Franko-Armenier beteuert bis zu seinem Tod im Jahr 2018, dass er überhaupt nicht wusste, was er damals auf Geheiß der Plattenproduzenten vom Blatt ablas, aber enthält dieser schwerlich subtil zu nennende Text nicht eine zeitlose Wahrheit über die Erleichterungen, die das Paarleben nach Erreichen des Happy Ends mit sich bringt? Der Make-up-Zwang entfällt über Nacht, der Wechsel zur nächsthöheren Konfektionsgröße wird kommentarlos toleriert, man darf abgestandene Witze und Heldentaten erzählen, im schlabbrigen Homedress durch die Wohnung schlurfen, sich mit einer Tüte Paprikachips auf dem Schoß die zehntausendste Folge der Lindenstraße reinziehen, Schundromane lesen oder um es mit Theodor W. Adorno ein wenig anspruchsvoller und gewundener zu formulieren: Die eingespielte, von romantischen Flausen befreite Partnerschaft bietet eine Schutzzone, in der »du schwach dich zeigen darfst, ohne Stärke zu provozieren«.

Als ich zwei Wochen nach der fristlosen Kündigung des auf die Ewigkeit angelegten Liebesverhältnisses bei einem sauer Gespritzten auf dem Frankfurter Römerberg sitze und durch die Gläser meiner Sonnenbrille voller Schwermut und Selbstmitleid den leicht bekleideten Frauen nachblicke, die an diesem lauen Sommerabend in variantenreicher Schönheit zu Hunderten den touristischen Brennpunkt kreuzen, kommt mir die Klage des neunzigjährigen Charmebolzens in den Sinn, und ich schütte den Rest des 7-Schoppen-Bembels in den Rinnstein: *Tu te laisses aller?* Nein, denn noch ist nicht aller Tage Abend.

DOPPELHERZ SUCHT FRAUENGOLD

Der den Frösten des Singledaseins ausgesetzte, plötzlich wieder auf Freiersfüßen wandelnde Mann auf der Schwelle zum statistisch gesehen letzten Lebensjahrzehnt, kann schwerlich mit inneren Werten wie Contenance, Beständigkeit, Herzensbildung und geballter Lebenserfahrung punkten, sondern nur mit Eigenschaften, die, soweit er überhaupt noch über sie verfügt, im Schwinden begriffen sind: Dynamik, Spannkraft, Virilität. Der Handel mit Dingen, die man nicht hat, aber in Aussicht stellt, gibt in der Finanzwirtschaft ein gewinnträchtiges Geschäftsmodell ab, auf dem störanfälligen Markt der Beziehungen hingegen führt er binnen kürzester Zeit zum Offenbarungseid und in den Abgrund der Lächerlichkeit: dem Narrenende wohnt kein Zauber inne. Diese Einsicht trieft vor Weisheit, mit der es aber auch nicht weit her ist, wenn sich meine beiden Teilpersönlichkeiten im Morgengrauen vor dem Badezimmerspiegel begegnen und in einen Wortwechsel geraten. Sagt der resignierte alte Sack, in den ich eingeschweißt bin: Komm, lass stecken, mit den Frauen bin ich durch, reich mir Stützstrumpf, Schnabeltasse und Rheumadecke, damit endlich Ruhe ist im Karton! Antwortet der auf ewig in mir wohnende quecksilbrige, leicht entflammbare Achtzehnjährige: Auf die Pferde, Alter, Kneifen gilt nicht, und wenn du dir bei der letzten Aventüre das Genick brichst, ist das immer noch besser als sich bei YouPorn dem Herzstillstand entgegen zu sabbern!

Was tun? In meiner Ratlosigkeit bastele ich mir ein Reklameschild mit der Aufschrift »Des Alleinseins müde«, mit dem ich auf der zentral gelegenen Konstablerwache für mich zu werben gedenke. Als ich meinen Nachbarn, ein in Unehren ergrauter, für seinen Bindungsunwillen bekannter Womanizer, in den Plan einweihe, belächelt der alte Routinier mein Vorhaben, mit dem ich eher in der geschlossenen Abteilung der Psychiatrie als in den geöffneten Armen einer sich nach mir verzehrenden Frau landen würde. Stattdessen solle ich mir die grenzenlosen Jagdgründe des World Wide Web erschließen, in denen er schon ohne großen Aufwand so manchen süßen Fang gemacht habe. Als in der Wolle gefärbter Feminist der ersten Stunde finde ich die sexistischen Empfehlungen des senilen Schmierlappens natürlich widerlich, aber warum sollte es mir nicht gelingen, meine Suche nach einem liebevollen weiblichen Mitmenschen unter Wahrung meines hohen, auf Wertschätzung und Respekt gründenden Frauenbildes auf den digitalen Raum auszudehnen?

Das von mir im weiteren Verlauf der Begebenheiten aufgerufene Internetportal wirbt mit der irritierenden Behauptung: »Alle elf Stunden verliebt sich ein Best Ager über FinalDate.« Abgesehen von den wohlklingend-sinnfreien Scheinanglizismen, fand ich die Aussage eher entmutigend. Wenn von den 20 Millionen bundesrepublikanischen Rentnern zwei Millionen ihrer trans-, homo- oder heterosexuellen Erfüllung in Permanenz auf Kreuzfahrtschiffen hinterherjagen und -trippeln, zwölf Millionen in festen Händen sind oder das halbwegs passende Deckelchen gefunden haben, und man ferner die zwei Millionen der über 80-Jährigen abzieht, deren libidinöse Glut als weitgehend erloschen gelten kann, bleiben immer noch vier Millionen übrig, die auf dem Festland miteinander in Konkurrenz treten. An trübsinnigen Tagen kann ich kaum bis drei zählen, aber die halbwegs sichere Prognose, frühestens 2022 noch einmal der Liebe einer Frau teilhaftig zu werden, war ein Schlag ins Kontor. Hinzu kommt die horrende Jahresgebühr von 800 Euro, die nach der Lektüre der AGB aus der diskriminierenden Tatsache resultiert, dass mir als Endsechziger ein Zuschlag für Schwervermittelbare auferlegt wird.

Dann aber kämpfe ich meinen kleinlichen Grübelzwang nieder und mache mich an die Arbeit der Selbstvermarktung. Für die Fotogalerie des Portals lade ich drei Selfies hoch: Am Schreibtisch dichtend und denkend, sturmfest und erdverwachsen auf dem Felsen von Helgoland sowie als gutmütiges Familientier in den bayerischen Alpen mit dem lachenden Enkeltöchterchen auf den im Halbschatten athletisch wirkenden Schultern. Bei der Bildbearbeitung mindere ich den Kontrast und erhöhe die Helligkeit, um das faltige Gitterwerk, mit dem das Leben mein Gesicht gezeichnet hat, in ein etwas milderes Licht zu tauchen. Bei der Wahl des persönlichen Zitats war ich bestrebt, meine Unverwüstlichkeit zu betonen und schwanke stundenlang zwischen den Verlautbarungen der beiden Ex-Boxer René Weller und Ernest Hemingway: »Wo ich bin, ist oben und wenn ich mal unten bin, ist unten oben« oder »Ein Mann kann zerstört werden, aber nicht besiegt.« Als ich die anrührend nostalgischen Aphorismen aus der heilen Welt des Machismo noch einmal überfliege, dämmert mir, dass ich die potenzielle Dame meines Herzens mit diesen Kalendersprüchen für die Mannschaftsunterkünfte der GSG 9 wohl eher verfehlen würde und greife auf den millionenfach kopierten 13. Brief des Apostels Paulus an die Korinther zurück, mit dem man in keiner Lebenslage etwas falsch machen kann: »Nun aber bleiben Glaube, Hoffnung, Liebe, diese drei; aber die Liebe ist die größte unter allen.«

Die Frage, auf wen oder was ich allergisch reagiere, ist mit Konstantin Wecker, Michel Friedmann und dem Wort zum

Sonntag ebenso leicht zu beantworten, wie die nach den Prominenten, die ich gern einmal treffen würde: Barbara Auer, Georg Stefan Troller und Bodo Ramelow. Mit der Rubrik Sport und Freizeit tue ich mich wesentlich schwerer, weil ich neben dem seit vierzig Jahren täglich exerzierten Dauerlauf von Kindesbeinen an zwar schlecht, aber leidenschaftlich gern und regelmäßig Minigolf spiele. Ein extrem kleinformatiges Vergnügen, das aus der Perspektive einer weitblickenden Frau betrachtet, auf eine gewisse Beschränktheit des Horizonts und der Interessen schließen könnte. Also streiche ich schlechten Gewissens die ersten beiden Silben der von mir bevorzugten Sportart und denke, dass ich mich im Ernstfall immer noch mit der Simulierung eines Bandscheibenvorfalls aus der Affäre ziehen könnte. Auch bei der Angabe der Einkommensverhältnisse halte ich es für nicht ratsam, es mit der Wahrheit übertrieben genau zu nehmen und erhöhe meine jährlichen Pensionsansprüche um die runde Summe von 12 000 Euro. Mit einer Frau, die sich bei der ersten Begegnung die Kontoauszüge zeigen ließe, würde es ohnehin zu keiner zweiten kommen, und jeder anderen würde ich im Verlauf unserer behutsamen Annäherung vermitteln können, dass die Notlüge von der Befürchtung diktiert worden sei, mit meiner eher bescheidenen pekuniären Potenz durch das Raster ihrer Aufmerksamkeit zu fallen. 24 Stunden nach Beginn der Aktion habe ich endlich erfolgreich alle Eingabemasken bedient, die Lastschriftermächtigung erteilt und falle in einen traumlosen Schlaf, aus dem ich benommen erwache.

IM SCHLARAFFENLAND

Die Sonne scheint, ein Schwalbenpärchen überfliegt mein in der Nähe der A661 gelegenes Dachstübchen, die Rotorblätter der in der Wetterau installierten Kraftanlage muten aus der Ferne an wie friesische Windmühlen, und als ich meinen Posteingang öffne, komme ich mir vor wie ein kleiner Junge, den man nach Ladenschluss versehentlich in der Schokoladenabteilung des Kaufhofs eingesperrt hat: Sage und schreibe 509 Partnervorschläge haben die Heinzelmännchen von FinalDate über Nacht auf meinen Computer gezaubert. Um der Fülle des Angebots Herr zu werden, versenke ich zunächst einmal alle Studienrätinnen i. R. im virtuellen Papierkorb, ein brutaler Akt der Auslese, der der Begründung bedarf. Seit meinem Gastspiel in einem humanistischen Gymnasium des Jahres 1957 hatte mir der vom Staat mit dem höheren Lehramt betraute Personenkreis unabhängig vom Geschlecht mit seiner Pingeligkeit mein junges Leben zur Hölle gemacht. Eine Verletzung, die bei Kontakten in der Phase der postschulischen Sozialisation immer wieder zu Retraumatisierungen führte. Die Fähigkeit, einem wehrlosen Menschen jederzeit und ungefragt zu erklären, was die Welt im Inneren und Äußeren zusammenhält, gepaart mit der Neigung zum uferlosen Zutexten des Gegenübers, ließen mich von dieser Option Abstand nehmen. Die Vorstellung, mich als Liebhaber des Ungefähren in meiner Restlaufzeit an eine Frau zu binden, die drohte, all meine spontanen Lebensäußerungen in roter Tinte zu ertränken, ist ein Albtraum.

Mein Misstrauen gegenüber dem Berufsstand der im Angebot befindlichen Erzieherinnen ist nicht so stark ausgeprägt, aber leider vorhanden. Sie müssen integrieren, inkludieren, Windeln wechseln, Tränen trocknen, den ganzen Tag lieb und gut sein und sich nach Feierabend auf Elternabenden der Attacken hysterischer Sorgeberechtigter erwehren. Aber welche Folgen hat dieses unter Umständen 45 Jahre währende Hantieren mit Schippchen, Förmchen, Eimerchen und anderen Niedlichkeiten für das verbleibende Triebleben der Ruheständlerinnen? Lauschen wir an langen Winterabenden im Schein einer selbstgebastelten Martinslaterne in Löffelchenstellung aneinandergeschmiegt den Klängen von Kuschelrock 12, und ich nenne sie Lillifee und sie mich Mondbär? Gottbewahre!

Es überrascht mich, dass das durchaus ehrenwerte Gewerbe der Friseurin und Kosmetikerin auf der Vorschlagsliste an prominenter Stelle rangiert, weil die im Bereich der Körperpflege tätigen Frauen beziehungsökonomisch ausgedrückt ja eigentlich aus den Vollen schöpfen können. Die ihrer textilen Rüstung und ihres verbalen Blendwerks beraubte männliche Kundschaft ist den kritischen Blicken dieser Handwerkerinnen hilflos ausgeliefert und welcher Altersgenosse weit jenseits der Lebensmitte kann von sich behaupten, dass er im unbedeckten Naturzustand auf der Gegenseite einschlägt wie eine Bombe? Eine unerbittliche Selektion. Die Türkin, der ich meinen Körper alle vier Wochen für die üblichen Wartungsarbeiten anvertraue, übt beide Berufe seit dreißig Jahren in Personalunion aus. Ich unterhalte zu der fülligen Schönheit, die mein aus Köln stammender Vater in seinem unverblümten rheinischen Sprachgebrauch sicher als *lecker Mädsche* bezeichnet hätte, eine entspannte Arbeitsbeziehung, die durch gelegentliche Entgleisungen nicht zu erschüttern ist. Im letzten Frühling beglückte sie mich mit einer scharfkantigen, ihrer Meinung nach hochmodischen Horst-Wessel-Gedenkfrisur, vor vier Wochen legte sie mir eine glättende Honig-Gurken-Maske auf und ließ sich zu der Bemerkung hinreißen, dass sie es beim nächsten Mal mit Moltofill versuchen würde. Ich habe zunächst ein wenig verkniffen reagiert, stimmte dann aber in ihr Gelächter ein. Wenn sie mir mit ihren perfekt manikürten Händen Cool Water ins Haupthaar einarbeitet, schwebe ich eine Handbreit über dem Boden ihres Friseursalons und träume vor mich hin. Sie ist geschieden, ich bin verwitwet, die Kinder sind aus dem Haus, why not? Was aber bliebe uns nach einer, um auf der großen Spur des Traums zu bleiben, durchliebten Nacht? Wir trinken bitter-süßen schwarzen Tee aus kleinen Gläsern. Sie blättert im *Cosmopolitan* und den *Lettres Intercoiffeurs*, ich quäle mich durch die *Frankfurter Rundschau* und lege Patiencen. Wer zieht bei dieser Mesalliance auf lange Sicht den Kürzeren? Sie, ich, beide?

Nach dieser trübsinnigen Verzichtserklärung erreiche ich, wie soll ich es einigermaßen gewählt ausdrücken, den Bodensatz des Warenkorbs. Zwölf nach eigenen Angaben blutjunge Russinnen mit abgründig tiefen Dekolletés wünschten mit mir und meinesgleichen in Kontakt zu treten. Das Ganze sieht nach einer konzertierten Aktion aus, weil die Selbstanzeigen bis auf die Vornamen und Ortsangaben nahezu identisch sind: »Bin poor Natascha aus kalt Wolgograd und suche dir für immer. Wenn du schickst 1000 Dollar mit Western Union für Airline und my krank Großmitterchen in Nowosibirsk, ich flieg sofort an breit Brust deine und mach Lieb an dich all Day and all Night.« Bin ich in meiner Einsamkeit denn schon so auf den Hund gekommen, denke ich entsetzt, dass man mir allen Ernstes zutraut, beim Anblick einer vollen Bluse den Verstand zu verlieren? Dann lösche ich die Anzeigen und aktualisiere den Posteingang. 38 Damen sind übrig geblieben und das sind ehrlicherweise mehr, als ein Mann in meinem Alter verkraften kann.

TIEFES WASSER

In dem Volkslied von den zwei Königskindern, die einander so lieb haben, sind es die Tiefe des Wassers und der Sexualneid einer katholischen Geistlichen, die das Paar daran hindern, die Phase der Idealisierung zu überwinden und zu einer wirklichkeitsnahen Einschätzung des aus der Ferne angehimmelten Liebesobjekts zu gelangen. Ich bin kein adoleszentes Königskind, sondern ein zunehmend genervter Kunde einer auf Senioren spezialisierten Partnerschaftsbörse. Selma ist keine verträumte Prinzessin, die überm Rhein oder irgendeinem anderen urdeutschen Flusslauf von früh bis spat ihr güldenes Haar kämmt, sondern eine im Unruhestand befindliche Radiologin aus Saarbrücken. Und was mich daran hinderte, unser unendlich langgestrecktes virtuelles Vorspiel endlich einem Realitätscheck zu unterziehen, waren die Arbeitsniederlegungen der auf Dauerkrawall gebürsteten Angehörigen der Gewerkschaft Deutscher Lokomotivführer unter ihrem unerträglich sächselnden Häuptling Claus Weselsky. Drei Tage lang belagerte ich inmitten eines Pulks vorwiegend chinesischer Mitreisender den Frankfurter Hauptbahnhof, bis mich das muntere Plappermäulchen vom DB Service Point darauf aufmerksam machte, dass ich die Hauptstadt des kleinen Bundeslandes doch auch ganz mühelos mit dem TGV erreichen könne. Dass ich auf diesen verspäteten Ratschlag ein wenig barsch reagierte, entsprach eigentlich nicht meinem durchweg leutseligen, auf Harmonie geeichten Naturell, aber ich stand unter erheblichem Zeitdruck.

Innerhalb der nächsten 80 Tage habe ich bundesweit mehr als drei Dutzend Erstgespräche mit Frauen zu absolvieren, die mich nach der wechselseitigen Freigabe unserer Fotos und Bände füllender Korrespondenzen über das Internetportal FinalDate in die engere Wahl gezogen haben. Am Tag nach Ablauf dieser Frist würde auf der Kopfzeile meiner digitalen Kontaktanzeige bei der Altersangabe die Zahl 70 aufflammen und damit mein endgültiges Haltbarkeitsdatum überschritten sein. Nach Meinung von Insidern könnte ich mich danach bestenfalls der Huld nekrophiler Pflegekräfte und leichter Mädchen der Gewichtsklasse 60 plus erfreuen.

Zur Optimierung meiner Performance habe ich vor dem Kauf der Bahncard 100 mein ausgebeultes Tweedjacket gegen eine figurbetonte Lederkreation aus dem Hause Hugo Boss und die ausgelatschten Mephisto-Gesundheitsschuhe gegen sündhaft teure Stiefeletten von Tommy Hilfiger eingetauscht und obwohl ich bereits auf der Höhe des Bahnhofs Mannheim spüre, dass ich mir in dem zierlichen Schuhwerk blutige Zehen laufen werde und die modisch aufgepeppte Bikerkutte um die Hüfte ein wenig spannt, bin ich guten Mutes.

Die an mir vorbeifliegende Landschaft liegt im gleißenden Sonnenlicht, das französische Bordpersonal serviert unaufgefordert einen erstklassigen Café au lait und als ich mich mit einstudiert elastischen Schritten unter einsetzenden Schmerzen dem vereinbarten Treffpunkt vor dem Hauptbahnhof Saarbrücken nähere, bleibt mir die Luft weg, weil die Momentaufnahme der Frau auf dem Parkplatz mit dem im Internet eingestellten Werbefoto völlig übereinstimmt. Sie lächelt wie Sharon Stone in ihrem Alterswerk *Broken Flowers*, und als ich ihr diesen Eindruck nach unserer Begrüßung im Zustand der Verwirrung ungefiltert mitteile, stößt sie sich am Begriff Alterswerk und fragt mich, ob ich wissen wolle, an welchen

Charakterdarsteller ich sie erinnere. Ihre tiefe Stimme hat ein warmes Timbre, ich sage zuerst »lieber nicht« und dann »bitte gern, wenn es nicht Anthony Quinn im *Glöckner von Notre-Dame* ist«. Wir lachen und der Bann scheint gebrochen.

Als ich mich in ihr silbergraues Boxster-Cabrio zwänge, mit dem wir uns auf der Stadtautobahn beängstigend zügig ihrem Wohnsitz nähern, steigen in mir erste Bedenken auf. Würde ich beim Aussteigen genügend körperliche Geschmeidigkeit vortäuschen können, um mich aus dem Schalensitz des tiefgelegten Gefährts in die Vertikale zu stemmen? Mit welcher Reaktion wäre zu rechnen, wenn ich ihr im weiteren Gesprächsverlauf gestehen müsse, dass ich weder über ein Auto noch über einen Führerschein verfüge? Nimmt dieses Fortbewegungsmittel nicht den Rang eines primären Geschlechtsorgans ein, bei dessen Fehlen ein deutscher Mann in den Augen einer deutschen Frau zu einem wesenlosen Neutrum schrumpft? Da uns der Fahrtwind den Atem raubt, habe ich glücklicherweise keine Gelegenheit, diesen autoaggressiven Hirnandrang zur Sprache zu bringen und nach der Ankunft sind andere Impressionen zu verarbeiten. Ihre Behausung erweist sich als eine schneeweiße, inmitten einer fußballfeldgroßen Gartenanlage liegende Bauhausvilla. Vor dem Anwesen bewässert ein freundlich aufblickender Bediensteter die Rosenstöcke, im Eingangsbereich steht eine kleine Kunstmaschine von Jean Tinguely und an der Rückseite des Wohnzimmers hängt ein Ölgemälde von Gerhard Richter: *Frau, die Treppe herabgehend*. Die weit geöffneten Terrassentüren geben den Blick frei auf einen schmalen, granitgefassten Pool von etwa 25 Meter Länge. Schäfchenwolken überqueren das blaue Himmelszelt, ich starre auf die von der sanften Brise gekräuselte Wasseroberfläche, und als mir die in der Küche hantierende Hausherrin zuruft, dass sie dabei sei, für uns eine

Caprese zuzubereiten, komme ich zu mir und muss mir nicht nur eingestehen, dass das Gericht unter dieser Bezeichnung nicht in meinem Kochbuch steht, sondern dass diese Frau eine Klasse für sich ist, eine Klasse, zu der ich nicht gehöre und nie gehören werde.

Sie hat mir im digitalen Vorlauf anvertraut, dass ihr Sohn an einer englischen Eliteuniversität seit 20 Semestern ergebnisoffen vor sich hin studiert und dass ihr Ehemann sie vor zwei Jahren gegen ein Duplikat im Alter ihrer Tochter ausgetauscht habe, der Nachwuchs sei unterwegs. Wir sitzen uns beim Essen unterm Sonnenschirm gegenüber und ich hätte auf sie eingehen, die in ihren Augen- und Mundwinkeln nistende Trauer und Einsamkeit thematisieren müssen, aber stattdessen tue ich das, was ich immer tue, wenn ich ins Schwimmen gerate: Ich fange an zu schwafeln. Obwohl ich von der klassischen Oper nur weiß, dass sie lange dauert und im dritten Akt regelmäßig eine Frau stirbt, greife ich die in ihrem Internetprofil genannte Vorliebe für diese Musikgattung auf und erzähle ihr von der Begeisterung, die Maria Callas als *Tosca* in der von der BBC im Jahr 1964 aufgezeichneten Fassung bei mir ausgelöst habe: sinnliche Ausstrahlung und stimmliche Präzision auf der Höhe ihres Könnens. Je mehr Bildungskonfetti ich im Verlauf des Nachmittags absondere, desto breiter und unüberwindlicher wird das zwischen uns liegende Gewässer, und als sie mich abschließend auffordert, mit ihr und dem Hund noch einen Spaziergang zu machen, ist klar, dass ich unser Rendezvous vermasselt habe. Bei dem Haustier handelt es sich um einen hochbetagten, halbblinden Rauhaardackel, den die verstorbene Hausangestellte ihrer Obhut anvertraut hat, und während wir verstummt den Uferweg der Saar abgehen, verschwindet das altersschwache Dackelmännchen in einer riesigen Brombeerhecke, aus der es nicht mehr herausfindet. Ich bahne mir den Weg durchs Gestrüpp, befreie den erschöpften kleinen Kläffer aus seiner Notlage und führte ihn an der Leine zu seinem Frauchen zurück. Als ich sie zum Abschied umarme, zittern ihre Schultern und ihre Halsbeuge verströmt den Duft eines exquisiten Parfums: *Ambre sultan*. Der ergraute Königssohn hat sich unter Preisgabe seines bei *Peek & Cloppenburg* erworbenen Kettenhemdes durch den Dornenwall gekämpft, wird aber auf dem Weg zum erlösenden Kuss von einer furchtbaren Zivilisationskrankheit niedergestreckt: Logorrhö.

ALT HEIDELBERG, DU FEINE

Auf dem Foto ähnelt Teresa auf verblüffende Weise der Schauspielerin Katharine Hepburn in *African Queen*. Sie ist aber keine spröde Missionarin, sondern eine androgyn wirkende, in eigener Praxis tätige Psychoanalytikerin, und ich bin kein trunksüchtiger Binnenschiffer, sondern ein Online-Freier, der gebeten wurde, sich um Punkt 13 Uhr im Europäischen Hof zu Heidelberg einzufinden. Normalerweise ist es vom Main zum Neckar nur ein komfortabler Sprung, um den nicht viel Aufhebens zu machen ist, aber an diesem Tag herrschen Temperaturen wie seinerzeit bei den Dreharbeiten in Uganda. Nach der Ankunft am Bahnhof versuche ich vergebens mein Tablet hochzufahren, um mich von Google Maps zu unserem Treffpunkt navigieren zu lassen, und nachdem ich mich am Taxistand eine Viertelstunde lang der prallen Sonne ausgesetzt und mir die Beine in den Bauch gestanden habe, ist immer noch kein Wagen in Sicht. In Krisensituationen wird man sich all seiner Schwächen bewusst, die einem im eingespielten Alltagsablauf verborgen bleiben und eine meiner wenigen Schwächen besteht darin, dass ich seit meiner frühen Mitgliedschaft im Christlichen Verein Junger Männer ohne die Unterstützung lieber Menschen auf unbekanntem Terrain so aufgeschmissen bin wie ein oberirdisch agierender Maulwurf. Weil es sich bei den angesprochenen Passanten um ortsunkundige Touristen, radebrechende Ausländer oder schwäbelnde Einheimische handelt, deren knarrend-misstönendes Idiom mir unverständlich bleibt, laufe ich auf gut Glück in irgendeine Richtung los und erreiche den Schauplatz meines zweiten internetbasierten Stelldicheins nach 45 Minuten, also um 13 Uhr 30.

Auf dem Innenhof des Fünf-Sterne-Hotels stehen große schattenspendende Sonnenschirme und unter einem der Schirme sitzt meine potenzielle Herzensdame. In ihrem wohlfrisierten, von grau-schwarzen Löckchen gezierten Haaren steckt eine Sonnenbrille, sie trägt eine schneeweiße steifleinene Bluse mit einem steil aufgerichteten hohen Kragen, was ihrem Äußeren etwas respektheischend Aristokratisches verleiht. Dazu passen ihre königsblauen Augen, ihr leicht indignierter, ins Unamüsierte changierender Gesichtsausdruck, eine Gemütsregung, die ich nach der doppelten Überschreitung des akademischen Viertels natürlich gut verstehen kann. Ich vershaspele mich in umständlichen Entschuldigungen und Erklärungen, wage aber nicht zu thematisieren, dass es mir auch nicht besonders gut geht, weil ich sehr stark transpiriere, genauer gesagt: Weil ich schwitze wie ein Schwein. Mit diesem mühsam unterdrückten Abgleiten in die Vulgärsprache geht mir leider auch das flöten, was im fortgeschrittenen Alter über Gedeih oder Verderb einer im Keimstadium befindlichen Liebesbeziehung entscheidet: das am gutbürgerlichen Ton orientierte Formbewusstsein. Wenn ein mit göttlicher Schönheit beschenkter Adonis beim Zehnkampf oder im Fitnessstudio diese harnhaltige Flüssigkeit ausscheidet, darf er damit rechnen, dass die für ihn entbrannte Frau jederzeit bereit ist, die schimmernden Feuchtgebiete des in der Blüte seiner Jahre stehenden Athleten mit Küssen zu bedecken. Eine Vorstellung, die angesichts meines ungestählten Leibes und des kaum entflammt zu nennenden Zustands meines weiblichen Gegenübers die Grenze zum Verwegenen überschreitet.

Mit der unbedacht rausgehauenen Getränkebestellung trage ich nicht zur Verbesserung der Situation bei und manövriere mich geradewegs in die Proletenecke. Nachdem ich mich seufzend in den Korbstuhl habe plumpsen lassen und zum Ausdruck bringe, dass ich einen schrecklichen Brand habe, schnippe ich mit Daumen und Mittelfinger den wie aus dem Ei gepellten Chef de Rang herbei und ordere ein Bier: »Aber bitte ein großes, und das möglichst subito!« Vor Teresa steht eine Flasche mit stillem, aus der Haute-Savoie herangekarrtem Edelwasser und sie trinkt dazu in kleinen Schlucken irgendein Chateau Dingsbums Hochgewächs. Ich schütte den ordinären Gerstensaft selbstvergessen in einem Zug in mich hinein, bestelle einen zweiten Humpen und fühle mich mit einem Mal so wohl, um nicht zu sagen, sauwohl, dass ich Teresa unter Bezugnahme auf den vorausgegangenen, von mir als quälend langatmig bezeichneten Schriftverkehr, den fälligen Übergang vom Sie zum Du antrage. Dass sie diesen Vorschlag kurz und entschlossen abschlägig bescheidet und als verfrüht einstuft, enthält eine deutliche Empfehlung, nicht nur mein Annäherungstempo, sondern auch mein Mundwerk zu drosseln.

Dass ich diese Botschaft nicht zu entschlüsseln vermag, führe ich später auf die zungenlösende Wirkung des Alkohols zurück, eine Ausrede, die mir Teresa jedoch nicht als mildernden Umstand zugutehalten wird. Nach der Lektüre der Speisekarte bestellt sie eine Lachsterrine mit japanischem Tang als Sättigungsbeilage und ich einen original amerikanischen Caesar Salad. Obwohl zwischen beiden Gerichten kulinarische Welten liegen, wird das erst zum Problem, als ich nicht nur die Rezeptur und die Entstehungsgeschichte der 1924 in einem New Yorker Diner kreierten Zwischenmahlzeit referiere, sondern damit prahle, dass dieser Salat im zweiten Teil von Francis Ford Coppolas *Paten* den in einer Mafia-Kneipe versammelten Gegnern des Corleone-Clans zum Verhängnis wird: Über ihre Leibspeise gebeugt, vergessen sie Gott und den Feind und werden von den gedungenen Mördern mit einer Schnellfeuergewehrgarbe dahingerafft. Meine Einfühlungsbereitschaft reicht zwar gerade noch aus, die Folgen meines cineastischen Exkurses an Teresas entgleisenden Gesichtszügen abzulesen, aber das danach ausbrechende Schweigen lastet so schwer auf mir, dass ich aus purer Verzweiflung weiter in die Kerbe schlage, die unserem subtropischen Treffen den Rest geben wird.

Aus dem gemeinsamen Internetvorlauf weiß ich, dass Teresa eine glühende Verehrerin der Pianistin Martha Argerich ist und sie der Künstlerin zu allen in Europa stattfindenden Konzerten nachreist. Geläutert durch das *Tosca*-Desaster, das ich mit Selma in Saarbrücken erlebt habe, verzichte ich auf einen weiteren Versuch, auf einer Glatze Locken zu drehen und eine Hymne auf Argerichs legendäre Interpretation des 3. Klavierkonzerts von Rachmaninow herunterzuspulen. Stattdessen versuche ich zu retten, was zu retten ist, indem ich bei meinen musikalischen Leisten bleibe und gleichzeitig eine inhaltliche Verbindung zu ihrer Heimatstadt herstelle. Ich erzähle von meiner langanhaltenden kindlichen Begeisterung für den früh verstorbenen italo-amerikanischen Heldentenor Mario Lanza und seine Rolle in der Alt-Heidelberg-Operette *The Student Prince*. Das aus dieser Light-Opera stammende Trinklied, bekenne ich freimütig, habe mich derart mitgerissen, dass ich es noch hier und heute ohne Weiteres zu Gehör bringen könnte. Teresa ringt sich ein süßsaures Lächeln ab und stellt fest, dass das nicht unbedingt sein müsse. Ich komme an diesem Tag weder beim Essen noch bei meinen kulturellen Vorlieben aus den beschränkten Verhältnissen von Little Italy heraus, und als ich meinen nassen Nacken unwillkürlich mit der Serviette trockne, ist der Zenit der Zumutungen erreicht. Teresa muss es so gehen wie einer mehrfach promovierten Kafka-Expertin beim Zusammenstoß mit einem Konsumenten von Jerry-Cotton-Romanen: unheimliche Begegnung der dritten Art. Als sie sich erhebt und ankündigt, sich auf der Toilette frisch machen zu wollen, erscheint mir das überflüssig. Kein Schweißtropfen entstellt die hohe Stirn der in absolute Abstinenz gehüllten Psychoanalytikerin. Sie hat einen Mann besichtigt und ihn für zu leicht befunden. Nach Ablauf von zwei akademischen Vierteln begleiche ich die Rechnung. Das Lehrgeld beträgt 110 Euro.

Die Missionarin und der Trunkenbold schwimmen unversehrt im See. Sie findet ein im Wasser treibendes Wrackstück, auf dem *African Queen* zu lesen ist. Sie haben überlebt und werden zusammen das Ufer erreichen: *Movies are larger than life*.

NIE WIEDER GÖRLITZ!

Die Bewohner des am Ufer der Lausitzer Neiße gelegenen Städtchens Görlitz sind zu Recht stolz darauf, dass in ihren Mauern 2013 die Dreharbeiten zu dem mit vier Oscars ausgezeichneten Hollywoodstreifen *Grand Hotel Budapest* stattfanden. Von der Möglichkeit, als liebesbedürftiger älterer Herr bei seiner Ankunft in diesem städtebaulichen Juwel unversehens im *Reich der Sinne* zu landen, konnten weder die wackeren Görlitzer noch der tumbe Besucher etwas ahnen. Trotz meines zehnjährigen Kombattantenstatus in dem vom Frankfurter Weiberrat 1968 angezettelten Geschlechterkrieg, war und bleibt es aus meiner Sicht guter Brauch, dass außerhalb der Kampfzone bei der Anknüpfung zarterer Bande die Werbung vom Manne ausgeht. Aber meine Sicht sollte in Görlitz nicht zählen. Als ich nach dreizehnstündiger Fahrt mit steifen Gliedern aus dem Flixbus klettere, öffnen sich schlagartig die Schleusen des Himmels und eine Stentorstimme ruft mir zu: »Komm hier rüber!« Das »Du« kommt genauso unvermittelt wie das Angebot, sich bei ihr unterzuhaken und die damit verbundene Aufforderung: »Nun hab dich mal nicht so, ich beiße nicht!«, finde ich nur noch bedingt neckisch.

Unterm Regenschirm erzählt sie mir, dass sie nach ihrer Pensionierung als Leiterin der Ausländerbehörde von Wanne-Eickel an die polnische Grenze gezogen ist, weil sie hier eine renovierte Eigentumswohnung von 140 Quadratmetern für schlappe 100 000 Euro nachgeschmissen bekommen hat und in den Restaurants und Gaststätten bestehe überdies ein Tipptopp Preis-Leistungsverhältnis. Nachdem wir in ihrer Wohnung angekommen sind und sie ihre Regenpelerine abgestreift hat, nimmt die Ernüchterung ihren Lauf. Monika, um ihren Decknamen bei FinalDate zu nennen, hatte in ihrem Steckbrief *sehr weibliche Formen mit ein paar Pfunden zu viel* avisiert, aber was sich meinen vor Schreck geweiteten Augen darbietet spricht eher dafür, dass sie das optimale Preis-Leistungsverhältnis in der hiesigen Gastronomie schon seit geraumer Zeit bis zur bitteren Neige ausgekostet haben muss. Ihr Leib steckt in einem farbintensiven, von roten Chrysanthemen gezierten Futteral aus Crépes de Chine, gleichfarbige Ringe und Clips in der Größe von TÜV-Plaketten schmücken Finger und Ohrläppchen und ihre grobgliedrige Halskette gemahnt an die in Baumärkten erhältliche Meterware, mit denen ordnungsliebende teutonische Dauercamper ihre Stellplätze zu markieren pflegen.

Während Monika nach der Androhung, dass wir es uns gleich gemütlich machen werden, kurzatmig hin- und herwuselt, auf dem Rauchglastisch Schnittchen mit schlesischer Leberwurst, Delikatessgürkchen, mehlwurmähnliche Erdnussflips und eine Flasche Baileys Irish Cream platziert, wächst meine Beklemmung und mir kommt eine Schlüsselszene aus dem *Dschungelbuch* in den Sinn: Mogli beim Tête-à-Tête mit der Schlange Kaa. Um die Gespenster zu vertreiben, durchstreife ich die nappalederne Wohnlandschaft und entdecke auf der Anrichte einen digitalen Fotorahmen, auf dem meine voluminöse Lebensgefährtin in spe mit einem baumlangen dunkelhäutigen Mann in mehr oder weniger freizügigen Posen abgebildet ist. Die herannahende Monika umfängt meine fröstelnde Leibesmitte und sagt: »Ach ja, der Nelson, so ein süßer Bengel, der kam damals aus Nigeria und ist mir im Amt über den Weg gelaufen. Ich habe ihn ein bisschen ausgetestet und ihn dann mit in den Osten genommen. Zuerst kamen wir überhaupt nicht mehr aus der Kiste raus, aber dann wollte er unbedingt arbeiten und war abends immer müde und am Ende völlig abgeschlafft. Vor einem halben Jahr habe ich ihn vor die Tür gesetzt. Er lebt jetzt bei so einem Polenflittchen drüben in Zgorzelec. Willste sonst noch was wissen?«

Ich verneine die Frage, löse mich aus ihrer Umklammerung und sage ihr, dass der Weg zu ihrem Herzen oder welchem Organ auch immer, so überdeutlich markiert ist, dass ich es vorziehen würde, ihn nicht zu betreten. Weil ihr der Sinn dieser geschraubten Formulierung verschlossen bleibt, beende ich unser Gespräch mit einer wenig charmanten Intervention, die sie sprachlich nicht überfordern sollte: »Was hast du dir eigentlich dabei gedacht, einen dir anvertrauten Flüchtling zum Bettgenossen abzurichten?« Die mir nachgeschickten Flüche sprengen den erlesenen Wortschatz dieser beschaulichen kleinen *tour d'amour*. Als ich mich in dem schlecht beleuchteten Treppenhaus nach unten taste, rechne ich auf jedem Absatz damit, das weiße, beim Verdauungsprozess ausgeschiedene Gebein meiner tapferen, in der Schlacht mit Monika gefallenen Mitbewerber vorzufinden, und als ich unten ankomme, atme ich tief durch, freue mich, mit dem Leben davongekommen zu sein und lege ein Gelübde ab: Nie wieder Krieg! Nie wieder Görlitz!

DRAUSSEN NUR KÄNNCHEN

Meinen Auftritt im südosthessischen Bad Soden-Salmünster betrachte ich im ersten Überschwang als leicht zu meisterndes Heimspiel. In den Achtzigern und Neunzigern des letzten Jahrtausends habe ich mit meiner Mutter, die hier häufig zur Kur weilte, im Waldcafé Rabenhorst so manchen Pharisäer getrunken und so manches Stück Schwarzwälder Kirsch gegessen, und als ich im Garten der Traditionsgaststätte Platz nehme, prangt an der alten Linde in verwitterten Lettern das eherne Gesetz der ländlichen deutschen Kaffeehauskultur: Draußen nur Kännchen. Meiner sentimentalen Parteinahme für die Überbleibsel einer im Schwinden begriffenen höheren Ordnung haftet allerdings etwas Doppelzüngiges an, weil ich nicht hier war, um auf der Suche nach der verlorenen Zeit dem Geschmack abgetauter Sahnetorten nachzuspüren, sondern, um mich in der Abgeschiedenheit der Provinz mit einer Frau zu treffen, die zum Zeitpunkt meines letzten Besuches wohl gerade das Sakrament der ersten heiligen Kommunion empfangen haben mochte. Wie oft hatte ich in der Vergangenheit im Wartezimmer meines Zahnarztes bei der Lektüre der *Bunten* unseren sozialdemokratischen Altkanzler belächelt, dessen von Scheidung zu Scheidung jüngeren Partnerinnen ihm Kraft ihrer Liebe die Anwendung der von echten Männern verpönten Tönungsshampoos erspart hatten: auch nach Anbruch des achten Lebensjahrzehnts entstellte kein einziges graues Haar die haselnussbraune Matte des politischen Urgesteins. Gerd, ach Gerd, seufze ich vor mich, warum musst du dich auf den letzten Metern derart zum Affen machen? Und nun sitze ich hier in Erwartung einer Frau, die exakt das Alter seiner südkoreanischen Neuerwerbung hat. Der Eros der Macht und des Geldes als selbstverständliche Begleiter der männlichen Prominenz stehen mir nicht zu Gebote, aber hatte nicht Franz Kafka, der Gottvater aller armen Lohnschreiber, in einem Brief vom Juli 1912 auf die Möglichkeit hingewiesen, »dass man Mädchen mit der Schrift binden kann?« Ich hatte schriftlich mein Bestes gegeben und die Frau, die sich im Netz Agatha nannte und in dem Luftkurort als Dolmetscherin tätig war, belohnte meine Bemühungen nach einem Monat der erhöhten literarischen Produktion mit einer Einladung: »Was Sie schreiben, berührt mich, und ich würde Sie gern näher kennenlernen.« Die notorische Angst des Prager Dichters vor der Tat, die dem Wort in der Liebe für gewöhnlich folgt, sollte ich nach dieser Begegnung besser verstehen.

Amina hatte in der Partnerschaftsbörse den *nom de plume* Agatha angenommen, weil einige Männer in der Muslima leichte Beute wittern. Sie ist als Kind mit ihrer Familie 1990 bei Ausbruch des Bürgerkrieges aus Jugoslawien geflohen, nachdem drei nahe Angehörige auf dem Marktplatz von Sarajevo von serbischen Snipern erschossen worden waren. Der Vater kehrt nach der Befriedung des Konflikts durch die NATO nach Bosnien zurück und gründet eine neue Familie. Sie hatte ihn in der Folgezeit mehrmals besucht und war mehrmals abgewiesen worden, weil sie sich als nunmehr deutsche Staatsangehörige in seinen Augen des Verrats an ihrem Glauben und ihrer Kultur schuldig gemacht hatte. Von 2005 bis 2010 arbeitet sie nach dem Studium als Dolmetscherin in einem Darmstädter Import-Export-Unternehmen bis die Ärzte die Ausfallerscheinungen, die sie an sich wahrnahm, als Symptome einer Multiplen Sklerose deuten: Erschöpfungszustände, Gedankenflucht, Sehstörungen. Nach ihrer Frühberentung hat sie sich aus finanziellen und gesundheitlichen Gründen mit ihrer pflegebedürftigen Mutter an diesen Ort zurückgezogen, wo sie mit dem Leben bis auf gelegentliche Kinobesuche nur noch über das Internet in Berührung kommt. Sie ist zierlich, ihr langes schwarzes Haar umrahmt ein ebenmäßiges, ausdrucksstarkes Gesicht, und der aus ihren braunen Augen auf mich gerichtete Blick ist so klar und offen wie die Lebensgeschichte, die sie mir ohne jeden Unterton der Klagsamkeit anvertraut. Ihre Offenheit spricht dafür, dass mir zwar das kafkaeske Manöver gelungen ist, ein Mädchen mit der Schrift zu binden, aber diese jungfräuliche Erscheinung ist keine heißblütige Muse, die dazu ausersehen war, einem alten Gebrauchsschriftsteller den Winter seines Lebens zu versüßen, sondern eine verlorene Tochter, die in ihrer stillen Verzweiflung erneut an die Tür ihres Vaters klopft, der ich nicht bin und den ich nicht ersetzen kann und will. Da ich ihr diese psychoanalytische Weisheit ersparen will, sage ich ihr, dass es keine Vertiefung unserer Beziehung geben kann, weil ich meine an einer unheilbaren Krankheit leidende Frau vor gar nicht langer Zeit bis zum tödlichen Ende begleitet habe und mir in meinem Alter die Kraft für die Wiederholung dieser Erfahrung fehlt. Sie weint nicht, und wir geben uns die Hand und versprechen, außerhalb der Paarbörse in Verbindung zu bleiben, schriftlich.

AN DER GOLDKÜSTE

Drei Tage später fahre ich in aller Herrgottsfrühe mit der S-Bahn nach Darmstadt, um dort zur Anknüpfung neuer Liebesbande in den Zug nach Zürich zu steigen. Aus dem dumpf dösenden Heer der Berufspendler sticht eine hellwach um sich blickende Frau in einem taillierten roten Mantel hervor, deren volles Lippenpaar auf die Farbe ihrer Oberbekleidung abgestimmt ist. Ich finde ihre Erscheinung so aufregend, dass ich mein morgengraues Gesicht und meine gute Kinderstube vergesse und sie wie ein Bauerntölpel anstiere, ohne den Blick zu senken. Weil sich ihre Züge nicht verhärten, und ich gar glaube, auf ihnen den Anflug eines Lächelns wahrzunehmen, versinke ich in einem Sekundentagtraum, in dessen Verlauf ich mir ein verkürztes Verfahren ausmale: Warum in die Ferne schweifen, sieh, das Gute liegt so nah! In einem Film von Ken Russell sitzt der Komponist Pjotr Iljitsch Tschaikowski mit einer begehrenswert wirkenden, möglicherweise zu jedem Abenteuer bereiten Frau allein in einem durch die schneeverwehten Weiten Russlands stampfenden Zug und kommt nicht in die Gänge, weil er der Befriedigung seiner primitiven Instinkte entsagt und stattdessen seine verquälte *Pathétique* zu Papier bringt nach deren Aufführung er vor Erschöpfung stirbt. Als ich denke, dass ich niemals so begabt oder so naiv sein würde, die tödliche Hervorbringung eines von der Nachwelt goutierten Kunstwerks der Vereinigung mit einer lebendigen Frau vorzuziehen, vollzieht der Lokführer vor der Haltestelle Neu Isenburg eine Notbremsung, die mich aus dem Gleichgewicht bringt und zu Boden wirft. Fällt ein feuriger junger Mann auf die Knie, um der hold errötenden Dame seines Herzens ein Heiratsgesuch zu unterbreiten oder sie wegen eines wie auch immer gearteten Fauxpas um Verzeihung zu bitten, hat das nicht nur eine gewisse, wie aus der Zeit gefallene Rosamunde-Pilcher-Grandezza, sondern es sieht auch gut aus und rührt das Publikum zu Tränen. Als ich, ein nicht mehr ganz so junger Mann, während der Rush-Hour in der überfüllten S-Bahn zu Boden krache wie ein morsches Stück Holz, und die Frau in Rot dem hilflos vor ihren Füßen herumzappelnden Gregor Samsa nicht nur auf die wackeligen Beinchen hilft, sondern ihm unter den Augen der peinlich berührten Mitreisenden mit einer mildtätigen Pfadfindergeste ihren Sitzplatz anbietet, wird der Wunsch übermächtig, mich augenblicklich in Luft aufzulösen.

Dass der Zugwechsel keine Erleichterung bringt und die Beschämung auch im EC-Helvetia in mir nachwirkt wie ein langsam, aber stetig wirkendes Gift, kann ich daran festmachen, dass mir zur Schweiz alles einfällt, nur nichts Gutes. Max Frisch lege ich zur Last, dass er für mein Empfinden die zerbrechliche Ingeborg Bachmann auf dem Gewissen hatte. Friedrich Dürrenmatt malträtiert seit 70 Jahren Gymnasiasten mit seinen verquast moralisierenden *Physikern*, das Schwyzertütsche klingt in meinen Ohren wie eine zeitlupenhaft zerdehnte, aus dem oberrheinischen Baden-Württemberg eingeschleppte Entzündung des Rachenraums, und 1979 wurden mir in Lugano für eine nußschalengroße Portion Pilzrisotto und ein Glas Leitungswasser sage und schreibe 22 Franken abgeknöpft.

Nach landläufiger Definition ist der Griesgram ein engstirniger, nachtragender, rechthaberischer und vorurteilsbehafteter Unsympath, um den die Menschen im Allgemeinen und die Frauen im Besonderen einen Bogen zu machen pflegen. Ich würde in meiner Selbstkritik nicht so weit gehen, mir durchweg alle Eigenschaften dieses Charaktertypus anzulasten, aber ich war seit meiner Rückstufung auf den Sitzplatz für Gebrechliche und Schwangere zugegebenermaßen so übel drauf, dass ich Verena bei klarem Verstand von einem Rendezvous mit mir – in ihrem Idiom ein Chotzbroche – dringend abgeraten hätte. Sie hatte Anglistik in Fribourg studiert, arbeitet als leitende Redakteurin für die *Rütli-Botin*, das Vereinsorgan des Schweizerischen Landfrauenbundes, lebt seit vielen Jahren von ihrem Mann getrennt und wohnt nach dem Auszug ihrer vier Kinder allein in ihrem Haus an der Zürcher Goldküste. Ich war Verena schriftlich nähergetreten, weil sie sich wohltuend von der formlosen und grobsinnlichen Görlitzer Leberwurst unterschied, und obwohl ihre Fotogalerie eine verwirrende Fülle von Schnappschüssen aus unterschiedlichen Lebensphasen darbot, waren keine furchterregenden Enthüllungen zu erwarten: eine dünne, beinahe schlaksig wirkende Gestalt mit wild zerzauster Frisur in legerer Kleidung und hellgrauen, von einer schwarzen Brille gerahmten Augen. Es war eine Freude mit ihr zu korrespondieren, weil wir als vom Leben mehr oder weniger gebeutelte Alleinstehende in der Literatur eine gemeinsame Gegenwelt entdeckten, in die wir im Bedarfsfall abtauchen konnten wie die Bären in den Winterschlaf. Sie war der erste mir bekannte Mensch, der sich durch alle Bände von Prousts *Auf der Suche nach der verlorenen Zeit* gekämpft hatte und war so vertraut mit dem Briefwechsel zwischen dem ewigen Zauderer Gustave Flaubert und seiner liebeshungrigen Muse Louise Colet, dass wir aus der Ferne in die Rolle des berühmten Paares schlüpfen konnten, und als sie in Aussicht stellte, mir mit der Postkutsche bis Lörrach entgegenzukommen, falls mich meine Mutterfixierung an der weiten

Reise nach Zürich hinderte, hatte sie den Ton getroffen, der mein Herz höher schlagen ließ. Dieser Gleichklang berechtigte zu den schönsten Hoffnungen, zu deren Gedeihen ich jedoch nichts beitragen konnte, weil sich in mir nach dem morgendlichen Kniefall in der S-Bahn die Vorstellung festgesetzt hatte, dass mich Verena mit einem rauschenden Empfang für diese und möglichst auch alle zurückliegenden Kränkungen, die ich auf dem Feld der Liebe erlitten hatte, entschädigen müsse. Damit wäre auch Barbara Auer oder die Königin von Saba überfordert gewesen, und so entspann sich zwischen uns eine Farce, die der Dramaturgie einer sich selbst erfüllenden Prophezeiung folgte.

Verena sammelt mich nach einer von mir als kurz angebunden empfundenen Begrüßung wie vereinbart an der Talstation der Seilbahn Rigiblick ein und schlägt vor, die paar Schritte bis zu ihrem Haus zu laufen, was mir nach der langen Zugfahrt sicher guttäte und den Kauf eines Tickets für die Hochbahn überflüssig mache. Die paar Schritte erweisen sich als eine knapp einstündige Wanderung, bei der circa 400 Höhenmeter und die vom Zürichberg kommenden Sturmböen zu meistern sind. Die von der Seeseite herandrängenden Wolkenbänke verdunkeln den Himmel, ein Wetterphänomen, das verstärkt durch eine genetisch bedingte Makuladegeneration, meine Trittsicherheit erheblich einschränkt. Da ich mit dem Klammerbeutel hätte gepudert sein müssen, um beim Einstieg ins Paarbörsengeschäft die Liste meiner chronischen Erkrankungen auszubreiten, rufe ich Verena zu, dass ich mir beim Triathlontraining eine Adduktorenreizung zugezogen hätte und es deshalb etwas langsamer angehen ließe. In der Dämmerung kann ich nicht ausmachen, ob sie das beeindruckt, aber es hört sich jedenfalls besser an als das Eingeständnis der totalen Nachtblindheit. Nachdem ich mich bis zum Johanna-

Spyri-Steig emporgehangelt habe, sagt Verena zu meiner Erleichterung, dass wir es gleich geschafft haben und zeigt dabei auf eine windschiefe Villa im neogotischen Stil, die eine gewisse Ähnlichkeit mit Norman Bates Behausung in Alfred Hitchcocks *Psycho* aufweist.

Der Eindruck der Unwirtlichkeit verstärkt sich bei der Führung durch die Wohnung: verstaubte und halbvertrocknete Grünpflanzen, über alle Freiflächen ausgebreitete Bücherstapel, Kleiderbündel und Abfalltüten, ein im Spülbecken der Wohnküche aufgetürmter Geschirrberg und das Ganze ins blasse Licht von Energiesparlampen getaucht, die auch nach zehn Minuten nicht heller werden wollen. Während ich noch der fundamentalen Frage nachhänge, ob der Zustand der Unterkunft Rückschlüsse auf die seelische Verfassung ihrer Besitzerin zulässt oder ob sie als beruflich stark beanspruchte Frau den Dreck hin und wieder ganz einfach mal unter den Teppich kehrt, rückt Verena damit heraus, dass seit gestern im gesamten Haus die Heizung ausgefallen ist und ich deshalb besser meine Jacke anbehalte. Diese Mitteilung macht mich völlig baff, und als ich sie halbwegs verarbeitet habe, komme ich ihr mit dem Vorschlag entgegen, zum Aufwärmen eine Gaststätte aufzusuchen und bei der Gelegenheit eine Kleinigkeit zu sich zu nehmen. Sie meint, dass wir uns nicht in Unkosten stürzen sollten und versichert mir, dass sie etwas zum Essen vorbereitet habe. Eine Viertelstunde später sitzen wir, in eine Wolldecke gehüllt, auf dem freigeräumten Sofa, knabbern an einer steinharten Spinatpizza aus dem Hause Oetker, blättern in Fotoalben und erzählen uns, woher wir kommen und wohin wir wollen. Ich hocke neben ihr in dem Eisbunker wie Konrad neben seiner kleinen Schwester Sanna in Adalbert Stifters *Bergkristall*, ich spüre einen kargen und knochigen Körper, der mich weder abstößt noch anzieht, und das durch die gemeinsame Flaubert-Lektüre hervorgerufene erotische Knistern weicht einem lähmenden Gefühl der Fremdheit. Während ich die letzten Pizzakrümel von der Wolldecke zupfe und überlege, wie ich aus dieser Nummer rauskomme, ohne die Gastgeberin zu verletzen, kehrt sie mit zwei Gläsern und einer Zweiliterflasche Wein aus der Küche zurück: *Lambrusco Salamino di Santa Croce*.

Als ich das Etikett entziffert habe, breche ich unwillkürlich in ein wieherndes Gelächter aus. Mit diesem billigen Zuckerwasser, von dem jährlich 300 000 Hektoliter in Tanklastern unbeanstandet den Brenner in nördliche Richtung passieren, pflegte ich mich als blutjunger Angehöriger der Studentenbewegung im Kreise meiner Genossinnen und Genossen immer dann zuzudröhnen, wenn die von uns angestrebte revolutionäre Umgestaltung der Bundesrepublik ins Stocken geraten war und sie stockte bekanntlich ständig. Weil ich die gastfreundliche Schweizerin nicht mit langbärtigen Anekdoten aus meiner germanischen Kampfzeit behelligen will und meine Höflichkeitsreserven zudem spürbar zur Neige gehen, verweise ich auf die vorgerückte Stunde und die bedauerliche Tatsache, dass mir das im Rotwein enthaltene Tannin seit jeher Kopfschmerzen verursache. Um ihr den Abschied von einem zur Kränklichkeit neigenden Kandidaten zu erleichtern, rede ich mich damit heraus, dass ich mich am nächsten Morgen um zehn zu einer kardiologischen Untersuchung in Frankfurt einfinden müsse: Die Pumpe, füge ich hinzu, will nicht mehr so richtig. Eine kurze Umarmung, ein trockener Kuss und der Weg zum Bahnhof ist so holprig wie mein Abgang. Der Zug geht um 4 Uhr 30. Bei McDonald's brennt noch Licht. Ich bestelle einen Double-Whopper, eine Tüte Pommes, eine heiße Schoki und bezahle exakt 22 Schweizer Franken. Viel Geld. Aber ich bin satt, pappsatt.

UNTER BEOBACHTUNG

Im Prozess der Herstellung des westlichen Mannes spielt die Pubertät eine herausragende Rolle. Im Normalfall beginnt diese Entwicklungsphase im zwölften Lebensjahr mit einem von der Hirnanhangdrüse an den Körper ausgesandten Signal, in den dafür vorgesehenen Organen Testosteron zu produzieren und in den Blutkreislauf zu schießen. Da mein zwölfter Geburtstag unglücklicherweise ins Jahr 1959, also in die bekanntermaßen ebenso falschen wie verklemmten Fünfziger fiel, waren der mit der vermehrten Hormonausschüttung verbundenen sexuellen Neugier enge Grenzen gesetzt. Weil meine alleinerziehende Mutter eine treue Kundin des Versandhauses Neckermann war, hatte ich in ihrer Abwesenheit Gelegenheit, durch das eingehende Studium des auf dem Postweg zweimal jährlich zugestellten Katalogs, den Geheimnissen des weiblichen Körpers ein wenig näherzukommen. Auf den einschlägigen Seiten warben stämmige Hausfrauen für voluminöse lachsfarbene Büstenhalter, Hüftgürtel und Korsetts, Kleidungsstücke, die in erster Linie die Funktion hatten, die Leibesfülle optisch zu bändigen, und nach den heute herrschenden ästhetischen Normen kaum unter den Sammelbegriff der Reizwäsche fallen dürften. Als typisches Kind einer Zeit, in der es auch an der Metzgertheke gern einmal hundert Gramm mehr sein durften, hatte ich an dem dargebotenen Bildmaterial nicht nur nichts auszusetzen, es bescherte mir Momente des atemlosen Entzückens. Weil ich die für meine Lektüre wesentlichen Passagen wegen der schnelleren Auffindbarkeit dummerweise mit Eselsohren versehen hatte, bereitete meine Mutter dieser verheißungsvollen Aussicht auf die Freuden des Fleisches ein jähes Ende und faltete ihren Erstgeborenen nach allen Regeln der damaligen Erziehungskunst zusammen: »Du solltest dich was schämen, du Ferkel!«

Diese von einer schallenden Ohrfeige begleitete Verbannung in den Schweinestall zwang mich zu dem Geständnis, zwar nicht in Worten und Werken so doch in Gedanken gesündigt zu haben, aber obwohl ich in meiner Einfalt nicht ahnen konnte, dass sich der für das Überleben der Gattung unverzichtbare Sexualtrieb zwar vorübergehend eindämmen, aufstauen, umleiten, jedoch letztlich niemals ganz unterkriegen lässt, machte ich mich nach Ablauf der Schamfrist auf die Suche nach Wissensquellen, die sich der Kontrolle meiner Sorgeberechtigten entzogen und fand sie beim Friseur. Dort wurde mit brutaler Hand allmonatlich ein entstellender paramilitärischer Fassonschnitt an mir verbrochen und während ich auf den Vollzug wartete, blätterte ich in der Illustrierten *Revue*, einem Qualitätsperiodikum, das man aus heutiger Sicht als Crossover zwischen *Focus* und *SuperIllu* bezeichnen würde. Nachdem ich mich an einem gewagten, aber leider sehr grobkörnigen Schwarzweißfoto der Busenwunder Sophia Loren und Jayne Mansfield sattgesehen hatte, fesselte eine Kleinanzeige meine Aufmerksamkeit, in der ein amerikanisches Unternehmen zum Preis von 19,99 Mark plus Versandkosten eine Brille anbot, mit der es eine besondere Bewandtnis hatte: Man konnte mit ihr unter Durchdringung aller textilen Hüllen den menschlichen, vor allem aber weiblichen Körper in seiner ganzen splitterfasernackten Schönheit sehen. Als mich der Handwerker, ein ehemaliger Wehrmachtssoldat, auf den Friseurstuhl kommandierte, befand ich mich bereits in einem entrückten Geisteszustand, der es mir erlaubte, das in Zucht und Ordnung erstarrte niedersächsische Fachwerkstädtchen in einen üppig sprießenden Garten der Lüste zu verwandeln. In jeder schulfreien Minute würde ich mit der Röntgenbrille auf der Nase ganz unauffällig auf der Hauptstraße flanieren, auf und ab und ab und auf, vom ersten Sonnenstrahl bis zum Anbruch der Nacht: nichts als die pure Seligkeit des ungestörten Schauens.

Dass aus der Anschaffung dieser sehr speziellen Sehhilfe nichts wurde, hatte finanzielle und moralische Gründe. Zum einen war ich damit überfordert, mein Taschengeld von monatlich 50 Pfennig zwei Jahre lang auf die Seite zu legen und in den Dienst des Bedürfnisaufschubs zu stellen, zum anderen fand ich den Gesichtsausdruck des Mannes, der in der Anzeige für die *X-Ray-Spex* warb, äußerst abschreckend. Mit seinen gierig geweiteten Augen und den aus den Mundwinkeln rinnenden Speicheltropfen entsprach er exakt der Vorstellung, die ich von der Physiognomie eines Sittenstrolchs hatte. Ich war dem Bösen zwar nicht gänzlich abgeneigt, aber man sollte mir den Unhold nicht auf Anhieb ansehen, vor allem meine Mutter nicht.

Es ist mir schleierhaft, warum ich diesen bestenfalls belanglosen Scherzartikel auf meiner fragmentierten Festplatte gespeichert habe, aber als ich etwa 1000 Jahre nach der denkwürdigen Sitzung bei meinem heimatlichen Truppenfriseur das Frankfurter Operncafé betrete und die überwachen, auf mich gerichteten Augen der Frau bemerke, die auf der Rückseite des Raumes auf mich wartet, fliegt mich ein spontanes, bislang dem weiblichen Geschlecht zugeschriebenes Unbehagen an: Ich fühle mich von ihren Blicken nicht nur ausgezogen, sondern durchschaut bis auf die Knochen. Nun war meine Final-Date-Karriere bislang ja kaum als Erfolgsgeschichte zu Buche geschlagen, und weil mein positives Selbstbild einige Kratzer davongetragen hatte, mache ich vorsichtshalber einen Umweg über die Herrentoilette, um mein Äußeres einer Endkontrolle zu unterwerfen: Der Reißverschluss meines Hoseneingriffs ist geschlossen, das schüttere Haupthaar einigermaßen in Form, die Oberbekleidung schuppen- und fleckenfrei und dass auf meinem linken Nasenflügel eine verstopfte Talgdrüse zu einem unschönen Pickel heranreift, kann ich nun auch nicht mehr ändern. Anschließend steuere ich mit leicht übertriebenem Elan auf das Caféhaustischchen zu, wir geben uns die Hand, bringen unsere Freude über die Erstbegegnung zum Ausdruck, und als ich neben ihr Platz nehme, stelle ich fest, dass die Anstandsregel, nach der der Luftraum um eine fremde Person im Radius von 50 Zentimetern als Sperrzone gilt, offensichtlich suspendiert ist. Es sei dahingestellt, ob ich auf die Verletzung des Abstandsgebots weniger gouvernantenhaft reagiert hätte, wenn wir uns nach der klassischen Devise *halb zog sie ihn, halb sank er hin*, ganz einvernehmlich auf die Pelle gerückt wären, aber das ist nicht der Fall. Sie nennt sich Marlene, wohnt irgendwo in NRW, hat ein flügges Kind unbekannten Geschlechts, arbeitet auf dem unbestimmbar weiten Feld der Geisteswissenschaften, ist kein Morgenmuffel, liebt die deutsche Ostseeküste bei Hiddensee und sucht eine Lebenswegbegleitung auf optischer und intellektueller Augenhöhe. Wie auf dem Börsenfoto abgebildet, hat sie ihr glänzend-rotbraunes, zu einem schweren Zopf geflochtenes Haar um den Nacken drapiert und trägt einen jener geschlechtsneutralen Hosenanzüge, die seit Mao Zedong und Angela Merkel von Personen getragen werden, die sich beim Aufstehen nicht lange mit der Frage aufhalten mögen, was sie heute anziehen sollten, und Wert darauf legen, sich im weitesten Sinne keine Blöße zu geben.

Ihr Atem streift mein Gesicht und ihren schmalen Lippen entströmen druckreife Sätze, die in einen Dialog münden, den ich als asymmetrisch empfinde: Sie fragt präzise, und ich komme mit den gestammelten Antworten kaum hinterher. Selbstverständlich ist keiner Frau zuzumuten, einen ergrauten Kater im Sack zu kaufen, aber der Qualitätscheck nimmt mehr und mehr den Charakter eines bedrängenden, auf Herz und Nieren zielenden Verhörs an, das mich an die Unerbittlichkeit der internen Ermittlerin Dr. Eva-Maria Prohacek alias Senta Berger in der Krimiserie *Unter Verdacht* erinnert. Mit wie vielen FinalDate-Kandidatinnen hast du intime Beziehungen unterhalten? Seit wann ist dein Nacken so gebeugt? Warum beträgt der Altersabstand zwischen deinen Töchtern mehr als zwanzig Jahre? Hast du noch Kontakt zu deiner ersten Frau? Ist es dir unangenehm, mir beim Reden in die Augen zu schauen? Was hat dich bewegt, dir einen Dreitagebart stehen zu lassen? Jagst du den Frauen hinterher, weil du die Leere des Singledaseins nicht erträgst? Als Marlene nach gefühlt drei Stunden mit ihrer Anamnese durch ist und abschließend auf den Widerspruch zwischen meinem jugendlichen Outfit und den Altersflecken auf meinem Handrücken zu sprechen kommt, mache ich dem Gemetzel ein Ende und rate ihr, in Zukunft die Finger von mir und meinen Konkurrenten zu lassen, weil ihre Liebeswerbung kaum von einer Hinrichtung zu unterscheiden sei. Die Fontäne des Springbrunnens auf dem Opernplatz erhebt sich drei Meter hoch in den Abendhimmel und mir ist alle Lust vergangen.

DAMENWAHL

Was will das Weib? Dass Sigmund Freud bei der Beantwortung dieser Frage nach jahrzehntelangem intensivem Frauenstudium das Handtuch geworfen und aus diesen und anderen Gründen ins Exil nach London gegangen war, stellt einen schwachen Trost dar, aber ich weiß mich zumindest in guter Gesellschaft. Nach der fachkundigen Zerlegung durch die vermutlich als Pathologin bei Gericht tätige Marlene, ist die Ratlosigkeit nicht eben geringer geworden und im Rückblick auf nunmehr sechs gescheiterte Versuche, bei einer Frau ein Bein auf die Erde oder zumindest einen Fuß in die Tür zu kriegen, dämmert mir, dass blinder Aktionismus sowohl im Wertpapierhandel als auch auf dem Markt der freien Liebe über den Kursverfall direkt in die Insolvenz, die Depression oder beides führt. Ich sage kurzerhand zwei Verabredungen mit einer Justizbeamtin in Offenbach und einer MTA in Braunschweig ab, Orte, die im Image-Ranking deutscher Städte knapp vor dem letztplatzierten Duisburg-Marksloh liegen, und begründe meinen Rückzug mit einer vorübergehenden Unpässlichkeit, ein Begriff, an dem ich wegen meiner Abschweifungsneigung eine Weile hängen bleibe, weil er mir verschroben erscheint, und ich mir nicht sicher bin, ob er nicht eine Umschreibung für die frauenspezifischen Beschwerden während der sogenannten kritischen Tage sein könnte. Nach der zäh geratenen Abwicklung der Korrespondenz brühe ich mir einen Ingwertee auf, legte die Beine hoch, werfe einen langen und nachdenklichen Blick auf meine unschön gesprenkelten Handrücken und ziehe zwei Bücher aus dem Regal, mit denen ich ein wenig Ordnung in meine Suchbewegungen bringen will.

Das erste heißt *Die Masken des Begehrens und die Metamorphosen der Sinnlichkeit. Zur Geschichte der Sexualität im Abendland*, ein Hammer von einem Titel, der mich nach dem Crash mit der schwerintellektuellen Marlene kurzzeitig einschüchtert, jedoch mit erstaunlichen Erkenntnissen aufwartet. Bei der Fortpflanzung, führt der britische Paläoanthropologe Robin Fox aus, verfolgten die Geschlechter im evolutionären Prozess ganz unterschiedliche Strategien. Das Männchen habe das Interesse, sich möglichst häufig und saisonunabhängig zu paaren, während das Weibchen es darauf anlege – da es nur einmal im Jahr die Chance dazu habe – sich über einen singulären Akt die besten Gene einzuverleiben. In früheren Untersuchungen sei man davon ausgegangen, dass die sexuelle Selektion im männlichen Konkurrenzkampf ausgetragen und entschieden werde, heute tendiere man zu der These, dass sie ausschließlich durch das Wahlverhalten der Weibchen bestimmt sei. Die Männer gingen wie die Hirsche in der Brunft aufeinander los und die vorbewusste List der Frauen bestehe darin, den erschöpften Sieger einzusammeln, sein verschrammtes Geweih zu polieren und ihn glauben zu lassen, dass er sie durch die grandiose Demonstration seiner Kraft und Herrlichkeit erobert habe: »Die Frau ist die einzige Beute, die dem Jäger auflauert.«

Was will und kann mir der im Urschlamm der Menschheit wühlende Wissenschaftler mit dieser heiteren Weisheit sagen? Sind wir Männer die Idioten der Schöpfung und die Frauen bewusstlose Gebärmütter im Dienst reduplizierungswütiger Gene? Ist meine scheinbar zielgerichtete Reisetätigkeit und mit ihr die an höfische Rituale angelehnte Werbung – strahlend weißer Ritter entsteigt an der Spitze der tristen Pendlermasse einem ebenso strahlend weißen, mit zehntausend PS heranbrausenden Transportmittel – nicht ein einziges, von der jeweils am Bahnsteig ausharrenden Hirschkuh belächeltes Ernsthaftigkeitstheater, kurz gefasst: Mann denkt, Frau lenkt? Bevor ich dem Impuls nachgebe, ins Meer der Melancholie abzutauchen, kommt mir ein rettender Gedanke: Dieser kopflastige Mist geht dich doch überhaupt nichts mehr an! Ich habe mich ja nicht bei der Onlinebörse angemeldet, um mich fortzupflanzen, ich bin weder Charly Chaplin noch Mick Jagger und möchte mir nicht ausmalen, in sechs Jahren meinem beschämten Nachfahren mit zittrigen Händen eine Schultüte zu überreichen. Zwei Kinder gezeugt und aufgezogen, dass musste als Beitrag zur Rettung des Bio-Deutschtums reichen, und wenn ich die Liste meiner potenziellen Endzeitpartnerinnen durchgehe, ist keine dabei, die es auf mein nicht mehr ganz taufrisches Genmaterial abgesehen hat. Die postdarwinistische Theorie war also Gott sei Dank vom Tisch und ich beim dritten Ingwertee, aber da ich in der Sache nach wie vor auf der Stelle trat, klappte ich das eine Buch zu und das andere auf: *Für eine Nacht oder fürs ganze Leben. Fünf Dates*.

Ich kenne die Autorin Ursula März von ihren Auftritten als Literaturkritikerin in der 3sat-Kulturzeit und schätze ihre scharfsinnigen Einlassungen zu Dummfeminismus, Lässigkeitsprosa, larmoyanter Kapitalismuskritik und anderen Zeitgeistphänomenen über alle Maße. Sie gehört in meinem Wahrnehmungsraster zu der Kaste hyperintellektueller, in allen Sätteln gerechter Frauen, mit denen bei näherer Bekanntschaft nicht gut Kirschen essen ist und in deren Gegenwart man als Mann unwillkürlich den Bauch einzieht, ein Reflex, der bekanntlich nach spätestens zehn Minuten erlahmt. Dass diese aus der Angst vor einer übermächtigen Frau erwachsene Phantasie durch die Lektüre bestätigt wurde, sollte mich nicht froh machen. Die fünf geschilderten Begegnungen sind nicht ihre eigenen, sondern sie beruhen auf Beichten, zu denen sie Menschen überredet hat, die bei verschiedenen Onlineportalen nach dem großen Glück der Zweisamkeit anstanden, aber immer nur Nieten oder Freilose zogen. Der ausgebuffte, auf 60-Kilo-Gespielinnen fixierte Seitenspringer landet mit der Frau aus einer wesentlich höheren Gewichtsklasse im Bett des Stundenhotels. Eine pensionierte Postangestellte lässt sich auf einen adoleszenten Polizeibeamten ein und verdächtigt ihn der kaschierten Homosexualität. Die alternde Schauspielerin entbrennt im Urlaub für einen glutäugigen Kubaner, der sie nach der Eheschließung ausnimmt wie eine Weihnachtsgans und sich in seiner reich bemessenen Freizeit Pornovideos herunterlädt. Eine Frau in reiferem Alter, die die Züge der Autorin trägt, gabelt bei einer Single-Party einen großen und etwas beschränkten Jungen auf, der mit abschätziger Sachlichkeit das auf der Tanzfläche versammelte Angebot mustert. Sie macht ihn ein bisschen an, er lässt sie ein bisschen zu lange schmoren und sie entledigt sich seiner auf dem Weg zu ihrer Wohnung an einer Tankstelle, indem sie ihn zum Zigarettenholen schickt: »Ich wartete, bis sich die Scheiben der Automatiktür hinter ihm schlossen und er mir den Rücken zukehrte. Dann legte ich den ersten Gang ein, löste die Handbremse und drückte mit dem Fuß behutsam aufs Gaspedal.« Ich lege das Buch aus der Hand und komme nicht um das Eingeständnis herum, dass mir die Autorin nähersteht, als mir lieb ist. Sie läuft Gefahr, die Männer einer Selektion zu unterziehen, bei der nur die übrigbleiben, die ihr nicht das Wasser reichen können. Auch ich laufe Gefahr, meine Wahl so zu gestalten, dass ich mich am Ende jeder Begegnung hinter dem ironisch gebrochenen Gestus der Vergeblichkeit verschanze. So gelingt es, sich immer tiefer in die Einsamkeit zu manövrieren, der wir vorgeblich entrinnen wollen.

BLAUES WUNDER

Heut' mach' ich mir kein Abendbrot, heut' mach' ich mir Gedanken.« Diese kalauerhafte Sentenz des verblichenen Kabarettisten Wolfgang Neuss steht mir, wie ich finde, gut zu Gesicht. Ich habe mir, soweit ich zurückdenken kann, schon immer überbordend viele Gedanken gemacht, aber seit meinem Eintritt bei FinalDate bin ich unter Drosselung der Nahrungszufuhr in eine springflutartige Gedankendauerschwemme geraten, der ich nicht entkommen kann, weil ich das, was ich beklagte, bei der Reklame für mich selbst zum Alleinstellungsmerkmal erhoben habe: einfühlsamer, reflexionsfreudiger und vollakademischer Silverager sucht weibliches Pendant zum niveauvollen Zärtlichkeits- und Meinungsaustausch über Gott, die Welt, die Bewegungsgesetze des Universums und das Schicksal der Volksbühne nach der Entlassung von Frank Castorf.

Es ist zweitrangig, ob ich mit diesen stieseligen Geschraubtheiten eine Begegnung mit meiner Putzfrau ausschließen oder mit der Zurschaustellung meines enzyklopädischen Halbwissens meine fundamentale Schüchternheit kaschieren möchte, jedenfalls ist es keine wirkliche Überraschung, dass ich bis auf die Görlitzer Grobmotorikerin stets an Frauen geraten bin, die unter denselben Krankheitssymptomen litten, und wenn wir uns wie die Tunnelbauer durch den Gotthard des harten Bildungsgesteins gefressen hatten, war die Luft raus: Mann und Frau erschöpft auf höchstem Niveau. Ich habe in einem Buch mit dem Titel *Soziologie für Dummies* einmal gelesen, dass der

Prozess der gesellschaftlichen Steuerung laut Niklas Luhmann krisenhaft wird, wenn die Verknüpfungskapazität eines Elements des Beziehungsgeflechts sein Maximum erreicht und das System veranlasst wird, durch die Selektion von Verbindungen ein neues Gleichgewicht herzustellen. Als Beispiel für den Abwurf von Ballast und die damit einhergehende Komplexitätsreduktion im Subsystem der Liebe zitieren die leserfreundlichen Verfasser in einer Fußnote die Fußballzeitschrift *11 Freunde*, in der Lukas Podolski und Miroslav Klose die an Verkrampfung grenzende Hyperkomplexität der deutschen Frau beklagen und unisono das Hohe Lied auf ihre Landsmänninnen anstimmen, denen sie vor dem Traualtar ihr Jawort gegeben haben: »Polnische Frauen sind ruhiger, fröhlicher und lockerer und besitzen mehr erotische Ausstrahlung.« Spontan musste ich über diese beherzte, von keinem tiefschürfenden Gendergedöns belastete Eloge lachen, aber dann besann ich mich meiner milieuspezifischen Wut, Trauer und Betroffenheit und geißelte die Äußerung der unbedarften Ballkünstler wider besseren Wissens als undifferenziert, unterkomplex, suboptimal und zutiefst frauenfeindlich: Ihr habt ja recht Jungs, aber ich traue mich nicht.

Eine Woche nach meinem Rücksturz aus Zürich ruft mich die Tochter meines Nachbarn an und sagt mir, dass es mit ihrem Vater zu Ende gehe und dass sie über eine Agentur eine Pflegerin eingestellt habe, die ihn rund um die Uhr betreue. Ihr Name sei Marijanka und ich solle in ihrer Abwesenheit doch bitte ein Auge auf sie werfen. Ich hatte drei Jahre zuvor die nähere Bekanntschaft des zurückgezogen lebenden alten Herren gemacht, ich brachte ihm die Zeitung vom Briefkasten mit und trug die leeren, vor seiner Wohnungstür abgestellten Weinflaschen zum Container. Er war im Zweiten Weltkrieg Jagdflieger gewesen, hatte es in der Bundeswehr bis zum

Kommodore eines Hubschraubergeschwaders gebracht, und da ich mich bei meiner Musterung im Jahr 1965 erfolglos aufgrund meiner Sehschwäche um die Aufnahme bei den Heeresfliegern beworben hatte, verfügten wir über ausreichenden Gesprächsstoff.

Als ich am nächsten Morgen vom Joggen zurückkomme, fängt mich die Pflegerin vor der Mülltonne ab und fragt mich, ob ich der liebe Mann sei, der sich um den Herrn Oberst kümmere. Da meine Brille beschlagen ist, kann ich keinen Blick auf Marijanka werfen, aber ich fühle mich zu meiner eigenen Verblüffung durch ihre Anrede nicht durch den Kakao gezogen. Abends klopft sie an die Tür und bittet um eine halbe Tasse Mehl, weil sie für ihren Patienten ein Omelett zubereiten will. Das Blau ihrer Augen wird von einem starken Lidstrich verstärkt, ihr herzförmiges Gesicht ist von blonden Löckchen umrahmt, und sie hat die Figur einer Sanduhr. Ich gebe ihr das Mehl, sie bedankt sich, und ich lade sie für die nächste Nachmittagspause zum Kaffeetrinken ein. Ich kaufe zwei Donauwellen, einen neuen Milchschäumer, fuhrwerke mit dem Staubsauger durch die Wohnung und reinige die Kuchengabeln und die Serviettenringe im Silberbad.

Sie trägt einen breiten Ehering, ein flauschiges malvenfarbenes Schlauchkleid, in dessen tiefem Ausschnitt ein goldenes, an einer dünnen Kette befestigtes Kreuz aufschimmert. Sie stammt aus Bialystok, einem Ort an der Grenze zu Weißrussland, ihr Mann Wojtek ist im ganzen EU-Raum unterwegs, um mit seinen Kollegen aus China importierte Wintergärten zu montieren, ihre Tochter Irina studiert in Krakau Informatik und sie arbeitet seit zehn Jahren für die Organisation, die Palliativkräfte nach Deutschland vermittelt. Nein, sie fühle sich durch die Arbeit nicht belastet, weil sie es bislang immer mit freundlichen Menschen zu tun gehabt habe, die ein gottesfürchtiges Leben geführt hätten und auf die im Himmel die Gnade des Herrn und der ewige Friede warte. Ich hänge an ihren vollen, sich öffnenden und schließenden Lippen und Marijanka ist in meinen Augen einfach nur schön und vollkommen arglos. Als ich sie durch meine kleine Wohnung führe, bleibt sie in meinem Arbeitszimmer lange vor dem Foto meiner toten Frau stehen und fragt mich schließlich, wie lange ich schon allein bin. Ich sage mit kurzen Unterbrechungen neun Jahre und sie findet, dass das neun Jahre zu viel seien. Dabei umfasst sie kurz meinen Arm, und ich spüre durch den Stoff des Hemdes ihre Wärme. Denken tue ich, soweit ich mich erinnern kann, ausnahmsweise nichts, und als ich ihr sage, dass es mich freuen würde, wenn sie morgen nach der Versorgung des alten Herren zum Abendessen käme, meinte sie, dass wir die Türen zwischen den Wohnungen offenlassen müssten, damit sie ihn jederzeit hören könne.

Ich hole in aller Herrgottsfrühe das verstaubte, seit 18 Jahren unbenutzte Babyphone meiner Tochter vom Dachboden, lade bei Spotify Richard Addinsells *Warschauer Konzert* herunter, und gehe in den Supermarkt, um die Zutaten für *Bigos*, einen aus Kraut und mehrerlei Sorten Fleisch bestehenden polnischen Schmoreintopf zu erstehen. Damit vergehen die Stunden wie im Flug, und als sie abends durch die Tür tritt, klatscht sie vor Begeisterung in die Hände wie ein Kind, und nachdem sie den Braten gerochen hat, versichert sie mir, dass Bigos und Piwo die beste Medizin gegen Heimweh sei. Die gewaltig orchestrierte Filmmusik erfüllt den Raum, Marijanka isst mit gesundem Appetit, und als aus ihrem Mund ein Fetttropfen auf ihr Kinn fällt, umrunde ich den Tisch mit der Serviette in der Hand und frage sie, ob ich sie küssen darf. Sie nickt zustimmend, und als sie mir ihre Lippen zuwendet, bebe ich am ganzen Körper und komme mir vor wie ein recycelter

Teenager. Ich fühle mich unsicher, behalte den Ring und das Kreuz im Auge, will den Zauber nicht brechen, und als ich sie an mich ziehe, erscheint mir diese kräftig gebaute Frau wie ein Gefäß aus dünnwandigem chinesischem Porzellan.

Tagsüber höre ich ihre helle Stimme aus der Nachbarwohnung, sie singt dem ins Koma gefallenen deutschen Kriegsveteranen polnische Kinderlieder vor, die mich an die Nursery rhymes erinnern, mit denen meine Frau unsere Tochter in den Schlaf begleitet hatte, und ich schmelze dahin: Wenn Marijanka ein Todesengel ist, dann wäre der Tod nichts, was man fürchten müsste. Am Abend unseres siebten Tages essen und trinken wir fast wie gewohnt, spielen eine Runde *Polski Pachuk*, eine Abart des Mauschelns, schauen uns im Fernsehen die polnische Tagesschau an und danach massiere ich ihren von der Arbeit verspannten Nacken. Wir liegen nebeneinander auf meiner verschlissenen Recamiere und ihr Kopf ruht in meiner Armbeuge. Plötzlich richtet sie sich auf, streift den Ring vom Finger, löst die Halskette und sagt in die Stille hinein: »Jetzt sollst du mich lieben.« Der Satz weht mich an wie ein warmer Wind, wie eine längst vergessene Melodie und mein jauchzendes Frohlocken sinkt zu einem ergebenen Flüstern herab: »Ja, ich will dich lieben, Janka, mit allem, was ich habe«. Es kommt, wie es kommt, und was kommt, ist gut: Ich beuge mich zu ihr hinüber, sauge gierig den Geruch ihres weißen, in der Dunkelheit aufscheinenden Leibes ein, ich höre ihren unter meinen Berührungen schneller werdenden Atem und dann höre ich aus dem Babyphone einen tiefen Seufzer, der in ein langgezogenes und nicht enden wollendes Röcheln übergeht. Janka springt auf, wirft sich ihren Kittel und meinen Morgenmantel über und ruft mir zu: »Ich bin gleich wieder da.«

Nachdem sie durch die Tür verschwunden ist, setzt eine

seltsame Rückverwandlung ein: In Jankas Gegenwart war ich ganz jung, in ihrer Abwesenheit werde ich wieder so alt, wie ich bin. Weil ich mir nicht sicher sein kann, ob ich nach der langen Phase der Enthaltsamkeit meinen Mann stehen würde, gehe ich ins Badezimmer und werfe prophylaktisch 100 Milligramm Sildenafil ein, das ich mit einem Schluck Cola hinunterspüle. Dann setze ich mich an den Küchentisch und warte. Die hervorragende Wirkung des Bestsellers aus dem Hause Pfizer setzt nach 30 Minuten ein und verflüchtigt sich nach 90 Minuten, und da wir unter uns sind, richte ich aufmunternde Worte an meinen beleidigt wirkenden Lebensgefährten: Kopf hoch, mein Lieber, das Schönste kommt noch. Aber es kommt nicht. Ich gehe in der Wohnung auf und ab, trinke schwarzen Kaffee, sortiere meine Socken, löse das Online-Quiz der *Zeit* und starre auf die Uhr. Um fünf höre ich die Stimme des Notarztes auf dem Flur, um sieben die schweren Schritte der Bediensteten des Bestattungsinstituts und eine halbe Stunde später das schaurige Ratschen des Reißverschlusses, der sich über dem Leichnam des greisen Jagdfliegers schließt. Kurz darauf lässt sich die erschöpfte Janka in meine Arme fallen, ich schlage das Bett auf, lege ihr eine Wärmflasche auf den Bauch, decke sie zu und sie bittet mich, sie nach drei Stunden zu wecken, weil sie mit der Tochter des Toten das Abschlussgespräch führen muss.

Vier Tage danach sehen wir uns in der Kapelle des Frankfurter Hauptfriedhofs wieder. Ein konfessionsloser Leichenredner salbadert vor sich hin, eine Ehrenformation der Luftwaffe intoniert *Ich hatt' einen Kameraden*, die Urenkel des alten Soldaten spielen George Gershwins *Summertime*, Janka summt kaum hörbar »and the living is easy« und hält meine Hand. Die Tochter des Toten registriert die Geste mit versteinerter Miene und zischt mir im Hinausgehen zu: »Sie haben es wohl nötig«, und ich sage laut und deutlich: »Ja, sehr.« Nach dem Begräbnis zieht mich Janka in den Schatten einer Rotbuche, wir küssen uns inniglich und irgendwann sagt sie: »Ich muss jetzt gehen.«

Sie trägt den Ring und das Kreuz, und als sie sich mit schwingenden Hüften von mir entfernt, bleibe ich ohne Bitterkeit zurück. Zwei, die für sieben Tage im Malstrom der Zeit ihre Ruhe miteinander gefunden haben, eine Ruhe, die nichts mit Verlassenheit zu tun hat, sondern mit Geborgenheit. *Lost and found, found and lost*, daran ist nichts zu beklagen. Als ich vor der Haustür nach meinem Schlüssel krame, finde ich in meiner Jackettasche einen winzigen, mehrfach gefalteten Zettel, der mit blassblauen Buchstaben beschriftet ist: »Navet jesá juz nigdy nie mielibysmy sie zobaczyc, to przygoda mojego istnienia jest uzasadniona, poniewaz spot calem Ciebie.« Ich brauche mehrere Stunden für die Übersetzung, aber es war der Mühe wert: »Und sollten wir uns nie wiedersehen, so ist das Abenteuer meines Lebens gerechtfertigt, weil ich Dir begegnet bin.«

KLECKERN ODER KLOTZEN

In dem von den Brüdern Grimm aufgezeichneten Märchen vom Froschkönig sitzt der durch den Kuss der Prinzessin erlöste Königssohn neben der Braut und seinem treuen Diener Heinrich in der Kutsche, die ihn zur Hochzeit bringen soll, und weil er es plötzlich hinter sich krachen hört, äußert er die Befürchtung, dass der Wagen brechen könne. Aber der Kutscher beruhigt den Bräutigam: »Nein, Herr, der Wagen nicht, es ist ein Band von meinem Herzen, das da lag in großen Schmerzen, als ihr in dem Brunnen saßt, als ihr eine Fretsche wart.« Ich mag Märchen, weil sie meistens gut ausgehen, aber dieses Märchen mochte ich besonders, nicht nur, weil mir eine durchreisende polnische Prinzessin für eine kleine Weile ihr Herz geschenkt, sondern das meine nach der entschlossenen Sprengung der eisernen Bande hatte lang anhaltend höherschlagen lassen. Ich wärme den restlichen Eintopf in der Mikrowelle auf, trinke dazu das verbliebene Bier und wickele mich zum Schlafen in meinen Morgenrock ein, der Marijankas unverwechselbaren Geruch verströmt: eine aphrodisierende Duftkomposition aus Schweiß, warmer Erde und Maiglöckchen. Als ich aufwache und neben mir ins Leere greife, bin ich zunächst ein wenig verzagt, aber dann fällt mir ein, dass ich dank ihrer Liebe von einer gemütsverengenden Angina pectoris genesen war und es in der Hand habe, mit einer radikal veränderten Rezeptur nie mehr als verschrumpelter, um einen Schmatzer bettelnder Wasserpatscher von Teich zu Teich, von Bahnhof zu Bahnhof hüpfen zu müssen: Nicht kleckern, sondern klotzen.

Der größte mir bekannte Klotzer war Sir Francis Drake, ein brutaler Haudegen im Dienst des Empire, der Elisabeth I. nach seinem über alle sieben Meere führenden Raubzug am 4. April 1581 im Hafen von Deptford mit Gold überschüttete und ihr mit einer bis zum Boden reichenden Verbeugung die gesamte damals erschlossene Welt zu Füßen legte. Vor Aufregung, so die Legende, verlor die Queen ihr Strumpfband, flüsterte ihm anerkennend zu, dass er ein verfluchter Schurke sei, aber da sie sich aus Männern nichts machte, erhob sie ihn immerhin in den Adelsstand. Den Titel des kleinlichsten Kleckerers konnte ich mir schändlicherweise selbst an die Brust heften. Als ich vor gar nicht ganz so langer Zeit zu meiner ersten gescheiterten Aventüre nach Saarbrücken aufgebrochen war, trat ich zwar nicht mit leeren Händen vor Selma, meine feinherbe Radiologin i. R., aber die zwölf Bethmännchen, ein nach einem Frankfurter Bankier benanntes, aus einem parfümierten Marzipanklümpchen bestehendes Industrieprodukt, waren bei Gott kein Zeugnis verschwenderischer Großzügigkeit. Zudem hatte ich vergessen, vor der Übergabe das Preisschild zu entfernen: 7,50 Euro. Mein Gastgeschenk war seinerzeit zu mickerig, mein Redestrom zu breit, aber da wir uns über Whatsapp weiterhin freundlich über den Stand unserer internetbasierten Liebesmühen austauschten, rechne ich mir durch die entschlossene Erhöhung des Werbeetats eine Neuinszenierung mit glücklichem Ende aus und suche nach einem gemeinsamen Reiseziel im Premiumsegment Studiosus'. Eine Art rollende Universität des dritten Lebensalters, die mit einer vierwöchigen Bahnreise im Sonderzug »Zarengold« von Hongkong nach Moskau über Kanton, Wuhan, Chongqing, Peking, Ulan Bator, Baikalsee, Nowosibirsk und Jekaterinburg lockte. Die Werbung sprach von einem »pfiffigen«, auf Land und Leute abgestimmten Event-Bordprogramm. Zudem käme man in den Genuss einer Rundumbetreuung durch fachkundige, mehrsprachige Reiseleiter, die der Gruppe vom Drei-Schluchten-Gipfel über das Weltkulturerbe Terrakotta-Armee bis zur Richtstätte der von den Bolschewiki ermordeten Zarenfamilie alle Destinationen genau erklären könnten. Mein Problem bestand aber darin, dass ich seit einer Sizilienrundfahrt des Unternehmens, die unter dem Motto »Der lange Schatten der Staufer« stand, unter einer schweren Form der Erklärungsallergie leide. Wir wurden von unserem Reiseführer, einem armen, an der Universität Dresden lehrenden Privatdozenten, vom ersten Schrei der süditalienischen Hähne bis zum hochprozentigen nächtlichen Absacker, der sich Sarazenenpunsch nannte, so bombardiert, dass das Wort Erklärungsnotstand für mich eine neue und durchaus peinigende Bedeutung angenommen hatte. Selbst auf dem Kraterrand des Stille heischenden Ätna hatte dieser beredte Experte für vergleichende Kulturwissenschaften nicht an sich halten können und stundenlang Hölderlins »Tod des Empedokles« deklamiert. Und das auf Sächsisch. Die anderen Teilnehmer, eine bildungshungrige Altphilologin, zwei anämisch wirkende Pastorenwitwen, ein frisch vermähltes Bibliothekarinnenpaar und ein Theologie-Emeritus aus Münster, der eigentlich nur mitgefahren war, weil er alles noch fundierter und weitschweifiger explizieren konnte, hatten mit dem verbalisierungsfreudigen Sachsen keine Probleme, weil er – das muss der Neid ihm lassen – aussah wie eine fleischgewordene Kopie von Michelangelos David. Meine Mitreisenden hingen mit feuchten Augen an seinen wohlgeformten Lippen und wenn er Koransuren oder eine Bedienungsanleitung für koreanische Tablets im Original heruntergeleiert hätte, wäre das niemandem aufgefallen und im mitreißenden Strom der Endorphine untergegangen.

Vorgeschädigt durch diese Gruppenreise, verlege ich mich auf die Suche nach Intimität verheißenden Luxusherbergen in niederschlagsarmen Gegenden und stehe nach einer durchwachten Nacht am PC vor der Wahl zwischen *Reid's Palace* auf Madeira und dem *Gran Hotel le Duque* auf Fuerteventura. Das eine ist ein im 19. Jahrhundert errichteter Prachtbau im englischen Kolonialstil, das andre ein verspieltes, von Friedensreich Hundertwasser in den Ufersand des Atlantiks gesetztes pseudoorientalisches Märchengebilde mit blattgoldverzierten Zinnen und Türmchen. Obwohl ich weiß, dass Selmas Bauhausvilla von einer gewissen architektonischen Strenge kündet, entscheide ich mich für Fuerteventura, weil die Landebahn auf Madeira wegen ihrer furchterregenden Kürze von Piloten nicht gern angeflogen wird. Ich erweitere meinen Dispokredit, buche zwei Premium-Economy-Flüge ab Saarbrücken und Frankfurt, schicke Selma den Link und eine SMS: »Would you like to ride in my beautiful balloon? Auf Dich wartet der ewige Frühling und ein Mann, der, wenn es sein muss, schweigen kann wie Moltke.« Ich war im Aufwind, aber lange nicht geflogen. Das sollte sich rächen.

Bei den Merowingern auf Burg Meersburg herrschte im achten nachchristlichen Jahrhundert der Brauch, dass etwa dem greisen König Dagobert mit seinen Mannen im Winter zugebilligt wurde, die Plätze in unmittelbarer Nähe zum Kaminfeuer einzunehmen, während Frauen und Kinder in der letzten Reihe in den zugigen, fensterlosen Hallen einem Abhärtungsprogramm ausgesetzt waren, dem regelmäßig die Hälfte des im Frühjahr gezeugten Nachwuchses zum Opfer fiel. Am Flugsteig A28 der Lufthansa am Airport Frankfurt werde ich eine Woche später zu nachtschlafender Stunde Zeuge dessen, was man als sanfte Refeudalisierung des Generationenvertrages bezeichnen könnte. Nach der Aufforderung, die Bordkarten und den Personalausweis bereitzuhalten, setzen sich die in Elektrofahrzeugen herangekarrten Hochbetagten, rasant vorbei an Kind und Kegel, mit ihren Rollatoren und der Aggressivität antiker Wagenlenker an die Spitze der zum Ausgang drängenden Menschenmassen, so, als ginge es nicht um einen Sitzplatz in der A-340, sondern ums nackte Überleben im Colosseum zu Rom. Hundert Jahre nach dem Untergang der Titanic: *Nobody is prepared to go down like gentlemen*.

Nachdem wir die endgültige Flughöhe erreicht haben, tänzelt der Purser mit einem Körbchen durch den Gang und schnippt mir und den anderen dankbar aufblickenden Ruheständlern mit einer etwas tuntig wirkenden Handbewegung tiefgekühlte, folienverschweißte Laugenhörnchen in den Schoß. Ich schätze, dass ich den Snack bis zur Straße von Gibraltar würde kneten müssen, um ihn in einen halbwegs genussfähigen Zustand zu bringen. Neben mir sitzt ein gleichaltriges Ehepaar aus Mainfranken. Der Mann kämpft mit mir einen stummen Kampf um die gemeinsame Sitzlehne und nötigt mich alle zehn Minuten zum Aufstehen, weil er austreten muss. Da ich mir nach der Begegnung mit Janka das Gelübde auferlegt hatte, meinen Mitmenschen mit größerer Unvoreingenommenheit entgegenzutreten, unterdrücke ich den Impuls, ihm die Einnahme von *Prostagutt forte* zu empfehlen und tröste mich mit der Einsicht, dass das ständige Auf und Nieder der Blutzirkulation förderlich ist.

Zwischen den aufgezwungenen Turnübungen widme ich mich der Lektüre der späten Tagebücher Thomas Manns. Einerseits ist es immer wieder angenehm, an der Gedankenwelt eines Schriftstellers teilhaben zu dürfen, der von sich ungestraft sagen konnte, dass er nicht irgendein Repräsentant der deutschen Kultur sei, sondern schlichtweg deren Verkörperung; andererseits ist es beruhigend, dass ich mich womöglich doch noch im Vorfeld des von ihm penibel beschriebenen Stadiums des körperlichen Verfalls befinde. Während ich mich, vom E-Book aufblickend, mit der Frage herumschlage, wann und auf welche Weise sich die gleichgültig waltende Natur wohl meiner sandkorngroßen Existenz entledigen würde, füllt der ahnungslose Franke neben mir seine Cola mit einem mitgeführten Obstler aus heimischem Schwarzbrand auf und lädt mich zum Umtrunk ein. Das finde ich nett.

Nach der Landung in Puerto Rosario ziehe ich meinen Rucksack vom Transportband und suche die Toilette auf, um mich frisch zu machen und zu rasieren. Danach sprühe ich mich mit meiner von David Beckham kreierten After-Shave-Lotion ein, lege den Kopf in den Nacken und versuche zwanzig Mal hintereinander, die Unterlippe so weit wie möglich in Richtung Nase zu bewegen. Ich bin auf diesen Schönheitstipp vor zwanzig Jahren durch die Frauenzeitschrift *Brigitte* aufmerksam geworden: Die Dehnungsübung sollte der Bildung von Putenhälsen und Doppelkinnen vorbeugen. Die LeserInnen wurden angehalten, sie täglich durchzuführen, ich unterziehe mich ihr nur, wenn es mir gut geht, und in der Stunde vor Selmas Ankunft geht es mir in an Übermut grenzender Weise gut, mehr noch: Ich sah mindestens so blendend aus wie Robert Atzorn bei seinem letzten Auftritt in *Nord Nord Mord*.

Kurz vor dem Aufsetzen der via Madrid einfliegenden Maschine baue ich mich in der Eingangshalle auf und gehe verschiedene Körperhaltungen durch, mit denen ich Eindruck zu schinden hoffe: auf den Sessel gefläzt, in die FAZ vertieft, breitbeinig männlich, in die dem Ausgang abgewandte Richtung starrend und mit Ray-Ban-Sonnenbrille und angewinkeltem Bein locker an eine Litfaßsäule gelehnt: *I wear my sunglasses at night*. Nachdem sich die Schleuse der Gepäckkontrolle geöffnet hat und der Strom der ankommenden Gäste nach zwanzig Minuten verebbt und bald darauf versickert, bleibt von mir nur noch ein in sich zusammengesackter älterer Mann übrig, der für seine Verhältnisse hoch gepokert und alles verloren hat: *Les jeux sont faits*. Selmas ergänzende Nachricht erreichte mich zeitversetzt über den Mailservice der Telekom: »An meinen lachenden Vagabunden, Deine großzügige Geste hat etwas durchaus Bestechendes, aber nachdem ich meine Freundin Clarissa bei FinalDate vorsichtshalber auf Dich angesetzt und kurz vor dem Abflug herausgefunden habe, dass Du sie mit textidentischen Versatzstücken aus Deinem Poesiealbum beglückt hast, ist der in Dich gesetzte Vertrauensvorschuss aufgebraucht und unsere flüchtige Bekanntschaft beendet. Hals- und Beinbruch! Mit nicht ganz so lieben Grüßen, S.« Zwei betrogene Betrüger lecken sich die Wunden und gehen getrennte Wege. Vor mir liegen sieben Tage des quälenden *dolce far niente*.

COSTA ANAKONDA

Beim Einchecken im *Le Duque* entspinnt sich zwischen der toughen Empfangsdame und mir eine ungute Diskussion über ein phosphoreszierend grünes Plastikarmband, das sie mit einem Tacker an meinem Handgelenk zu befestigen wünscht. Angeschlagen wie ich bin, antizipiere ich mich als Opfer der touristischen Massentierhaltung und äußere die Befürchtung, dass in dem Armreif ein Chip verborgen wäre, in dem wie in dem Horrorstreifen *Soylent Green* neben dem Herkunftsort und dem Geburtsgewicht auch das Schlachtdatum vermerkt sein könne, während sie mir einzureden versucht, er diene dem Hotelpersonal lediglich zur Unterscheidung von All-inclusive- und Halbpensionsgästen. Die zunehmenden Unmutsäußerungen aus der mit riesigen Rollkoffern armierten Warteschlange bewegen mich zum Einlenken, und ich versuche mich an einem humorvollen Abgang, indem ich mich dafür bedanke, dass sie nicht darauf bestanden hat, mir wie einem Kuscheltier von Steiff einen Knopf an die Ohrmuschel zu nähen. Der Witz ist nicht gut und deshalb kann außer mir auch niemand darüber lachen. Nach Bezug der pompösen Junior-Suite stellt mich der deprimierende Anblick der leeren Doppelbetthälfte vor die Wahl, mich entweder in meinem Zimmer zu verbarrikadieren und die Minibar zu plündern oder das Weite zu suchen.

Unterhalb der Hotelanlage, hinter einem breiten, in der Sonne leuchtenden Sandstreifen, liegt das Meer in ruhiger spiegelglatter Schönheit. Die sanfte, warme Strömung umfängt meinen im Marktwert erneut gesunkenen Leib und zieht mich hinaus ins Offene, ich treibe auf dem Rücken liegend dahin und schaue den Wolken zu, den wunderbaren Wolken, denen ich so gern gefolgt wäre wie meiner toten Geliebten, die mich um unseres Kindes Willen beschworen hatte zu bleiben und ein zweites Glück zu suchen. Also dann. Der Strand ist leer und es herrscht träge Siestaruhe. Im Schatten eines Felsvorsprungs lagern drei ineinander geknäulte Anakondas, die, dem Körperumfang nach zu schließen, soeben zumindest ein Zicklein verschlungen haben müssen und bis zum Einbruch der Dunkelheit mit dem Verdauungsvorgang beschäftigt sein werden. Neben ihnen liegt meine Sonnenbrille im Sand, und nachdem ich sie aufgesetzt habe, setzt eine erstaunliche Metamorphose ein. Wie der Aufdruck auf ihren Big-Shirts verrät, handelt es sich um Mitarbeiterinnen des Rewe-Konzerns: Fleischfachverkäuferinnen aus der Filiale Hannover-Laatzen, die sich nach der soeben genossenen über die Zusammensetzung der nächsten Mahlzeit unterhalten und dabei kichern und einen rundum zufriedenen Eindruck machen.

Auf der Hotelterrasse werden Kaffee und Kuchen gereicht. Neben mir sitzt ein Paar mit Enkeltochter. Der Opa spielt mit dem altklug agierenden Nachwuchs Scrabble, und auf dem Spielbrett lese ich: Hexamethylentetramin. Das Bildnis einer Einser-Abiturientin als Grundschülerin. Ihre Oma hat auf ihrem Teller so viele Petits Fours übereinandergestapelt, dass damit mühelos eine ganze Kindergeburtstagsschar zu verköstigen wäre. Die, wie man vor Auftauchen der *Weight Watchers* sagte, stattliche Erscheinung, strahlt den Charme und die Anmut der verblichenen DDR-Justizministerin Hilde Benjamin aus und winkt mit einer herrischen Geste die sehr junge und sehr hübsche Kellnerin zu sich heran, um eine heiße Schokolade zu bestellen: »Aber denken sie diesmal gefälligst daran, dass das Sahnehäubchen nicht wieder zerfließt, bevor es auf den Tisch kommt.« Der Großvater blickt kurz über den Rand seiner Lesebrille und kommentiert den Vorgang mit in mutmaßlich hundert Ehejahren gereifter salomonischer Weisheit: »Deine Laune würde sich vielleicht bessern, wenn du das eine oder andere Sahnehäubchen weglassen würdest.« Wie heißt der Klebstoff, der Paare zusammenpappt, wenn sich die Liebe verflüchtigt hat? Zermürbung? Abstumpfung? Veränderungsangst?

Pünktlich um 18 Uhr 30 ergießt sich, vorbei am Defilee der freundlich grüßenden spanischen Küchenbrigade, der Strom ausgehungerter deutscher Ruheständler in den Speisesaal. Die Oberbekleidung der Herren besteht vorwiegend aus schlecht sitzenden Anzügen aus einer Fairtrade-Cotton-Edition von Hess Natur, während die Damen an ihrer Seite farbenfrohe und weitgeschnittene Kreationen von Betty Barclay ab Konfektionsgröße 42 aufwärts bevorzugen. Da mich die Trostlosigkeit der demografischen Entwicklung, die sich in dieser kollektiven modischen Dauerentgleisung materialisiert, vollends in die Tiefe zu reißen droht, blicke ich an mir hinab und stelle ernüchtert fest, dass mich der schwarze Schlabberlook, mit dem ich mich gegen den herrschenden Trend in diesem Seniorenparadies stemme, auch nicht vor dem bewahren wird, was ich an Meinesgleichen beklage. Das Alter ist eine ästhetische und körperliche Katastrophe, der jeder auf seine Weise zu entfliehen sucht. Der eine in den ausgelatschten Sandalen der Khmer Rouge, der andere in den gelgedämpften Sicherheitsschuhen von Mephisto.

Der lange Marsch zu mir selbst oder wem auch immer führt mich am dritten Tag von der Playa Calma ins 25 Kilometer entfernte Morro Jable. Links das Meer, rechts die Wüste, über mir der wolkenlose Himmel. Um das Gefühl der Leere einzudämmen, klinke ich mich per Kopfhörer in das Programm des lokalen Oldiesenders ein. *Smooth Criminal* von Michael Jackson, *Urgent* von Foreigner, *The Final Countdown* von Europe. Vorwärts treibende Rhythmen, die leider im Viertelstundenabstand von Werbeblöcken ausgebremst werden. Die Inselpfarrerin Elke Dinkel-Hamel bietet für kommenden Sonntag ein offenes ökumenisches Wettsingen mit kostenloser Weinprobe im Gartenlokal El Jardin an, bei Horst und Gisela in der Avenida Hapag-Loyd kostet die Rinderroulade mit Beilage 9 Euro 80 und Monis Schlemmerstübchen lädt zu Zürcher Geschnetzeltem sowie der letzten Currywurst vor Marokko ein. Vor dem Rückfall in den oralen Modus der Bedürfnisbefriedigung bin ich nicht nur durch einen spontanen Brechreiz gefeit, sondern auch durch die strikte Reiswaffel-Caipirinha-Diät, die ich mir für die Dauer meines Aufenthalts auferlegt habe.

Zwanzig Meter über dem Meer, in sorgfältig aufgeschichteten Steinburgen, haben sich weitere deutsche Kostverächter verbarrikadiert. Die Wehrtürme sind mit in Folien verpackten Warntafeln versehen, auf denen darauf hingewiesen wird, dass die Anlage auf unbestimmte Zeit besetzt ist. Ab und zu sehe ich dehydriert wirkende, schwarzbraune Gestalten, die an die Strichfiguren Giacomettis erinnern, zwischen ihren Bunkern hin- und herwanken und sich gegenseitig mit Sonnenmilch einreiben. Rätselhafte Existenzen. Fünf Kilometer weiter, am Playa Esquinzo, haben betagte FKK-Anhänger beiderlei Geschlechts in Kohortenstärke ihr Revier bezogen. Der Bräunungsgrad des teutonischen Grillguts ist geringer, die Leibesfülle größer als die der asketischen Festungsbewohner. Ich eile mit zunehmendem Tempo an hunderten von eingefallenen Gesäßbacken, hängenden Brüsten, aufgetriebenen Schmerbäuchen, in grauem Haargestrüpp baumelnden Gemächten vorbei, und weil mir dazu nichts mehr einfällt, ersehne ich den intellektuellen Beistand von Peter Sloterdijk oder zur Not auch Botho Strauß herbei. Aber in der Kampfzone der Massenentblößung geht es natürlich wesentlich ungemütlicher zu als in Sils Maria oder der Uckermark. Die Scham ist die Hüterin der menschlichen Würde. Da kichern die alten, ihres jugendlichen Federkleides beraubten Hühnchen und Hähnchen vor sich hin und sagen: Das geht uns am faltigen Arsch vorbei. Das Abendland, das teure, ist in dem mir zugänglichen Strandabschnitt vor meinen Augen soeben abgeschmiert, und ich gerate gegenüber diesen hummerroten bis halbverkohlten Personifikationen unserer hüllen- und schrankenlosen westlichen Freiheit in einen Zustand der hasserfüllten Feindseligkeit, in dem es mir vor mir selbst graut. Bin ich eigentlich nicht viel mehr als ein vereinsamter Loser, ein kleiner Schopenhauer-Epigone, an dessen Seite es noch nicht einmal ein Pudel aushält? Wenn es stimmt, dass die Schönheit im Auge des Betrachters entsteht, dann wird auch die Hässlichkeit ihren Ursprung in diesem gefräßigen Organ haben. Und ist nicht meine gesamte Wahrnehmung durch die Vergeblichkeit meiner Frauensuche, durch eine durch das Alter zusätzlich angeheizte Torschlusspanik gesteuert? Jim Morrison hat sich mit 27 in die Erdumlaufbahn geschossen und mir und den anderen Überlebenden seines Jahrgangs eine gültige Wahrheit hinterlassen: »People are strange, when you're a stranger / Faces look ugly, when you're alone / Women seem wicked, when your unwanted / Streets are uneven, when you're down.«

SENZA UNA DONNA

22 Uhr, Ortszeit. Ich liege auf dem Bett, habe einen leichten Sonnenbrand und führe mir Martin Walsers *Das dreizehnte Kapitel* zu Gemüte. Der Roman handelt von einem deutschen Großschriftsteller und einer deutschen Theologieprofessorin, die anlässlich eines vom Bundespräsidenten in Schloss Bellevue ausgerichteten Essens beim Verzehr von »in Rebenholz geräuchertem Kalbstafelspitz mit Feldthymian-Trauben-Sauce« füreinander entbrennen, aber weil die beiden nicht nur verheiratet, sondern glücklich verheiratet sind, kommen sie überein, sich Briefe zu schreiben, die den Bestand ihrer Ehe nicht gefährden, in denen sie aber demonstrieren können, über welches sprachartistische Repertoire ein deutscher Großschriftsteller verfügt und zu welchen Sublimierungsleistungen eine deutsche Theologieprofessorin fähig ist. Obwohl der Poeta laureatus nicht mehr der Jüngste ist, bleibt mir die Darstellung hinlänglich bekannter altersspezifischer Gebrechen erspart, weil die erhitzten Briefpartner zum sexuellen Vollzug in die abgedunkelten Räume ihrer jeweiligen ehelichen Schlafgemächer zurückkehren. Die Celebrities Basil Schlupp und Maja Schneilin brauchen für die Abfassung einer ziemlich schäbigen Absicherungsformel für die wie geschmiert laufende Partnerschaft 270 Seiten, die wesentlich prägnanter ausfallen würden, wenn sie Karin Plethi und Peter Krethi hießen und im Kentucky Fried Chicken zu Tische säßen: Appetit kannste dir holen, wo du willst, aber gegessen wird zu Hause. Aus diesen hochtrabenden Reflexionen werde

ich durch die in Hörweite installierte Minidisco herausgerissen.

Weil der Anteil der sogenannten Kids am Gästeaufkommen dramatisch gesunken ist, sind die Eventmanager des Hotels dazu übergegangen, das Angebot für den Nachwuchs mit Ü50-, -60- und -70-Partys zu kombinieren. Beagles, die rechnen können, Papageien am Xylophon, ein Trump-Imitator, der minderbemittelter aussieht als das Original, nicht ganz taufrische Transvestiten, die in gebrochenem Deutsch abgestandene Herrenwitze reißen und das Ganze garniert mit einem Kranz immergrüner Melodien. Der späte Elvis, Julio Iglesias, Roland Kaiser, Rolf Zuckowski, Howard Carpendale und Nena als unverwüstliches Brückenelement zwischen den Generationen: *Irgendwie, irgendwo, irgendwann.* Weil sich das erfahrungsgemäß bis Mitternacht hinzieht, werfe ich mich dem lärmenden Leben, so wie es ist, in den Rachen, richte mich notdürftig her, setze mich mit dem Rücken zur Bühne an die Theke und harre der Dinge, die da kommen sollen. Bis auf die Cocktails, die der Barmann mir in immer kürzeren Abständen zuschiebt, kommt lange, lange nichts und dann das. Eine Tür fliegt auf, vom Meer her weht eine scharfe Brise durch den Musikantenstadl, die Züge der im Ehegatter eingepferchten Matronen verhärten sich, und ich bin gebannt von der alterslosen Schönheit der dunkelhaarigen Frau, die in einem schmucklosen schwarzen Etuikleid auf bloßen Füßen energisch den Raum durchmisst und den letzten freien Barhocker ansteuert: *The Barefoot Contessa Reloaded.* Das plötzliche Erwachen der Lebensgeister. In zehn Sekunden von nichts auf alles.

Zwischen mir und ihr sitzen drei potenzielle Nebenbuhler, die ich aus dem nachmittäglichen Animationsprogramm kenne: Ein bis zu den Ohrläppchen tätowierter Harley-Davidson-Händler aus Böblingen, ein verhuscht-nervöser Sparkassenfilialleiter aus Rotenburg an der Wümme, sowie ein verlebter Lebemann, der im Europapark Rust eine Achterbahn betreibt und ohne Weiteres als Double des öligen Formel-1-Promoters Flavio Briatore durchgehen könnte. Das müsste also mit ein bißchen Stil und Formbewusstsein alter Schule zu schaffen sein. Sitzen und sinnen und schauen. Damit kenne ich mich aus. Darin bin ich ganz groß und muss nur noch geduldig auf meinen Einsatz warten. In der rechten Hand hält sie ein Holzspießchen, mit dem sie eine Olive durch ihr Martiniglas bugsiert, mit der linken bedient sie die Tastatur ihres Blackberry. Da dreht der schmierige Schausteller aus der Ortenau seinen massigen Leib mit der Grazie eines verrosteten Baukrans in ihre Richtung, zieht sie mit seiner an allen Fingern beringten Pratze an der Hüfte zu sich heran und richtet das dröhnende Wort an sie: »Ist das nicht eine geile Party hier, mein Mäuschen?«

Game over. Plötzlicher Druckabfall. Ende der romantischen Operation. »Indem ich dem Gemeinen einen hohen Sinn, dem Gewöhnlichen ein geheimnisvolles Ansehen, dem Bekannten die Würde des Unbekannten, dem Endlichen einen unendlichen Schein gebe, so romantisiere ich es.« Das hat keiner so schön auszudrücken vermocht wie Novalis, aber ich bin zu erschöpft und zu betrunken, um dem Gemeinen einen hohen Sinn abzutrotzen, krieche in meine leere Suite zurück und tröste mich übers Smartphone mit einem Lied von Zucchero: »Senza una donna, no more pain and no sorrow.«

Wenn zwei aus der Bahn geworfene Männer den Bad Woman Blues singen, ist damit zu rechnen, dass die Darbietung mit einer Dissonanz endet. Ich sitze mit dem an der Wümme stationierten Bankangestellten im Hotelfoyer und warte auf den Bus, der mich zum Flughafen bringen soll. Wir trinken zum letzten Mal kostenfrei Tomatensaft mit Wodka, er heißt Lars, hat abgekaute Fingernägel, und weil er sich in einem insgesamt erbarmungswürdig desolaten Zustand befindet, ermutige ich ihn in einem Anfall von Tollkühnheit, sich einfach mal alles von der Seele zu reden. Er wähnte seine Ehe in tadelloser Ordnung, bis seine Frau ihm zwei Tage nach Auszug des ältesten Sohnes und eine Woche vor der Silbernen Hochzeit mitgeteilt hat, dass sie die Zeit mit ihm nicht bereue, sich aber weitere fünfundzwanzig Jahre an seiner Seite nicht vorstellen könne. Ein Vierteljahrhundert Pflicht, jetzt käme die Kür und mit ihr der Start in ein anderes, farbigeres Leben jenseits von Küche, Kinderaufzucht und der Dauerbespaßung eines vergrätzten Pfennigfuchsers. »Hast du da noch Worte«, heult er empört auf und fragt mich, ob ich wisse, was sie ihm am Ende hämisch lachend an den Kopf geworfen und mit auf den Weg gegeben habe: »Lars, das wars!« Er habe auf sie eingeredet wie auf einen kranken Gaul, habe auf seine herzkranke Mutter hingewiesen, der die Scheidung ihres einzigen Sohnes den Rest geben würde, habe ihr geraten, sich einem Psychiater anzuvertrauen, versprochen, das Rauchen aufzugeben, ihr zu guter Letzt ein einwöchiges Sühneverfahren in diesem überteuerten Luxusschuppen spendiert: »Nada, nichts, alles für die Füße, auf Durchzug geschaltet, die verwöhnte alte Schnepfe!«

Der Mann leidet wie ein geprügelter Hund, aber mein Mitgefühl hält sich in Grenzen, weil er die Abwendung seiner Frau als eine von außen kommende Katastrophe begreift, in der er sich als Opfer eingerichtet hat. Was an mir nagt, ist der kleine, aber nicht zu leugnende Verrat, den ich nach seiner redundanten Klage an Marijanka begehe. Ich habe seit ihrer Abreise nach Bialystok mit keinem Menschen über sie sprechen können und weil dem, dem das Herz voll ist, der Mund auch an unpassender Stelle übergeht, versuche ich mein Liebesleid auch noch irgendwie unterzubringen: die erste Begegnung, ihre Erscheinung, ihre Zärtlichkeit, ihr Geruch, ihre entwaffnende Blauäugigkeit und das Scheitern an den Klippen ihres Katholizismus und meiner Unentschlossenheit. »Ich war mit ihr einen Wimpernschlag lang so glücklich – warum habe ich sie nicht gebeten, zu bleiben?«

Mein Gesprächspartner bietet so viel Anteilnahme auf wie die Rechen-App meines Handys und empfiehlt mir, den Ball flach zu halten: »Das hättest Du mit einer Thai billiger haben können, und zwar das komplette Programm zum halben Preis.« Aber seine Häme trifft mich nicht. Ich sehe in ihm einen durch seinen Verlust abgestumpften Mann, der in seiner Verzweiflung blindwütig um sich schlägt, aber wenn ich ehrlich bin, kann ich auch von mir kaum behaupten, dass mich der vor zehn Jahren erlittene Schaden klüger oder einfühlsamer gemacht hat.

LIEBE GEWOHNHEITEN

Seit Ella mich in Böhmen aus unserer Apart-Together-Beziehung entlassen hat und ich die Endgültigkeit der Trennung von Tisch und Bett nicht länger leugnen kann, ist es mir zum lieben Brauch geworden, der Bequemlichkeit halber immer eine Woche im Voraus zu kochen: sieben Tage Hausmannskost, sieben Tage Couscous, sieben Tage Chicken-Curry, sieben Tage Tofu-Eintopf und so weiter. Weil sich mein Flug zu den Inseln des ewigen Frühlings in erotischer Hinsicht als Flopp erwiesen hat, hoffe ich nach meiner Rückkehr durch den Genuss eines im Tiefkühlfach gelagerten Leibgerichts mein seelisches Gleichgewicht wiederzuerlangen, aber statt der erwarteten, nach Art meiner Mutter zubereiteten Rinderroulade, finde ich lediglich ein Päckchen Rosenkohl vor, eine Beilage, die bereits seit Ostern vergangenen Jahres ungenießbar ist.

Als ich bei Aldi meine Vorräte auffülle, steht in der Käuferschlange vor mir eine Frau mit grauer Steppjacke und tief in die Stirn gezogener schwarzer Wollmütze, die ich als Insassin des in der Nähe meiner Wohnung gelegenen Altenstifts kenne. Im letzten Sommer habe ich sie dabei beobachtet, wie sie vom Personal der Einrichtung vor die Tür unter eine Platane gesetzt wurde und dabei sehnsüchtige Blicke über den leeren, sonnenbeschienenen Vorplatz warf. Auf was wartete sie? Den Mann, die Kinder, die Enkel, den Tod? Die alte Frau, von der mich, wenn ich es gut mit mir meine, maximal zehn Jahre trennen, legt mit zittrigen Händen eine Flasche Eierlikör und ein Netz mit Zwiebeln auf das Transportband. Die Ware läuft über den Scanner und die Verkäuferin nennt den Betrag. Die Frau weigert sich zu zahlen, weil sich die Zwiebeln im Angebot befinden und 25 Cent billiger sein müssten. Die Kassiererin lässt den Filialleiter kommen, der sein Bedauern ausdrückt und die Frau darauf hinweist, dass der Aktionspreis für die laufende Woche nicht mehr gültig ist. Die Frau steht wie aus Stein gehauen im Pulk der murrenden Kunden, kaut Kaugummi und sagt: »Das können Sie mit mir nicht machen. Das können Sie mit mir nicht machen.« Nachdem sie den Satz mit tonloser Stimme fünf Mal heruntergeleiert hatte, erklärt sich der Filialleiter bereit, ihr die Zwiebeln aus Kulanzgründen zum alten Preis zu überlassen. Während sie der Kassiererin elf Euro in Ein-, Zwei- und Fünf-Cent-Münzen im Zeitlupentempo in die Hand zählt, ist der klägliche Triumph am Spiel ihrer Kiefermuskulatur abzulesen: Sie zermalmt die Welt, die sie in ihrem gewohnten Lauf für fünf Minuten aufgehalten und gezwungen hat, ihre Existenz zur Kenntnis zu nehmen.

Ich blicke der sich entfernenden alten Frau nach und als ich die Kasse des Discounters passiert habe, flüchte ich mich kurz in ein läppisches Ausweichmanöver, indem ich mich damit beruhige, dass ich niemals Kupfergeld bei mir führe und grundsätzlich alles mit EC-Karte oder online bezahle. Was hatte das Alter aus dieser Frau gemacht und was machten sie und ich aus dem Alter? Ob und in welchem Umfang drohte auch mein Denken und Handeln in den Sog einer allgemeinen, durch neuronale Abbauprozesse begünstigten Charakterverschärfung zu geraten. Eine Frage, die bei mir und meinen Altersgenossen ein großes Unbehagen auslöst, weil sie auch unter Zurschaustellung größtmöglicher Aufrichtigkeit nicht zu beantworten ist. Ob sich mein Charakter, sagen wir mal, zwischen 1977 und 2017, also in den 40 Jahren zwischen Anbruch des Deutschen Herbstes und der Mitteilung meiner bescheidenen Ruhestandsbezüge durch die Deutsche Rentenversicherung, eher veredelt oder verhärtet hat, kann ich nicht sagen, ohne mir in die Tasche zu lügen. In seiner 2014 erschienenen Studie *Bullshit* vertritt der auf dem Gebiet der angewandten Dummheitsforschung tätige Princeton-Professor Harry G. Frankfurt die Meinung, dass die Vorstellung, wir seien fest umrissene und klar bestimmte Wesen, die jederzeit sagen könnten, wer sie einstmals waren und wer sie heute sind, grotesk sei. Schon der leichteste Anflug des skeptischen Denkens würde scheinbar solide und resistente Tatsachen und Aussagen über uns selbst vom Sockel fegen: Was und wer wir sind, erfahren wir nur durch den anderen und gegen Ende des Tages sollte ich Gelegenheit haben, Genaueres zu wissen.

UNTERM PANTOFFEL

Da mein Wochenende neuerdings geschlagene sieben Tage dauert, bleibt mir neben den Paarungsversuchen bei FinalDate viel Zeit zur Pflege und Vertiefung zwischenmenschlicher Beziehungen. Mein Freundeskreis setzt sich vorwiegend aus stillgelegten Studienräten und Lehrstuhlinhabern zusammen, durch die Bank ehemalige Linksradikale, die Pensionen beziehen, von denen ich nur träumen kann. Ich sage das ganz ohne Groll und Missgunst und unter Anerkennung der schlichten Tatsache, dass sie seinerzeit einfach cleverer waren. Während viele von ihnen spätestens nach der Erstürmung der Landshut ihren Treueschwur auf die FDGO leisteten und sich unter die Fittiche des Staates begaben, von dem sie hinter vorgehaltener Hand bis heute betonen, ihn stets bis aufs Messer bekämpft zu haben, gefiel ich mir bis Anfang der Achtziger in der Rolle des spätadoleszenten Verschwörungstheoretikers und entblödete mich nicht, öffentlich die These vom Sand an Baaders Schuhen zu vertreten: Andreas, der Kampf geht weiter! Dass dieser nostalgisch gefärbte, vom warmen Licht revolutionärer Erinnerungen durchdrungene Freundesbund auf mich nicht mehr zählen kann, hat mit einer Unsitte zu tun, die nicht nur unter meinen wohlhabenden, im Frankfurter Nordend residierenden Weggefährten grassiert, sondern im gesamten Milieu der alternativen Haus- und Grundbesitzer weit verbreitet ist und mich zur Weißglut treibt.

Das Frankfurter Nordend darf man sich als Außenstehender vorstellen wie den Prenzlauer Berg: Fahrradhelmzwang, außer- und innerhäusiges Rauchverbot, allgemeine Fleisch- und Dieselächtung, handverlesene Parkplätze nur für spätgebärende Frauen, Autodiät an ungeraden Wochentagen, hohe Bio-Discounterdichte, obligatorische Schulspeisung mit Dinkelmilch, sanfte Altbausanierung auf ökologischer Grundlage, an jeder Ecke Transgender-Toiletten und wöchentliche Refugees-Strictly-Welcome-Messen in der evangelischen Jugendkirche Peter und Paul. Kurzum, das ganze sattsam bekannte Neo-Biedermeierprogramm, nur eben kleiner und die Aktivisten sind im Schnitt 30 Jahre älter als in der Hauptstadt der Bewegung. Trotz dieses meschugge anmutenden Versuchs, im dritten Anlauf auf dem Wege der totalen Lebensreform doch noch irgendwie den Neuen Menschen zusammenzubasteln, habe ich mich als armer Verwandter am Tisch der gut betuchten alten Kämpfer stets wohl gefühlt. Wir bejammerten reihum unsere ärztlich attestierten Zipperlein, versicherten uns der Aktualität der Werke Karl Marx', zitierten im Schein der LED-Kandelaber die schönsten Passagen aus dem achtzehnten Brumaire des Louis Bonaparte, schmausten und tranken nach Herzenslust, und nach dem letzten Joint sprang ich verhältnismäßig leichtfüßig zur U-Bahn, um in die Bronx heimzukehren, die in Frankfurt Preungesheim heißt und durch ihre JVA einen überregionalen Bekanntheitsgrad genießt.

Die Zeit der rot-grünen Eintracht endet am Abend nach meinem Aldi-Damaskus am Eingang zur weitläufigen Eigentumswohnung meines ehemaligen Kommilitonen Holger v. M., ein emeritierter Medizinsoziologe, der als Anhänger der seriellen Monogamie in dritter Ehe bei einer bildschönen Krankenschwester hängen geblieben ist, die das Pulver nicht erfunden hat und die er im grenzwertigen Scherz als seine sexuelle Altersabsicherung zu bezeichnen pflegt. Nachdem wir das Bussi-Getue hinter uns gebracht haben und ich mich aus der rituellen Umarmung durch die neueste Dame des Hauses zu lösen suche, hält sie mich am Revers fest und sagt im neckisch-gereizten Tonfall einer Kitaerzieherin: »Wir wollen aber doch nicht vergessen, die Schuhe auszuziehen, nicht wahr?« Ich lasse die Stimme des unbedarften jungen Dings lange in mir nachklingen, mein Blick streift über die Garderobe, unter der all die braven Ökowichtel ihre Stiefelchen aufgereiht haben, er wandert weiter in den Salon, wo an den Füßen vorwiegend geschmackvoll gekleideter Menschen unförmige, mit braunen Karomustern versehene Bodenschoner der Marke Birkenstock hängen und in die Stille hinein passieren unbedachte Sätze das stark gelichtete Gehege meiner Zähne: »Hör zu, du Herzchen, die Frau, die mir Pantoffeln anzieht, muss noch geboren werden. Die Revolution, ihr Idioten, war kein Gastmahl, kein Aufsatzschreiben, kein Deckchensticken und sie sollte nicht damit enden, dass wir uns von hysterischen Edelparketthüterinnen die Eier abklemmen lassen.«

Weil ich nicht rauchen darf, bin ich auf das Kaugummi ausgewichen und zermalme mit meinem Mundwerk unsere schöne neue Welt, die sich durch meine Invektiven nicht aus der Bahn werfen lassen wird: »Du bist ja total von der Rolle«, meint Holger, fasst mich vorsichtig unter und geleitet mich zum Ausgang.

Im *Winterjournal*, der Autobiographie von Paul Auster, finde ich spätabends einen Aphorismus, den Joseph Joubert, ein gottgläubiger französischer Moralist 1815, wenige Jahre vor seinem Tod, zu Papier brachte: »Man muss liebenswert sterben (wenn man kann).« Die Worte in Klammern, die Worte, die von einem stillen, feinsinnigen Mann stammen, der zeit seines Lebens keine einzige Zeile veröffentlichte, haben es in sich. Ich will liebenswert sein oder es zumindest versuchen. Gleich morgen.

ANTJE, ADORNO UND ICH

Mein Tagesausflug nach Amorbach ist überdeterminiert. Das heißt, es gibt für diesen Kurztrip mehrere, unabhängige, gleichzeitig auftretende Ursachen, die wie ein Traum kaum auf einen Punkt zu bringen sind. Im Vergleich zu der Mission Wasserschlag, die mich auf die knapp fünf Flugstunden entfernte Atlantikinsel geführt hatte, kommen mir die achtzig Bahnkilometer in den Odenwald geradezu läppisch vor. In dem unterfränkischen Barockstädtchen wartet Antje auf mich, eine in Scheidung lebende, kurz vor der Pensionierung stehende Lehrerin an berufsbildenden Schulen, die bei FinalDate mit Pat Benatar's *Love is a battlefield* und der forschen Aufforderung »Trau Dich« in meine engere Wahl geraten war. Da ich die eigenen Selfies durch das Bildbearbeitungsprogramm von den gröbsten Spuren des Alters befreit hatte, mochte ich keinen Anstoß daran nehmen, dass Antjes Porträts und Ganzkörperaufnahmen ein wenig verschwommen wirkten. Soviel war immerhin zu erkennen: eine dralle, in die Kamera lachende Blondine, die gegenüber der chimärenhaften saarländischen Selma etwas von der schnittfesten Eindeutigkeit holländischen Goudas verkörperte. Dass ich mich bei Fahrtantritt in dieser positiven Vorstellung einrichtete, war zwar auch meiner überfälligen charakterlichen Läuterung geschuldet, gewichtiger schien mir jedoch der *genius loci*, den ich mit Amorbach verband, von Eingeweihten auch Adornobach genannt.

Mit siebzehn litt ich unter einer Krankheit, die Hegel unglückliches Bewusstsein nannte: Wenn ich in mich ging, verlor ich die Welt, wenn ich in die Welt ging, verlor ich mich selbst und über diesem Vegetieren zwischen Baum und Borke, zwischen Rilkes erhabenem *Buch vom mönchischen Leben* und dem faden, täglich hinunterzuwürgenden niedersächsischen Graubrot, wäre ich dem Wahnsinn verfallen, wenn mir ein Mitschüler nicht Theodor W. Adornos *Minima Moralia, Reflexionen aus dem beschädigten Leben* zugänglich gemacht hätte. Aus der Masse der rund einhundertfünfzig Aphorismen und Essays ragte besonders ein sprachliches Filetstück heraus, das der Einverleibung durch den orientierungsbedürftigen Adoleszenten harrte: »Das Zufallsgespräch mit dem Mann in der Eisenbahn, dem man, damit es nicht zum Streit kommt, auf ein paar Sätze zustimmt, von denen man weiß, dass sie auf einen Mord hinauslaufen müssen, ist schon ein Stück Verrat; kein Gedanke ist immun gegen seine Kommunikation, und es genügt bereits, ihn an falscher Stelle und in falschem Einverständnis zu sagen, um seine Wahrheit zu unterhöhlen.« Dieses Zitat schmiegte sich meiner in gotische Höhen strebenden Weltverdrossenheit an wie ein perfekt sitzender Handschuh und verwandelte die Beklommenheit im Umgang mit kalten Tanzstundendamen, geschwätzigen Bahnreisenden, paramilitärischen Turnlehrern und all den anderen schrecklichen Deutschen in den Nachweis der Zugehörigkeit zu einer von den Nazis nahezu ausgelöschten Aristokratie des Geistes. Der hochstaplerische Rückzug in eine mit geklauten Gedanken tapezierte Innenwelt hatte nur einen Haken: in ihr wurde es niemals hell. Als ich bei meinen nächtlichen Streifzügen durch die hermetische Theorielandschaft des großen Negationsroutiniers selbst immer bleicher und lebensmüder zu werden drohte, war ich ganz erleichtert, dass es neben dem von ehrfurchtgebietender Intellektualität durchdrungenen Theodor W. Adorno einen sehr körperlichen und versöhnlichen kleinen

Teddie zu entdecken gab, der sich zeit seines Lebens an den lichtdurchfluteten und sagenumwobenen Ort seiner Kindheit zurücksehnte: Amorbach im Odenwald. Noch im Jahr vor seinem Tod schrieb er der Inhaberin des ortsansässigen Schreibwarenladens: »Es gehört für mich zu den schönsten Erfahrungen, dass ich in Amorbach, dem einzigen Ort auf diesem fragwürdigen Planeten, in dem ich mich im Grunde zu Hause fühle, nicht vergessen worden bin.« Natürlich war nicht daran zu rütteln, dass das Ganze das Unwahre war und blieb und die Suche nach dem richtigen Leben im falschen ein aussichtsloses Unterfangen darstellte, aber bei einem im Hotel zur Post servierten Rehbraten mit Rahmsauce, seinem Leibgericht, konnte einem die vermaledeite Kulturindustrie samt Frankfurter Schule den Buckel runterrutschen: *Hier bin ich Mensch, hier darf ich's sein.*

Man müsse vorbehaltlos hingerissen sein von diesem Ort und seinen Bewohnern, lautete Adornos Auftrag, ohne ständig aufs Allgemeine zu schielen, und ich war bei meiner Seele gutwillig wie nie, aber als ich mich dem Ort und seiner Bewohnerin nähere, weicht das Versprochene zurück wie der Regenbogen und das ist eine wahrhaft zarte Umschreibung für den Schock der Desillusionierung. Wäre ich nicht der einzige Fahrgast gewesen, der der Regionalbahn entsteigt, und wäre Frau Antje nicht der einzige Mensch, der an dem einzigen Gleis des Bahnhofs von Amorbach auf mich wartet, hätte ich mich an ihr vorbeigeschlängelt, mich in die nahen Büsche geschlagen und dort das Eintreffen des Gegenzugs abgewartet. Ihr fahlgelb gefärbtes Haar klebt ungekämmt am Hinterkopf als habe sie sich gerade von ihrem Nachtlager erhoben. Ihre hervorstehenden Augen und der ausgeprägte Überbiss verleihen ihrem Gesicht etwas Pferdeähnliches. Der Lippenstift ist ihr beim Auftragen weggerutscht wie einer Vierjährigen beim ersten Verschönerungsversuch vor dem Badezimmerspiegel. Sie hat einen Palästinenserfeudel um ihren Hals geschlungen, trägt einen verblassten Wolfskin-Anorak, Hochwasser-Jeans, und die grasgrünen Söckchen stecken in krummgetretenen Sneakers.

Mir ist die Begeisterung antiautoritärer Eltern für Astrid Lindgrens Pippi Langstrumpf immer ein wenig suspekt gewesen und jetzt mobilisiert eine Frau meinen Beschützerinstinkt, die so wirkt, als habe sie ihr gesamtes Leben als Vollwaise in der Villa Kunterbunt verbracht. Das alles steht in meinem Blick, und weil sie es lesen kann, ist es ganz lange ganz still zwischen uns, und ich atme auf, als sie mich fragt, ob ich sie zum Essen ausführen wolle. Null problemo. Stumm durchqueren wir eine Idylle, die keine mehr ist. Neben dem langgestreckten spätbarocken Konventsbau, der den Denker gelehrt hatte, »was Architektur sei«, wirbt das Café Schloßmühle marktschreierisch für eine Rum-Sahnetorte »zum Reinsetzen«, auf der Hauptstraße offeriert jeder zweite Laden Obstbrände und Stadtansichten in Schneekugeln und in »Europas größter Teekannensammlung« ist neben dem Geschirr ein Mercedes aus 500 000 abgebrannten Streichhölzern in Originalgröße zu besichtigen. Im Hotel zur Post wird Antje wie eine alte Bekannte begrüßt, und wir nehmen an dem für uns reservierten Tisch Platz. Ein Schoppen Frankenwein vor dem Essen kann nicht schaden, und weil man auf einem Bein nicht stehen kann, ist auch am zweiten nichts auszusetzen. Sie habe, bekennt Antje in zunehmend gelöstem Zustand, viel Pech gehabt im Leben. Ihr Mann sei ein Versager, von dem sie sich nicht scheiden lassen könne, weil er es auf ihre Unterhaltszahlungen abgesehen hätte, ihre Frühberentung habe sie dem systematischen Mobbing durch die Berufsschüler und die sauberen Kollegen zu verdanken, ihr Sohn wolle nichts mehr von ihr wissen und habe ihr den Aufenthalt in einer Entzugsklinik nahegelegt und die Kandidaten von FinalDate tönten groß rum und würden nach dem ersten Treffen von der Bildfläche verschwinden: »Bist du auch so ein feiger Hund?« Angetrunken wie sie ist, scheint sie auf diese Frage keine Antwort zu erwarten. Die zum Rehbraten gereichten Preiselbeeren bilden auf ihren Zähnen rote Schlieren. Das sieht nicht schön aus, und ich reiche ihr die Serviette. Zum Dessert bestellt Antje einen Irish Coffee, und ich bitte den Kellner um die Rechnung. An der Parzivalhalle trennten sich unsere Wege und ich gehe zum Bahnhof zurück. Der schönste Wiesengrund umschmiegt den Ort, aber der Glanz, den Namen von Dörfern wie Otterbach, Watterbach, Reuenthal und Monbrunn verheißen, ist erloschen. Ein entwurzelter Nostalgiker und eine unglückliche Suchende haben sich verfehlt: »Die Menschen, keiner ausgenommen, sind überhaupt noch nicht sie selbst.« So fahre ich mit Adorno und ohne Frau in die Abendröte.

AM STEINHUDER MEER

Märchen zeichnen sich durch eine formelhafte Erzählstruktur aus, in der einzelne Funktionsbausteine den Märchenhelden von einer Station zur nächsten führen. Einer dieser Bausteine ist das Lösen einer schwierigen Aufgabe oder das Bestehen einer Prüfung, und weil der Held mit seinen Aufgaben wächst und der symbolische Wert der versprochenen Belohnung steigt, sind es in der Regel drei Steine, die auf der zum Happy End führenden Strecke aus dem Weg zu räumen sind. Im Märchen von der weißen Schlange muss der Protagonist zum Beispiel einen vom König ins Meer geworfenen Ring aus dem Wasser holen, zehn Sack der von der Königstochter zerstreuten Hirse bis auf das letzte Körnchen einsammeln, und weil sie sich als Angehörige des Hochadels davon nicht besonders beeindruckt zeigt, trägt sie ihm auf, ihr einen Apfel vom Baum des Lebens zu pflücken. Da diese Aufgaben für Normalsterbliche unlösbar sind, behilft sich das Märchen mit dem Rückgriff auf das Übernatürliche: Fische, Tauben, Ameisen oder gute Feen springen dem zumeist jugendlichen Helden bei und sorgen dafür, dass das Paar zueinander findet.

Die drei Prüfungen, die mir Jutta zumutet, hätte ich auch ohne den Beistand wohlgesonnener Helfer bestehen können, aber dass ich an der dritten und letzten Hürde scheitere, ist darauf zurückzuführen, dass ich im Verlauf des Testverfahrens immer unlustiger werde und das wenig märchenhafte ökonomische Kalkül Oberhand gewinnt: der Aufwand steht in keinem vertretbaren Verhältnis zum in Aussicht gestellten Ertrag.

Als mich Jutta an der Station Römisches Theater in Mainz abholt, komme ich nicht in Versuchung, mich um die Begegnung zu drücken: sie ist klein und wohlgeraten, hat schillernd blaugrüne Augen, langmähnige rote Haare, die von einem glockenförmigen hellgrauen Filzhütchen im Stil der Zwanziger gebändigt werden, und bevor sie sich mir nähert, hält sie mich für einen Moment auf Abstand und meint lachend, dass die Übereinstimmung mit meinem FinalDate-Foto ja immerhin bei vertretbaren 80 Prozent läge. Auf dem Weg durch den nahegelegenen Volkspark erzählt sie mir von ihrer Arbeit als Leiterin des Jugendamts von Mayen in der Eifel, ihren drei in München, Berlin und Wiesbaden lebenden Töchtern und von ihrem letzten Lebensgefährten, einem Lufthansapiloten, der nach seiner Pensionierung auf einem Einödhof in der Südpfalz eine Cannabisplantage angelegt habe und gegen Ende ihrer Beziehung bereits zum Frühstück völlig bekifft gewesen sei. Das ist für mich eine gute Gelegenheit, mich ins rechte Licht zu rücken, aber als ich auf gleichermaßen dümmliche wie durchsichtige Weise bekenne, dass meine einzige Sucht die Sehnsucht sei, lässt sie mir das nicht durchgehen und sagt, dass diese Plattheit aus dem Mund eines angeblichen Schriftstellers unterste Schublade wäre. Das ist ein angemessener Schuss vor den Bug, der mich davor bewahren soll, mich ihr in Zukunft noch einmal auf der Schleimspur zu nähern. Wir laufen durch die Mainzer Altstadt in Richtung Laubenheim, ein malerischer, vom Weinanbau geprägter Ortsteil, in dem sie seit der Trennung von ihrem Mann lebt und eine Eigentumswohnung besitzt. Als wir in der auf einer Anhöhe gelegenen Straußenwirtschaft ankommen, weitet der Anblick des in der Abendsonne glitzernden Rheins mein Herz, und ich bin mit einem Mal so beseelt, als sei ich in einer Freilichtaufführung von Carl Zuckmayers *Fröhlichem Weinberg* gelandet. Wir essen Pfälzer Saumagen mit Kraut, trinken einen halbtrockenen Grauburgunder, Juttas Rede springt vom Hölzchen aufs Stöckchen und ihre übersprudelnde Lebendigkeit ist so ansteckend, dass mir, leicht beschwipst wie ich bin, der Refrain der Kinks über die Lippen kommt: *Girl, You really got me.* Sie schaut mich lange und nachdenklich an, und ihre Schlagfertigkeit macht sie in meinen Augen anziehender denn je. »Ich halte mich erst mal an meine Mutter und Phil Collins: *You can't hurry love, You'll just have to wait.*« Zwei Stunden später wissen wir schon ziemlich viel voneinander, Höhen und Tiefen, Sternstunden und Niederlagen, und als wir uns bei einbrechender Dunkelheit im Licht der alten Straßenlaternen durch die Dorfgassen in Richtung Bahnhof bewegen, finde ich die Frau, die neben mir geht, so anheimelnd wie den Ort, in dem sie lebt. Hier, ging mir durch den Kopf, könnte ich für den Rest des Lebens meine Zelte aufschlagen und dieser Frau wollte ich in dieser Nacht und allen weiteren Nächten nicht mehr von der Seite weichen. »Woran denkst du?«, platzt sie in meine Milchmädchenrechnung hinein, und ich sage: »Schlage die Trommel und fürchte dich nicht und küsse die rothaarige Sozialarbeiterin. Das ist die ganze Wissenschaft. Das ist der Bücher tiefster Sinn.« Sie lacht und meint, dass mein Repertoire ganz beeindruckend sei, aber es wäre so breit gestreut, dass es ihr und jeder anderen gelten könnte: »Du kannst bei mir übernachten, und wenn du es fertig bringst, bis Sonnenaufgang die Finger und alles andere von mir zu lassen, dann kommst du auf meine Shortlist, du Bücherheld.«

In der Wohnung angekommen, rauchen wir auf dem Balkon eine letzte Zigarette, dann reicht sie mir einen Herrenpyjama unbekannter Herkunft, ich putze mir die Zähne notdürftig mit den Fingern, und als ich ihrer Stimme ins Schlafzimmer folge, ist das Bett aufgeschlagen und ich muss nur noch unter die Decke schlüpfen. Sie trägt ein maisgelbes Hemd mit Trompetenärmeln, hat eine Schlafmaske angelegt und wünscht mir eine gute Nacht. Ich küsse ihre Stirn, die den zarten Zitrusduft von Biotherm verströmt. Sie drückt kurz meine Hand und dann dreht sie sich auf die Seite. Vom Kirchturm schlägt die zwölfte Stunde, der Mond scheint durch die halbgeöffnete Dachluke und lässt ihr rotes, kranzförmig auf dem Kissen ausgebreitetes Haar aufleuchten. Ihre Brust hebt und senkt sich, die Ruhe ihrer Atemzüge geht auf mich über, ich liege wie ein Chorknabe mit gefalteten Händen auf dem Rücken und fühle mich wie ein Spätheimkehrer: soweit die Füße tragen und endlich angekommen. Morgens um sechs ist die Welt nicht mehr ganz so in Ordnung, ihre Wohnung liegt in der Anflugschneise des Frankfurter Flughafens und die Maschinen donnern im 45-Sekundentakt in 200 Meter Höhe eine Stunde lang über unser Schlafgemach hinweg: Noisy *Nights in white Satin*, ganz unbefleckt.

Beim Aufwachen stelle ich fest, dass ich meinen Arm um sie geschlungen habe, ihre Bauchkuhle ist warm und weich und als ich sie frage, mit welcher Haltungsnote sie meine Enthaltsamkeitsübung bewerten würde, knufft sie mich in die Seite und meint, dass sich meine Hände gegen Morgen hin und wieder selbstständig gemacht hätten, deshalb sei nicht mehr drin als eine Zweiminus. Weil sie mir einen Kuss gibt, der nicht von Mutti ist, protestiere ich nicht und gehe zum Bäcker, der seine Filiale im Erdgeschoss hat. Als ich mich in der bis auf die Straße reichenden Käuferschlange nach vorn gearbeitet habe und nicht weiß, ob ich die dunklen oder die hellen Dinkelbrötchen kaufen soll, nimmt mir die Verkäuferin, die drauflos trompetet wie Hella von Sinnen, die Entscheidung ab: »Frau D. isst am liebsten Laugencroissants, und wenn sie ihr eine Freude machen wollen, nehmen sie ein Stück von dem gedeckten Kirschkuchen dazu.« Ich bin verdutzt über die Kürze der Kommunikationswege im ländlichen Raum und als ich Jutta beim Frühstück frage, ob sie die Bäckersfrau beauftragt habe, eine Strichliste mit den im Morgengrauen aufkreuzenden FinalDate-Kandidaten zu führen, bestätigt sie meinen Verdacht und meint, dass schließlich irgendjemand die Übersicht behalten müsse. Wir sitzen in der Küche, trinken Winzersekt mit Orangensaft, blättern in der *taz*, hören auf SWR2 Vivaldis *Vier Jahreszeiten* und den Monatsrückblick des Lokalsatirikers Lars Reichow, und so naht unter Lachen und Scherzen die Stunde des Abschieds. Am Mainzer Hauptbahnhof kaufe ich ihr ein Sträußchen dunkelblauer Männertreu und bitte sie eindringlich darauf zu verzichten, sich in meiner Abwesenheit von zwielichtigen Fremden mit gedecktem Kirschkuchen füttern zu lassen. Sie meint, dass sie ein braves älteres Mädchen sei, macht diese Versicherung aber davon abhängig, dass ich sie am darauffolgenden Montag zur 200. Demonstration der Fluglärmgegner im Terminal 1 des Flughafens begleite. Da mir schwant, dass das der zweite Teil der zu ihrem Herzen führenden Prüfung sein könnte, sage ich ihr in Amors Namen zu, rücke nach einem überschwänglichen Kuss ihr verrutschtes Filzhütchen zurecht und mache mich auf den Rückweg.

In der Annahme, dass die meisten Sozialarbeiterinnen aufgrund ihres ständigen Umgangs mit den Mühseligen und Beladenen dieser Welt im weitesten Sinne links sind und wohl auch sein müssen, und ich das zarte Pflänzchen unserer aufkeimenden Beziehung nicht an weltanschaulichen Differenzen scheitern lassen wollte, hatte ich Jutta in der FinalDate-Korrespondenz einen blütenweißen antikapitalistischen Lebenslauf als in die Jahre gekommener, aber unverdrossener Straßenkämpfer verkauft, der von der Enteignet-Springer-Kampagne über die Anti-AKW-Aufmärsche bis zur Occupy-

Bewegung überall mitgemischt hatte: *Still crazy after all these years*. In Wahrheit lag meine letzte Teilnahme an einer Demonstration ziemlich genau 40 Jahre zurück. Am 27.10.1977, einem regnerischen Herbsttag, trugen wir, ein verlorener Haufen von RAF-Sympathisanten, auf dem Stuttgarter Dornhaldenfriedhof unsere Schwestern und Brüder in Waffen zu Grabe: Gudrun Ensslin, Andreas Baader, Jan-Carl Raspe. Es war ein langgestreckter, nicht enden wollender Moment des Grauens und der Leere und es war der Moment meiner Abkehr von allen größeren ideologisch motivierten Menschenansammlungen.

Die Jubiläumsdemo der Fluglärmgegner mutet an wie ein Klassentreffen der Überlebenden. Über den ergrauten Häuptern schweben die verwitterten Spruchbänder, ein Greenpeace-Aktivist der ersten Stunde geißelt die Kapitalhörigkeit der hessischen Landesregierung, aus den mobilen Boxen schmettert Franz-Josef Degenhardt den Sacco-und-Vanzetti-Nachruf der unkaputtbaren Joan Baez in deutscher Fassung in die Abflughalle, und als er bei der letzten Strophe angelangt ist, wird mir über dem missbräuchlich zitierten Heroismus ganz schlecht: »*Was auch kommt, Nicola und Bart / Ihr habt euch in uns aufbewahrt / Euren Tod, den sterben wir mit / Und wir siegen Schritt für Schritt.*« Als ich von der Toilette zurückkomme, stellt Jutta fest, dass mein Gesicht kalkweiß ist, und fragt besorgt, welche Laus mir über die Leber gelaufen sei. Ich sage, dass ich dieses Veteranentreffen zum Kotzen finde, weil mir der Protest gegen die Lärmbelästigung nur als Vorwand erschiene, noch einmal in Bausch und Bogen auf das verhasste Schweinesystem einzudreschen: »Wer denkt bei dieser selbstgerechten Jubelfeier eigentlich an die beiden Bereitschaftspolizisten, die 1987 bei den Auseinandersetzungen um die Startbahn West erschossen wurden?« Jutta reagiert ungewohnt kleinlaut, sagt, dass sie über ihre zukünftige Teilnahme nachdenken müsse und dass sie es mir hoch anrechne, dass ich mitgekommen sei. Dann fahren wir mit der S-Bahn nach Frankfurt und schauen uns in der Spätvorstellung *Still Alice* an. Ein Film, in dem Julianne Moore eine an Alzheimer erkrankte Linguistin spielt. Wir durchleben die sich auf der Leinwand entwickelnde Tragödie der ins Nichts führenden Erkrankung in spürbarem Gleichklang der Empfindungen. Ich fühlte mich Jutta sehr nah und als wir das Kino eng umschlungen verlassen, sage ich »schön, dass es dich gibt.« Der Himmel über der Mainmetropole ist sternenklar und es gibt keine Flugbewegungen. Wir schauen aus dem weit geöffneten Fenster meines Schlafzimmers, sie hatte sich in meiner Armbeuge eingerichtet und flüstert: »Glaubst du eigentlich, ich hätte nicht gewusst, dass du seit zehn Jahren für die *FAZ* schreibst, du verlogener Konterrevolutionär?«

Bei den *Menschen, von denen ich mich nie trennen würde*, hatte Jutta in ihrem FinalDate-Profil ihre Kinder und ihre Enkel genannt. Ich fand dieses Bekenntnis eigentlich überflüssig, weil niemand seine Familienbande aufkündigen kann und wenn man von den Seinen am Ende Abschied nehmen muss, ist es nicht zu verhindern. Als sie mich am nächsten Morgen fragt, ob ich Lust hätte, an dem alljährlichen, am kommenden Wochenende stattfindenden Mutter-Tochter-Treffen am Steinhuder Meer teilzunehmen, bin ich froh, dass ich diese Beckmesserei für mich behalten hatte und reagiere dankbar auf ihren Vertrauensbeweis: »Bei der Gelegenheit könnte ich ja bei deinen Töchtern gleich mal um deine Hand anhalten.« Das Familien-Briefing offenbarte die normale Härte: Jule ist Kinderärztin, mit einem Chirurgen verheiratet und hat zwei Söhne: Moritz und Robbie. In der Ehe knirscht es hin und wieder, weil Peter im Umgang mit den Kindern zu einer von Wutausbrüchen begleiteten Unduldsamkeit neigt. Jessica und Thorsten arbeiten als Stadtplaner in einer Umweltbehörde und leiden darunter, dass es seit drei Jahren mit dem Nachwuchs nicht klappt. Jenny ist Anwältin, ihr Sohn heißt Emil und sie hätte mit Boris gern ein zweites Kind gehabt, was an seiner Weigerung scheitert, als hochrangiger Ministerialbeamter Elternzeit zu beantragen. Auf das Steinhuder Meer als Treffpunkt haben sich die Beteiligten nach langem Hin und Her geeinigt, weil alle ans Wasser wollen, aber die Nordsee für die Münchner Fraktion zu entlegen ist. In einem Anfall von Patchworkeuphorie male ich mir aus, wie schön es sein könnte, meine eigenen Töchter sozusagen in einem Abwasch in diese Familienzusammenführung einzubeziehen, aber nachdem Jutta mich hat wissen lassen, dass ihre sehr stark an den Vater gebundenen Mädchen mir und den Meinen mit einer gewissen Reserviertheit begegnen könnten, finde ich die Ausgangslage auch ohne meinen Anhang kompliziert genug.

Um ihre Lieben auf meine Ankunft einzustimmen, bittet sie mich, allein anzureisen und erst ein paar Stunden später zur Gruppe zu stoßen. Weil ich ziemlich angespannt bin und mich die ganze Fahrt über gebetsmühlenartig dazu anhalte, die Sache locker angehen zu lassen, steige ich in Hannover in die falsche Regionalbahn und lande in einem Flecken namens Neustadt am Rübenberge. Von dort nehme ich einen Überlandbus, der an jeder Milchkanne anhält, und ich erreiche das am Ortsrand von Steinhude gelegene Ferienhaus mit erheblicher Verspätung und in einem eher verkrampften Zustand.

Die Männer sitzen auf der Veranda und trinken Bier, Jutta hat sich mit ihren Töchtern in und neben der Hollywoodschaukel platziert und die drei Enkel spielen Fußball. Als ich die Runde mache und beginne, allen nach und nach auf – wie mir scheint – ziemlich linkische Weise die Hand zu schütteln, lässt der kleine Moritz den Ball fallen, rennt auf mich zu, starrt mich an und fragt »wer bist du denn?« Er trägt ein Bayern-Trikot, hat verstrubbelte Haare, ein verschwitztes kreisrundes Gesicht und wasserblaue Augen. Die unverstellte Direktheit des Jungen ist sehr anrührend, und nachdem ich meinen Namen genannt habe, sage ich lachend: »Das weiß ich manchmal selber nicht, aber ich besuche euch, weil ich Omas Freund bin.« Ich denke, dass das eine dezente und kindgemäße Antwort ist, aber als Jutta in die Runde ruft, »dass will er zumindest werden«, versetzt sie mir mit dieser Statuskorrektur einen Hieb, der weh tut und lange nachwirkt. Abends wandern wir in die *Kunstscheune*, einen überteuerten Nouvelle-Cuisine-Schuppen mit versnobtem Personal, den üblichen, mit Crema-di-Balsamico-Krakeleien aufgehübschten Mini-Portionen und endlosen Pausen zwischen den Gängen. Ich mache auf Teufel komm raus Konversation, befrage alle in Hörweite sitzenden Familienmitglieder nach ihren Berufsfeldern, kulturellen Neigungen, musikalischen Vorlieben und dem werten Befinden; ein zähflüssiges und einseitiges Unternehmen, von dem mich Moritz erlöst, der mit mir aus den herumliegenden Bierdeckeln Kartenhäuser baut und Ninja spielt, bis mir die Finger wehtun. Woher ich komme, was ich mache, was mich bewegt, interessiert keine Sau. Jule, Jessica und Jenny wollen ihre Mutter gewiss glücklich sehen, mit wem, geht ihnen am verlängerten Rücken vorbei. Das ist im Hinblick auf diese Familienolympiade eine brutale Zwischenbilanz, aber da sich immer deutlicher abzeichnet, dass es wohl leichter ist, in einer Nacht einen Fuder Stroh zu Gold zu spinnen, als übers Internet die Frau fürs Leben zu finden, kann ich es mir nicht leisten, in der dritten und hoffentlich letzten Runde im Kampf um Jutta das Handtuch zu werfen: Was heißt hier siegen? Das Wochenende wollte überstanden werden.

Nach dem Essen kommen wir an einem Flohmarkt vorbei, auf dem unter anderem zum reduzierten Preis Schleich-Figuren angeboten wurden. Moritz wirft begehrliche Blicke auf einen stattlichen mittelalterlichen Ritter hoch zu Ross, und als ich ihm das Plastikspielzeug in die Hand gedrückt habe und er zufrieden abrückt, taucht Jutta hinter mir auf und bemängelt, dass ich Robbie und Emil vergessen hätte. Ich sage, dass für die paritätische und gerechte Verteilung von Geschenken seit alters her Oma und Opa zuständig seien. Als entfernter Bekannter nähme ich mir die Freiheit, mein Geld ganz nach Lust, Laune und Zuneigung unter ihre Verwandtschaft zu bringen. Weil sie meine Eigensinnigkeit offensichtlich verstimmt, bemühe ich mich, gut Wetter zu machen und greife nach ihrer Hand. Daraufhin meint sie, dass das hier nicht die Zeit und der Ort für besitzanzeigende Gesten sei, zudem ließe es sie an meinem Format zweifeln, dass ich seit meiner Ankunft auf anbiedernde Weise immer wieder versuchte hätte, mich in den Mittelpunkt des Geschehens zu drängen. In der zweifelhaften Rolle des kriecherischen Salonlöwen hatte ich mich in dieser Inszenierung bislang nicht gesehen, aber die Angelegenheit ist zu riskant, um bis auf den tiefsten Grund ausdiskutiert zu werden, und so nehme ich es zähneknirschend hin, dass Selbst- und Fremdwahrnehmung vorerst nicht unter einen Hut zu bringen sind.

Peter und Thorsten äußern die Absicht, noch ein bisschen um die Häuser zu ziehen, der Rest der Familie versammelt sich im Wohnzimmer zum Monopoly-Spiel. Da ich an diesem Tag mindestens zweimal im Gefängnis gelandet und dabei weder über LOS gegangen war noch 2000 Euro eingestrichen hatte, ziehe ich mich leicht verschnupft in unser Schlafgemach zurück. Ein Vorhaben, das mir wie erwartet niemand auszureden versucht. Das von Jutta für uns reservierte Liebeslager befindet sich in einem zur Gemeinschaftstoilette führenden Durchgangszimmer. Bis kurz nach Mitternacht herrscht in dem Raum naturgemäß reger Transitverkehr. Ein Umstand, der neben der Abkühlung unserer Beziehung dazu beiträgt, dass alle angedachten sexuellen Handlungen in den Bereich schmutziger Phantasien verbannt bleiben. Morgens erwache ich mit einer lächerlichen, weil ins Leere ragenden Erektion und bin erleichtert, Jutta in der Küche mit dem Frühstücksgeschirr hantieren zu hören. Nach einer kalten Dusche und zwei Tassen schwarzem Kaffee melde ich mich aufgeräumt an Deck zurück und werde über die Tagesplanung informiert. Die Frauen fahren zum Shoppen nach Hannover, Peter und Thorsten wollen mit den Kindern in Tretbooten zum anderen Ufer übersetzen und Boris, dem die Gruppenaktivitäten zu wuselig waren, lädt mich ein, mit ihm die ehemalige Abtei in Wunstorf zu besichtigen. Auf dem Weg lässt er mich wissen, dass der Ort 1936 eine Ausgangsbasis der berüchtigten, für die Bombardierung Guernicas verantwortlichen Legion Condor gewesen ist, und dass Historiker die Entstehung der Abtei nach dem dendrochronologischen Verfahren auf das Jahr 1518 datiert haben. Juttas Schwiegersohn ist ein Klugscheißer, aber ein netter und umgänglicher dazu, der mich an Steffen Seibert, den stets vorsichtig und umsichtig argumentierenden Pressesprecher der Kanzlerin erinnert; junge Menschen, an denen zu studieren ist, aus welchem Holz das zukünftige Leitungspersonal der Republik geschnitzt ist. Gegen Ende des Ausflugs habe ich zu dem freundlichen ministeriellen Bildungsexperten so viel Vertrauen gefasst, dass ich ihn unter dem Siegel der Verschwiegenheit frage, welchen Reim ich mir auf die Gefühlsschwankungen seiner Schwiegermutter machen soll. Das könne er mir auch nicht sagen, aber er wisse, dass seine Frau ihre Mutter zu deren FinalDate-Mitgliedschaft förmlich habe prügeln müssen, weil der die zwanzigjährige Ehe mit einem autokratisch herrschenden Klinikchef in den Knochen säße und sie sich ohne die von Jenny angelegten Daumenschrauben nach dem Motto »seit ich die Männer kenne, liebe ich die Hunde« wohl eher für die Anschaffung eines Haustiers entschieden hätte. Von dem Tag an, als ich mich in das unergründliche Universum der computergestützten Partnerschaftsanbahnung katapultiert hatte, war mir ja schon so manches, ans Surreale grenzende Abenteuer widerfahren, aber das ich gegen einen leibhaftigen Golden Retriever antreten musste, hatte bis dato mein Vorstellungsvermögen überstiegen. Aber da das Lamentieren nicht zielführend ist, verspreche ich Boris, die vertraulichen Hintergrundinformationen für mich zu behalten, und wechsele aus taktischen Gründen kurzfristig von der Rolle des schmachtenden Liebhabers in die des familienfreundlichen Küchenmeisters, ein Entlastungsmanöver, das mich ein für alle Mal von dem Verdacht reinwaschen soll, ich könne mich *on the long run* als gemeiner Haustyrann entpuppen.

Die Frauen packen ihre Einkaufstüten aus, die Männer lassen auf der Straße mit den Jungen eine neuerworbene Spielzeugdrohne in den Himmel über der norddeutschen Tiefebene steigen, und ich fahre mit dem Rad zehn Kilometer gegen den Wind nach Mardorf, um im dortigen Edeka-Markt die Zutaten für ein Filet Wellington zu erstehen. Nach meiner Rückkehr hilft mir Moritz beim Schneiden der Süßkartoffel-Pommes und beim Zerkleinern der Küchenkräuter und spricht dabei ganz liebevoll von seinem Opa, der in seiner Erzählung keine Ähnlichkeit mit dem von Boris kolportierten Despoten aufweist. Nach drei Stunden ist der Tisch gedeckt, die Küche aufgeräumt, das Filet gart bei Niedrigtemperatur im Induktionsherd vor sich hin und ich bin durchaus gelassen und guter Dinge, bis Jutta die Szene betritt und zu bedenken gibt, dass das aufwendig gestaltete Menü unter Umständen den Geschmack ihrer Großkinder verfehlen könnte. Ich bin erleichtert, in vorauseilendem Gehorsam selbst an diese Möglichkeit gedacht zu haben und wähne mich auf der sicheren Seite, als ich auf die zwei Dosen Maggi Ravioli Bolognese zeige: »Im Notfall schmeckt das doch allen Kindern, oder?« Jutta schaut mich entsetzt an und antwortet mit einer Gegenfrage: »Du willst doch meinen Enkeln nicht allen Ernstes diesen ungenießbaren Schlangenfraß vorsetzen?« Wir hätten bis zum Einbruch der Nacht den geringen Nährwert sowie die Gesundheitsgefährdung durch konservierte Lebensmittel erörtern können, aber der Krug ist schon zu lange zum Brunnen gegangen, um seine Explosion zu verhindern und so fliegen die Brocken in alle Richtungen durch die Wohnküche. Ich beklage mich über die ständig nachwachsenden Hürden, die sie zwischen uns errichtet und deute sie als Ausdruck eines schlecht verhüllten Männerhasses, sie nennt mich einen cholerischen Narzissten, der sie mit seinen Geltungsbedürfnissen und unkontrollierten Gefühlsausausbrüchen immer mehr an ihren Ex-Mann erinnere, dem sie mit Mühe und Not entronnen sei. Das müsse sie sich nicht noch einmal geben, und nachdem wir unser Pulver einvernehmlich verschossen haben, empfehle ich ihr, den Braten nach einer Stunde aus dem Backofen zu nehmen. Ich packe meinen Kulturbeutel zusammen, fahre dem lieben Moritz über die verstrubbelten Haare, und da mich außer ihm niemand begrüßt hat, muss ich mich auch von niemandem verabschieden und verlasse den Schauplatz meiner neuerlichen Niederlage wortlos.

Bei dem zweistündigen Aufenthalt in Hannover irre ich durch das in Bahnhofsnähe gelegene Rotlichtviertel und sehne mich plötzlich nach anonymer körperlicher Wärme. Als ich im Eros-Center durch die Trennscheibe in die trüben Augen der kasernierten Sexarbeiterinnen blicke, habe ich genug gesehen: Never ever.

DAS GEWICHT DER WELT, ABNEHMEND

Der alte Mann heute im Geschäft, der Salz kaufen wollte und für den es das übliche kleine Salzpaket nicht mehr gab; nun musste er das große kaufen und sagte, schon das kleine habe drei Jahre gereicht – eine seltsame Stille auf einmal in dem Geschäft, bei der öffentlich werdenden Vorstellung, dass der Alte da gerade sein letztes Salzpaket kaufte.« Die nächtliche Lektüre der Szene aus Peter Handkes *Das Gewicht der Welt* erinnert mich an die seltsame Genugtuung, die ich empfinde, wenn ich mich überflüssig erachteter Gegenstände entledige, indem ich sie in die Tonne werfe oder zum Sperrmüll stelle: was hinter mir liegt, wird mehr, was vor mir liegt, weniger. Ich brauche neue Schuhe oder einen Anzug und dann stehe ich im Kaufhaus, drehe und wende die Dinge unentschlossen in der Hand und ziehe unverrichteter Dinge wieder ab: Lohnt sich das noch?

Wie kann ich die wortreich beschworene Sehnsucht nach einer andauernden Liebe mit der Tatsache in Einklang bringen, dass ich der umworbenen Frau glaube verbergen zu müssen, dass ich ein alter Mann bin, der in dunklen Stunden die Sanduhr anstarrt und von dem Wunsch heimgesucht wird, dass alles zur Ruhe kommen und das erstandene Salzpaket das letzte sein möge? Vielleicht muss ich es ihr einfach sagen und darauf hoffen, dass sie dieses zwiespältige Gefühl mit mir teilt und weiß, was eine dunkle Stunde ist.

SCHNELLER VORLAUF

Gib dem Glück die Sporen. Aber der willige Geist stößt auf mürbes Fleisch und die bevorstehenden Fernreisen zu neuen Ufern kollidieren mit einer physiognomisch sichtbaren Antriebslosigkeit, die mich morgens um drei vor dem Badezimmerspiegel vor mir selbst zurückweichen lässt: Ich fühle mich wie ein Diesel mit 400 000 Kilometer auf dem Buckel, der im Licht der flackernden Scheinwerfer die Schrottpresse auf sich zukommen sieht. Der Motor stottert, die Heizung funktioniert nur noch im Sommer, die Karosserie ist vom Rost zerfressen, die Scheibenwischer lahmen, die Sitzpolster sind abgewetzt, der Auspuff hat Löcher, und das marode Gerät verliert das Öl schneller als es nachzufüllen ist. Der mit meiner Inspektion befasste Androloge fordert mich auf, keine Panik zu schieben; trotz Bluthochdruck, Sehstörungen und vegetativer Dystonie sei ich in ausreichend guter Verfassung und solle mich zusammenreißen. Was erwarte ich von einem Kfz-Mechaniker, der darauf spezialisiert ist, Unfallwagen flott zu machen? Ich höre ihm mit der Gottergebenheit eines Kunden zu, der keine Wahl hat, und äußere am Ende der Konsultation meine Dankbarkeit: Er bringt mich noch einmal über den TÜV, und ich muss erst nach Ablauf von zwölf Monaten damit rechnen, endgültig aus dem Verkehr gezogen zu werden.

Getrieben von einem Restbestand an Hochmut war ich bislang immer darauf aus, mich Frauen zu nähern, mit denen ich hohe, von den FinalDate-Rechnern ermittelte Übereinstimmungswerte teilte. Bei der Berechnung der Matching-Punkte werden Eigenschaften, Interessen und Vorlieben des Kunden mit denen des präferierten Geschlechts verglichen. Je erfolgversprechender die Kombinationen, desto mehr Punkte werden vergeben. Wenn man am unteren Rand der Skala auf 60 MP kommt, kann man sich die Realbegegnung eigentlich sparen oder gleich beim ersten Rendezvous einen Paartherapeuten hinzuziehen. Stößt man hingegen auf einen potenziellen Partner, bei dem der Rechner 140 Punkte ausspuckt, müssen die Beteiligten nichts anderes tun, als sich auf den Weg zu machen: man sieht sich, erkennt sich, fällt sich in die Arme, reißt sich die Kleider vom Leib, und wenn sie nicht gestorben sind, haben sie bis heute nicht aus den schweißdampfenden Laken gefunden. Im Idealfall.

Im kindlichen Vertrauen auf die Macht der Liebe und der Algorithmen habe ich in den vergangenen Monaten reichlich Federn gelassen. Mit Vermittlungsgebühren, Flugreisen, Bahnkarten, Luxussuiten, Blumengebinden, Büchersendungen, Aperitifs, Digestifs, den dazwischen eingenommenen Tellergerichten und grob geschätzt einem Hektoliter Latte Macchiato, habe ich die stolze Summe von 6000 Euro abgedrückt. Ein Betrag, mit dem ich mich mit den anschmiegsamen Nachfolgerinnen von Rosemarie Nitribitt zu einer professionell durchgezogenen einwöchigen Dauerorgie im Steigenberger Frankfurter Hof hätte einquartieren können.

Aber eingedenk der prägnanten, von dem amerikanischen Lyriker Charles Simic aufgestellten These, nach der »es ab einem gewissen Alter immer drei Uhr morgens ist«, zog ich es vor, mich in Demut zu üben, statt wie ein knickriger Buchhalter die roten Zahlen zu bejammern: Das letzte Hemd hat keine Taschen, nebbich. Ich bin ein alter Mann und suche eine Frau, die ruhig ein paar Jahre jünger sein darf, aber nicht muss. Sie sollte lesen und schreiben, möglichst bis vier zählen können und gern lachen, auch über sich selbst. Sie sollte weder wie ein Strich in der Landschaft noch wie eine Litfaßsäule aussehen, einigermaßen geschmackssicher sein und sich mögen. Eine über die Zeit gerettete Grundsympathie für das andere Geschlecht im Allgemeinen und mich im Besonderen, wäre ebenfalls wünschenswert. Mir würde sehr daran liegen, als ständiger Begleiter dieser Frau, auf eine der Welt und ihrer Schönheit zugewandten Weise meine Restlaufzeit zu verbringen, ohne andauernd voller Panik auf die Uhr starren zu müssen. Mit dieser Frau gelegentlich nach Herzenslust zu vögeln, regelmäßig neben ihr einzuschlafen und regelmäßig neben ihr aufzuwachen, würde mich mit allem versöhnen, auch mit mir selbst. Ist das vermessen? Ich weiß es nicht.

Von meiner Entscheidung, mich an einem Nachmittag *en bloc* hintereinander um fünf Kandidatinnen zu bemühen, die maximal 20 Kilometer vom Stadtzentrum entfernt wohnen und mit denen mich ein Übereinstimmungswert von lediglich 70 bis 80 Matching-Punkten verbindet, geht etwas Beruhigendes aus. Der Treffpunkt ist mit dem E-Bike bequem in ein paar Minuten zu erreichen, die niedrigen Erwartungen mindern die Gefahr, aus großer Höhe erneut abzustürzen, ich muss mich nicht voll reinhängen und zwischen *coup de foudre* und Nichtswie-weg ist alles drin. Mir ist die am Eschenheimer Tor gelegene Fleming's Bar seit vielen Jahren ein vertrauter Ort, auf der Dachterrasse hatte ich als Witwer in bedeckter Stimmung bei kalifornischen Hochgewächsen oft darüber nachgedacht, ob ich die zu Wolkenkratzern geronnene Geldmaschine Frankfurt endgültig lieben oder endgültig verabscheuen sollte und war zu dem Schluss gekommen, dass ich dort wie ein rollender Stein auf dem Weg in den Süden irgendwann hängen geblieben war. Um die Kontrolle über das serielle Stelldichein zu behalten, bitte ich den italienischen Sommelier, mit dem ich das ambivalente Verhältnis zur Mainmetropole teile, mich nach jeweils 30 Minuten unter irgendeinem Vorwand ans Telefon zu holen. Würde ich mir vor Ablauf dieser Frist mit der Weinkarte Luft zufächeln, sollte er früher eingreifen. Als gewiefter alter Latin Lover hatte er die Rolle des Leporellos natürlich voll drauf, aber ich kam nicht in die Verlegenheit, auf sein umfangreiches Repertoire zurückgreifen zu müssen.

RUSSISCH FÜR ANFÄNGER

Wiktoria ist im Rahmen der Heim-ins-Reich-Aktion der Regierung Kohl in den Neunzigern von der Krim in das Land ihrer Väter zurückgekehrt und hat bis vor Kurzem als Facility Managerin für ein Nachfolgeunternehmen der Höchst AG gearbeitet. Im Netz hat sie mit den Prädikaten »anschmiegsam«, »häuslich«, »liebevoll« und »jung geblieben« für sich geworben, aber was mir nicht aus dem Kopf ging, waren die eindringlichen Schilderungen ihrer Kindheit und Jugend, die sie als Opfer der sowjetischen Bevölkerungspolitik in einem Heim verbringen musste und die von körperlicher Gewalt geprägte Ehe mit einem im Suff versunkenen ehemaligen Parteisekretär. Als mittlerweile ziemlich abgebrühter Teilnehmer des auf dem schönen Schein gründenden Online-Reigens, finde ich es nicht besonders anstößig, dass diese kompakte, feminin wirkende Frau in Wahrheit für eine Gebäudereinigungsfirma im Akkord geputzt hat. Auch hinter meiner hochtrabenden Berufsbezeichnung Schriftsteller verbirgt sich ein Zeilenschinder, der sich in der Lokalredaktion eines Käseblatts jahrelang mit Berichten über Feuerwehrbälle, Wirtshausschlägereien und vermisste Haustiere über Wasser halten musste. Beides durchaus ehrenwerte Quellen des Broterwerbs. Nein, als wirkliche Barriere erweist sich die Tatsache, dass ich kein Wort Russisch und sie nur wenig mehr als ein paar Brocken Deutsch spricht. Nachdem wir unter wechselseitiger Zuhilfenahme von Händen und Füßen herausgefunden haben, dass ihre poetisch formulierte FinalDate-Korrespondenz aus der

Feder ihrer jüngeren Cousine geflossen ist, mündet unser Gespräch in ein irres, von dem Indefinitpronomen »nix« dominiertes Kanak-Gestammel, das den Ehrgeiz jedes Logopäden angestachelt hätte. Ich: »Warum Du nix hast Kurs Deutsch für Ausländer besucht?« Sie: »Ich sprech schön den Deutsch, hat Chef gesagt, vielleicht Du nix gut hören können, weil Ohr so alt?« So ging das eine Weile weiter, bis ich bei ihrem letzten aggressiven Einsatz des Fürworts die Geduld verliere: »Du bestimmt nix sein 175.« Zuerst denke ich, dass sie mich aufgrund meiner zur Schau gestellten Einfühlsamkeit homosexueller Neigungen verdächtigt, aber es stellte sich heraus, dass ihr Angriff auf meine im Profil vermerkten Angaben zur Körpergröße zielten. Es war nicht daran zu rütteln, dass ich während der letzten zwei Jahrzehnte möglicherweise ein paar der im Personalausweis eingetragenen Zentimeter eingebüßt hatte, aber solange ich nicht gezwungen bin, zum Küssen an dem potenziellen Objekt meiner Begierde hochzuspringen, ist das meines Erachtens nicht der Rede wert, was in diesem Fall ohnehin nicht zustande kommt. Wiktoria ist verstimmt, der Wein und die dazu gereichten Oliven stießen ihr ebenso übel auf wie der betagte, ihr mit bohrenden Fragen und fremden Zungen zusetzende Freier, und als sie mir mitteilt: »Du wie alle deutsch Männer bist kalt wie totes Fisch«, war Schluss mit lustig: *It's time to say goodbye.*

APO DA CAPO

Dass Frankfurt von der lokalen Tourismuswerbung mit einem aufgeblähten Kofferwort gelegentlich immer noch als Mainhattan bezeichnet wird, ändert nichts daran, dass es ein Dorf ist. Die Redensart, dass dieses oder irgendein anderes der Provinzialität bezichtigtes Gemeinwesen ein Dorf sei, verbindet sich nicht selten mit dem überraschenden Auftauchen eines Menschen, den man aus unterschiedlichen Gründen lange nicht gesehen hat: Man kann es bedauerlich finden, ihn aus den Augen verloren zu haben oder ist froh darüber, dass einen die Anonymität der Großstadt vor einem erneuten Zusammentreffen bewahrt hat. Bis zu unserem Date im Fleming's wusste ich nur, dass Marianne in der JVA Butzbach als Bewährungshelferin arbeitete. Dass wir in den Siebzigern zusammen studiert und nicht nur politisch an einem Strang gezogen hatten, fiel mir erst im Augenblick der Zweitbegegnung brandheiß ein, und ich dachte spontan: Auweia!

Diese aus dem Unbewussten hochgespülte negativ gefärbte Interjektion passt haargenau zu der Art und Weise, in der Marianne mich begrüßte. Sie reißt mich an sich heran, verpasst mir mit ihrer kräftigen Rechten einen Schlag zwischen die Schulterblätter, der sich gewaschen hat, und ruft in der mir bekannten Stimmlage eines Bassbaritons aus: »Das ist ja ein Ding, du alter Softie!« Ihre lautstark artikulierte Wiedersehensfreude, die eines Kameradschaftsabends überlebender Stalingradkämpfer würdig gewesen wäre, kann ich nicht ganz uneingeschränkt teilen, weil sie mich in eine beschämende

Urszene zurückwirft, die sich in keinem Schützengraben oder Granattrichter abgespielt hatte, sondern 1970 auf dem schmalen Bett eines Studentenwohnheims in der Frankfurter Nordweststadt.

Nachdem mich Richard Burton in dem Film *Das Mädchen und der Mörder* in der Rolle Leo Trotzkis von der Menschenfreundlichkeit des russischen Revolutionsführers überzeugt hatte, war ich seinerzeit der von dem belgischen Ökonomen Ernest Mandel geleiteten IV. Internationale beigetreten, einer feinen, aber kleinen Fan-Truppe, die sich der Erbschaftspflege des vom NKDW liquidierten Gründers der Roten Armee verschrieben hatte und über die Lektüre seiner Schriften den Anschluss an die westdeutsche Arbeiterklasse suchte. Auch Mariannes Organisation, die KPD/AO – Albanische Linie, war an der Fahndung nach dem unauffindbaren Subjekt der Geschichte beteiligt, näherte sich ihm aber über das Studium der Werke des lupenreinen Stalinisten Enver Hodscha. Marianne galt in unseren Kreisen als ziemlich große Nummer, weil sie 1970 ein Jahr lang bei der Deutschen Welle von Radio Tirana die Nachrichten verlesen durfte, ich genoss durch meine rhetorische Begabung einen gewissen Bekanntheitsgrad, den mir die Vertreter konkurrierender Parteien madig zu machen suchten, indem sie mich in der Hitze des Gefechts als Schwätzer ohne Klassenstandpunkt bezeichneten, der besser daran täte, seine bescheidenen Talente im kapitalkonformen Gebrauchtwagenhandel einzusetzen. Trotz dieser Invektiven versuchten mich Mariannes Genossen zu einem Parteiübertritt zu bewegen, und als ich mich störrisch zeigte, erhielt sie von ihrem lokalen Politbüro den Auftrag, dem Abwerbungsversuch mit den Waffen einer Frau ein wenig mehr Nachdruck zu verleihen. Dumm, jung, naiv und dem anderen Geschlecht bedingungslos ergeben, befand ich mich im Zustand candidehafter Unbedarftheit, als Marianne in einer lauen Sommernacht mit einer Flasche Colli Albani in der Hand an die Tür meiner bescheidenen Unterkunft klopfte. Es ist nicht zu leugnen, dass das im derben bajuwarischen Sprachgebrauch als Holz vor der Hüttn bezeichnete sekundäre weibliche Geschlechtsmerkmal eine großkalibrige, in Mariannes Besitz befindliche Waffe war, der ich auf der damals unrühmlich primitiven Stufe meines Liebeslebens nichts entgegenzusetzen hatte und für deren Entblätterung ich alles unterschrieben hätte.

Dass mir diese Nagelprobe erspart blieb, war nicht Ausdruck meiner moralischen Integrität, sondern Folge der von Marianne in dieser Nacht zielstrebig umgesetzten Glas-Wasser-Theorie. Laut der von der Frauenrechtlerin Alexandra Kollontai im Gespräch mit Wladimir Iljitsch Lenin entwickelten *teorija stakana wody*, sollte es das von allen aristokratisch-bourgeoisen Elementen entschlackte Triebleben dem vom Sozialismus hergestellten neuen Menschen erlauben, den Sex so ungezwungen und selbstverständlich zu praktizieren wie die Nahrungsaufnahme, das Wassertrinken oder das Zähneputzen. Die Frage, ob Lenin diese Theorie als unmarxistisch verwarf, weil er als Syphilitiker mit der freien Liebe keine guten Erfahrungen gemacht hatte oder weil ihm daran lag, das Proletariat davor zu bewahren, seine revolutionäre Energie auf einem für den Gang der Geschichte irrelevanten Schauplatz zu verschleudern, kann und will ich nicht beantworten, fest steht: Marianne war die glühende Anhängerin einer Theorie, die mich in der Praxis überfordern sollte. Nachdem sie sich vergewissert hatte, dass meine spartanisch eingerichtete Bude sturmfrei war, angelte sie aus dem über uns hängenden Regal zwei Kaffeebecher und füllte sie bis zum Rand mit Wein. Sie roch nach Kernseife, trug keinen BH, war stämmig, fest und vital wie eine vom Fortschrittsglauben beflügelte Komsomolzin und als sich meine Blicke an ihrem wogenden, von einem karierten Flanellhemd bedeckten Busen festsaugten, nickte sie mir aufmunternd zu und meinte: »Es ist angerichtet, Genosse!« Da ich zwar Appetit, aber noch keinen richtigen Hunger hatte, wich ich übergangsweise auf die Lage der arbeitenden Klassen in Frankfurt und die Warnstreiks der Opelaner in Rüsselsheim aus, eine Hinhaltetaktik, die mir Marianne nicht durchgehen ließ: »Ich will dich ja nicht überfahren, aber ich schleiche nicht gern um den heißen Brei, und ich finde, dass du ein guter Typ bist. Außerdem bin ich scharf wie sieben Sensen.« Ich schluckte, eine hätte mir vollauf gereicht, gegen die Typenbezeichnung sträubte sich auch irgendwas in mir, aber als ich das auf schonende Weise rüberbringen wollte, fiel sie mir lachend ins Wort. »Ach nee, du meinst, du bekommst keinen hoch? Das lass mal meine Sorge sein, das kriegen wir schon hin.« Dieser Ansturm weiblicher Potenz begann meine männliche in Mitleidenschaft zu ziehen, aber als ich mich auf der Werkbank ausgestreckt, der von ihrem Tun überzeugten Jungkommunistin überließ, flößte mir das selbstverständliche Hantieren eines Menschen, der wusste, was er wollte und wie er es bekam, eine an Ehrfurcht grenzende Bewunderung ein. Da ich mehr mit der Beobachtung als mit der Beteiligung am Geschehen beschäftigt war, fiel der Gipfelsturm dem Fluch der Vorzeitigkeit zum Opfer – und das mehrmals. Die Weinflasche war geleert bis auf den tiefsten Grund. Ein geschlagener Praecoxianer hatte sich unterm Laken verkrochen. Und Marianne half mir mit einem gezielten Schlag zwischen die Schulterblätter auf die Beine: »Halb so schlimm, mein Softie!«

Sie roch immer noch nach Kernseife, sie trug noch immer keinen BH und als wir uns 45 Jahre später zum Abschied noch einmal fraktionsübergreifend in den Armen lagen, war ich mir sicher, dass diese Frau nicht nur wusste, wo Barthel den Most holt, sondern auch, wie man ihn in jeder Lebenslage trinkt, ohne sich zu verschlucken: Sauberes Mädel, schwacher Genosse.

KOST & LOGIS

Von meinem eigenen Fleisch und Blut abgesehen, gehen mir Kinder und vor allem pubertierende Kinder mit ihrem exaltierten Benehmen sehr schnell auf den Keks. Dass sie als Opfer ihres schwankenden Hormonpegels nichts dafür können, macht den Umgang mit diesen Übergangswesen nicht erträglicher. Im Zuge der seuchenartigen Verbreitung des Smartphones hat sich die Lage in den letzten Jahren allerdings sehr entspannt, weil zumindest die mir bekannten und zugänglichen Exemplare, ganz gleich ob in der Straßenbahn, der Schule oder am Küchentisch, durchgehend verstummt unter sich blicken, die Köpfe nur noch zum Zweck der Nahrungs- und Getränkezufuhr heben und die aufreibenden, nicht selten von Geschrei, Tränen und anderen Affekteruptionen begleiteten Ablösungsprozesse entfallen, weil sie sich im mentalen Sinne mit ihren elektronischen Übergangsobjekten längst vom Acker gemacht haben und man als analog hinterherhinkender Erwachsener Gefahr läuft, nur noch auf entseelte Körperhüllen einzureden.

In dieser generationstypisch erdabgewandten Haltung, auf der Ledergarnitur von beiden Seiten an ihre Mutter gekuschelt, sitzen mir im Fleming's plötzlich Timmi und Bibi gegenüber, und ich wäre diesem friedlich vor sich hindämmernden Geschwisterpaar auch sicher mit buddhistischer Gelassenheit begegnet, wenn ich auch nur einen blassen Dunst von dem gehabt hätte, was sie hierhergeführt hatte und was auf dem Spielplan stand. Da Karla, die bei Wella in Darmstadt als Chemikerin arbeitete und sich nach einer versandeten Ehe mit dem Kindsvater nach einem treuen, beständigen und belastbaren Nachfolger sehnte, keine Anstalten macht, das Rätsel unseres Gesprächs unter acht Augen aufzulösen, gehe ich notgedrungen in die Offensive. Ich ersuche die Geschwister, sich kurz auszustöpseln, sage ihnen, dass ich mit ihrer Mutter etwas zu klären hätte, was nur sie und mich etwas anginge, und bitte sie, sich für eine halbe Stunde in den im ersten Stock gelegenen Sandwichladen *Baguette Jeanette* zu verdrücken. Timmi ist ein lieber Junge vom Stamm der Supercoolen; er meint, dass das kein Thema sei, bedankt sich für die zwanzig Euro, zieht seine widerstrebende Schwester hinter sich her und will im Rausgehen nur wissen, ob der Bäcker über einen offenen WLAN-Anschluss verfügt.

Nach dem Rückzug ihres Nachwuchses steigert sich die Verwirrung noch einmal kurzzeitig, aber danach klärt sich alles ganz schnell und in verblüffend ernüchternder Weise auf. Dass sie die Kinder beim ersten Rendezvous partout dabei haben wollte, leuchtet mir erst ein, als sich abzeichnet, dass es sich gar nicht um ein wohin auch immer führendes Stelldichein, sondern um ein Bewerbungsgespräch der besonderen Art handelt. Karla war an hundert Tagen im Jahr für die Firma rund um den Globus unterwegs und besitzt ein großes, mit einer Einliegerwohnung ausgestattetes Haus am Fuß der Mathildenhöhe. Ihr Plan besteht darin, diese Wohnung einem »gütigen Menschen« anzuvertrauen, der sich in ihrer Abwesenheit gegen freie Kost und Logis um ihre Lieben kümmert: sie vom Reiten abholen, zum Klavierspielen bringen, abendliche PC- und Brettspiele, Überwachung der Nachtruhe und Anteilnahme an den »so called kleinen Nöten und Sorgen des Alltags«. Sie habe dabei an einen gebildeten Rentner gedacht, eine Leihomi oder einen Leihopi mit dem Herz am rechten Fleck. Sie sagt tatsächlich *so called* und tatsächlich *Herz am rechten Fleck*, so wie sie tatsächlich *Omi, Opi, Timmi* und *Bibi* sagt und von sich selbst als deren Mami spricht. Ich sehe die straff organisierte, mit Business-Anglizismen und klebrigen Koseworten hantierende Familienbetriebsnudel entgeistert an, und sie ist leider hübsch auf die gottverdammt kalte blonde Art, auf die ich von klein auf abfahre wie der bärige Dummbatz auf die hochhängenden Honigtöpfe. »Das findet der Opi ja ganz süß von der Mami«, scherze ich, »und wenn die Mami dem Opi hin und wieder den quietschenden Rollator schmiert und ihn zu Weihnachten zu einem klitzekleinen Fickerchen in ihr sternenübersätes Himmelbettchen kriechen lässt, dann haben wir eine Win-Win-Situation und der Opi ist der glücklichste Opi der Welt und wird für Timmi, Bibi und Mami den Geherda machen, bis der liebe Opi nicht mehr weiß, ob er Opi oder Omi ist, und der liebe Gott und der medizinische Dienst den lieben Opi in die Pflegestufe III versetzen.« Karla meint, dass das Ganze ein ihr ganz peinliches und schreckliches Missverständnis sei, ich sage, dass ich die Angelegenheit zur Hälfte auf meine Kappe nehmen müsse, weil ich bei der FinalDate-Korrespondenz in der Eile zum Diagonallesen neigte und dabei wohl das Kleingedruckte übersehen hätte. Ich beteure, dass zwischen uns ja noch gar nichts passiert sei, ziehe mein Smartphone aus der Tasche und schicke ihr den Link der Bundesfreiwilligenagentur für Senioren. Ich bin mit einem blauen Auge davongekommen. Da es aber nicht das erste ist, komme ich mir ziemlich verunstaltet vor.

FRÄULEIN ROTTENMEIER REVISITED

Bereits im frühen Stadium unserer Kontaktaufnahme hatte mich Luzis forscher, keinen Widerspruch duldender Ton an den ihrer amerikanischen Namens- und Seelenschwester Lucy van Pelt erinnert, die bei den Peanuts die Rolle der kindlichen Xantippe spielt und das ohnehin geringe Selbstbewusstsein ihrer Spielkameraden Charlie, Linus, Schroeder und Pig Pen ständig mit abfälligen Bemerkungen untergräbt. Ihr deutsches Pendant war keine wildgewordene Hobbypsychologin, sondern eine als Lektorin tätige Germanistin, die mich unter der Rubrik *Was für mich gar nicht geht* vorab hatte wissen lassen, dass Esoterik, Arroganz, männlicher Chauvinismus und rechtes Gedankengut absolute Ausschlussgründe für eine gedeihliche Partnerschaft darstellten. Meinen flapsigen Hinweis, dass lechts und rinks leicht zu verwechseln sind, empfand sie als unseriös und es bedurfte danach langatmiger Entschuldigungen und der Versicherung, dass wir im persönlichen Gespräch ausführlich unserer Selbstverortung im politischen Spektrum nachgehen könnten, um den vorzeitigen Abbruch zu verhindern. Als Luzi die Dachterrasse betritt und nach einem hölzernen Shakehands die Sicht auf ihr von einer graumausigen Stoppelfrisur gerahmtes Antlitz freigibt, bereue ich mein feiges Zurückrudern auf Anhieb.

Vom Haaransatz bis zur Nasenwurzel zieht sich eine tiefe Stirnfalte, ihr Mund ist nicht nur extrem schmallippig, sondern wirkt klein, zusammengezogen und sauertöpfisch. Meine weit aufgerissenen Augen und der nicht gerade liebevoll auf sie gerichtete Blick halten sie nicht davon ab, sofort in medias res zu gehen und zur Überprüfung meiner politischen Gesinnung zu schreiten. Sie nippt am Wein, missbilligt, dass ich nicht weiß, ob er aus biologischem Anbau stammt oder nicht und setzt mir dann mit der Frage zu, wie ich Uwe Tellkamps, Rüdiger Safranskis und Peter Sloterdijks Äußerungen zur aktuellen Flüchtlingspolitik beurteile. Ich sage, dass ich die drei als Dichter und Denker schätzte, aber im Detail über ihre Stellungnahmen nicht informiert sei. Diese Antwort empfindet sie als ausweichend und undifferenziert, und als sie nachfasst, gestehe ich unter Druck, dass mir ein kluger Rechter allemal lieber sei als ein doofer Linker. Das hätte ich mir verkneifen sollen, denn daraufhin zückt sie zu allem Überfluss auch noch das MeToo-Ticket und stellt fest, dass ihr noch nie ein Mann über den Weg gelaufen sei, der sie als Frau so wenig wertschätzend und so herablassend behandelt habe. Die Fragwürdigkeit meines Humors wolle sie dabei ganz unerwähnt lassen. Meine Vermutung, dass die Zahl dieser Männer sehr überschaubar ist, behalte ich wohlweislich für mich, und weil ich zuvor noch nie auf eine Frau gestoßen bin, die in mir den brennend heißen Wunsch geweckt hätte, ihr auf der Stelle den sehnigen Hals umzudrehen, ziehe ich die Reißleine: für den bescheidenen Lustgewinn würde ich für mindestens fünf Jahre in den Bau wandern. Einen Augenblick lang überlege ich, sie zu bitten, doch einfach mal ihren Schnabel zu halten, aber dann entscheide mich für eine weniger konfrontative politische Grundsatzerklärung: »Lass mich mit offenen Karten spielen, liebe Luzi: Ich stamme aus einem uralten norddeutschen Bauerngeschlecht, trage stets einen bis 1648 zurückreichenden Ariernachweis bei mir, mein Vater diente bis zur letzten Patrone in der Leibstandarte Adolf Hitlers, ich bin zahlendes Mitglied der identitären Bewegung und wildere bei FinalDate, weil in unserer Organisation die reinrassigen Echthaarblondinen schon alle unter der Haube sind.« Die eintretende Stille ist wohltuend, und so scheiden wir voneinander mit dem Traumergebnis von Zero Points und sind in zwanzig Minuten durch.

NAILS & MORE

Als Walburga alias Wally die Dachterrasse auf High Heels in meine Richtung durchpflügt, bekomme ich vor Staunen den Mund nicht mehr zu, umklammere die Tischkante und murmele in mich hinein: »Wow, was für ein Kracher«! Während sich Gott, die Natur oder wer auch immer ihrer Vorgängerin gegenüber eher von der knauserigen Seite gezeigt hatte, ist auf den ersten Blick klar, dass sie es bei dem über Wally ausgeschütteten Füllhorn an nichts hatten fehlen lassen. Die Gaben sind reich bemessen, befinden sich an der richtigen Stelle, und die Empfängerin hält sie fürwahr nicht unter Verschluss. Die Begrüßungsumarmung fällt sehr direkt und sehr intensiv aus, die Wärme ihrer vollen Brüste lässt meinen Puls nach oben schnellen, ich bin froh, dass das zwischen uns stehende Beistelltischchen weitergehende Symptome meiner Begeisterung verbirgt, und als wir uns voneinander lösen, weiche ich einen Moment lang ihrem Blick aus, weil ich sicher bin, dass mir die Lüsternheit in Großbuchstaben auf die Stirn geschrieben steht.

Wally hatte sich bei FinalDate als »Selbstständige« eingetragen und unterhielt in der Kaiserstraße in Bahnhofsnähe ein Nagelstudio. Diese Läden schossen überall wie Pilze aus dem Boden, und ich hatte mich im Vorübergehen oft gefragt, warum um die mit der Lupenbrille über die Hände ihrer Kunden gebeugten Körperpfleger ein solches Gewese gemacht wird: einmal wöchentlich kommt der Klipper zum Einsatz, dann geht man als Mann noch mal kurz mit der Feile drüber und fertig ist die Laube. Da ich mich Wallys bonbonnierenhafter Appetitlichkeit und meinen niederen Instinkten hilflos ausgeliefert sehe, kommt es mir sehr zupass, dass ich meine Fressgier kurzfristig neutralisieren und sie in ein ausgedehntes Gespräch über ihre Fingernägel verwickeln kann, von denen jeder für sich genommen ein kleines Kunstwerk ist: von winzigen Strasssteinen gerahmte Nagelmonde, hochglänzender, blutroter Lack, der zu den Spitzen hin in leuchtendweißen Querbalken endet. Ich lasse mir von ihr die verschiedenen Techniken ihres Handwerks erklären, mein Interesse ist nicht geheuchelt, ich halte das Gespräch über die Maniküre in Gang, um herauszufinden, wohin die Reise für sie gehen soll, und ich muss vermeiden, unter Verletzung aller Anstandsregeln mit halbgeöffneter Hosentür ihr Unterhaus zu stürmen.

Ihr Äußeres ist opulent, Ihr Profil hingegen unergiebig: es gab keine Daten zum Familienstand, sie hat keine Kinder, spielt kein Instrument und gab nicht vor, mehrmals wöchentlich Sport zu treiben. Präzise ist lediglich die Beschreibung ihres ständigen Begleiters und die ihres Wunschkandidaten: der erstgenannte ist ein Basset namens Pepsi, der zweite sollte ein echter Mann sein und kein Weichspüler. Vom Weichspüler konnte ich guten Gewissens behaupten, dass ich ihn 1985 nach der Selbstauflösung meiner Männergruppe in der Garderobe liegen gelassen hatte, aber mit dem echten Mann konnte ich auch nicht so recht dienen. Einen der letzten ihrer Art, den Marlboro-Cowboy, hatte der Lungenkrebs schon vor der Jahrtausendwende aus dem Sattel gehoben, und Charles Bronson, der männlichste der mir bekannten Männer, ruht seit 2003 auf dem Friedhof von Los Angeles.

Nach dem ersten Glas wusste ich alles über das UV-Gel-System, die Neumodellage, die Shellac-Methode und die Ertragslage ihres Studios. Um die ist es nicht gut bestellt. Die Konkurrenz ist zu groß, die Ladenmiete zu hoch, und als sie sagt, dass sie aus diesen Gründen gezwungen sei, etwas dazu zu verdienen und dabei ihre gestylten Krallen in meinem Oberschenkel versenkt, weiß ich, woher der Wind weht.

Was empfinde ich dabei? Fühle ich mich abgestoßen, hintergangen, übertölpelt? Nichts davon. Ich sehe ihre unter dem Lidschatten aufleuchtenden aquamarinblauen Augen, ihren perfekt geschminkten, halbgeöffneten Mund, ihr einladendes, von der Studiosonne sanft gebräuntes Dekolleté, ihre schlanken, von dünnen Goldkettchen umspannten Fesseln und das Zärtliche, Leichte, Funkelnde und Unbekümmerte. Dass sich etwas bei ihrem Anblick in mir ausbreitet, hat mit der Klarheit eines Angebots zu tun, an dem es nichts herumzudeuteln gibt. Seit ich als holder Knabe im lockigen Haar meine gegengeschlechtlichen Neigungen entdeckte und dabei herausfand, dass das aus Adams Rippe geformte Wesen das mit Abstand Schönste ist, was der göttliche Heimwerker in sieben Tagen zusammengepfuscht hat, werden die Zwietracht säenden Luzis dieser Welt nicht müde, den Männern mit der Behauptung das Leben schwer zu machen, sie wollten von den Frauen immer nur das Eine. Statt nun aber mutig wie der Mönch in Worms vor diese tiefgefrorenen Blaustrümpfe hinzutreten und zu bekennen, jau, so isses und so kanns und solls auch bleiben, bis uns der Schöpfer am Ende aller Tage zu den asexuellen himmlischen Heerscharen abkommandiert, werden die zur Rede gestellten Männer, darunter auch ich, nicht müde, ihr Mater peccavi abzuspulen und sich im Staub zu winden: »Nein, um Gottes Willen, mir ist das Andere viel wichtiger und auch kostbarer und überhaupt und wenns dereinst nach der Zusammenlegung von Ostern und Weihnachten wirklich mal zum Äußersten kommt, wär mir das nicht ganz unlieb, aber glaub mir, es muss nicht sein.« 100 Seiten und so und so viele Dates später, waren die im Börsenhandel tätigen Frauen und meine Wenigkeit mit diesem Gewinsel auf dem verdorrten Feld der verbalen Hocherotik liegen geblieben und keiner der Beteiligten konnte behaupten, dabei auch nur annähernd auf einen grünen Zweig gekommen zu sein. Nun taucht da im Schein der für mich in absehbarer Zeit untergehenden Sonne plötzlich eine Vertreterin ihres Geschlechts im Parketthandel auf, die die frauenrechtlich festgelegte Rangfolge umdrehte: Sie wollte nur das Eine und das erhabene Andere war Gegenstand eines abgetrennten Verfahrens. Dass sie diesen Handel im Nebenerwerb betreibt, die Stunde mit 150 und die Nacht mit 500 Euro zu Buche schlägt, finde ich einen sauberen Deal, bei dem ich kaum Gefahr laufe, mir einen Zacken aus der rostigen Krone zu brechen. Sie ist, wenn's hoch kommt, Ende 40, für mich war die Zielgerade bereits ohne Brille zu erkennen, ich habe zwar keinen Schmerbauch, trage auch kein Toupet und gehe noch nicht am Stock, aber ich bin ein alter, den Gesetzen der Schwerkraft unterliegender Mann, der beginnt, in rasantem Tempo die körperliche Fassung zu verlieren und der es im möglichen Fortgang der Begebenheiten in ihrer Gegenwart vorziehen würde, sich im Dunkeln auszuziehen. Bei aller spürbaren Sympathie ist nicht zu leugnen, dass sie die Hinnahme des Altersunterschieds eine ans Erbarmen grenzende Überwindung kostet, die ihren Preis hat. Ich lasse Wally wissen, dass mein FinalDate-Abo in zwei Monaten enden wird, und da es im Augenblick nicht danach aussieht, dass es mir innerhalb dieser Frist gelingen würde, mit einer anderen Frau unsere nackten Körper mit unseren schönen Seelen auf Dauer unter ein gemeinsames Dach zu bringen, bitte ich sie in vorausschauender Absicht um ihre Bankverbindung und verspreche ihr, dass die Anzahlung binnen drei Tagen auf ihrem Konto eingehen würde. Wir küssen uns vor dem interessiert dreinblickenden Publikum, sie lässt es geschehen, dass ich dabei mit beiden Händen ihren formvollendeten Hintern umklammere, und das empörte Räuspern der wohlerzogenen Menschen, die Zeugen dieser ordinären Geste werden, ist mir vollkommen schnurz. Auch die käufliche Liebe ist eine Liebe. Sie riecht gut und fühlt sich gut an. Als sie gegangen ist, weht ein Hauch von Patschuli und 1001 Nacht über die Terrasse. Frankfurt leuchtet. Nach dem Genuss von fünf Schoppen brauche ich für den Sprung in den ins Erdgeschoß führenden Paternoster mehrere Anläufe. Auf dem Weg zur Bank trällere ich einen frühen Song der Beatles vor mich hin: *Will you still need me, will you still feed me when I'm 64?*

WEISSE ROSEN AUS EUTIN

Im ICE von Frankfurt nach Wismar sitzt mir am Vierertisch ein dicklicher junger Mann mit Dobrindt-Brille gegenüber, der einen Duplo-Riegel nach dem anderen einwirft und unter Einbeziehung der Mitreisenden auf YouTube den Geräuschemissionen seines Altersgenossen Phillip Dittberner lauscht. In dem in weinerlichem Ton vorgetragenen Sprechgesang bittet der Barde, der von sich behauptet, dass er mit einer anderen Frau schon einmal auf Wolke 7 gewesen sei, die neben ihm hockende Nachfolgerin inständig, sich mit ihm dauerhaft auf Wolke 4 einzurichten, weil er sich beim Fall von der drei Etagen höher gelegenen Himmelserscheinung schwer verletzt habe und zudem beim Aufschlag *sein kleines Herz zerbombt* worden sei. Frei nach Wilhelm Busch: Lieber Wolke vier mit Dir, als unten gänzlich ohne ihr. Abgesehen davon, dass das Abspielen dieses Liedes in Gegenwart einer Frau, die was auf sich hält, einen von jedem Scheidungsrichter anerkannten Trennungsgrund darstellt, lässt die Popularität des Songs auf einen allgemeinen Vitalitätsverlust unserer männlichen Ersatzleute mit weitreichenden Folgen für deren Liebes- und Fortpflanzungsfähigkeit und die demographische Entwicklung unseres Heimatlandes schließen. Als blutjunger Mensch hatte ich mich in der italienischen Eisdiele meines Vaterstädtchens einmal dazu hinreißen lassen, der Jukebox einen Schlager von Peter Kraus zu entlocken, dessen hormongesättigter Refrain mich im Licht der aufgeklärten Gegenwart noch heute schaudern lässt: »Ein richtger Mann muss immer wie ein Tiger sein, dann wird er bei den Frauen immer Sieger sein.« Das erste Mädchen, dem ich den Hof machte, die sehr anmutige und sehr scheue Tochter meines Deutschlehrers, verließ den anrüchigen Jugendtreffpunkt vor dem Verklingen des letzten Akkords und ward nicht mehr gesehen. Will sagen: Früher waren wir Männer beschämend einfach gestrickt, aber vielleicht auch etwas weniger verschwurbelt.

Danach wandte ich mich von dem mampfenden YouTuber und meinen kulturpessimistischen Reflexionen ab und dem Kerngeschäft als reisender Troubadour der alten Schule zu. In der ostdeutschen Hansestadt wartete eine Buchhändlerin auf mich, die sich über deren Tod hinaus für Hermann Kant und Johannes R. Becher begeisterte, im bayerischen Zwiesel lebte eine resch gebliebene Bio-Bäuerin, die gern Bäume umarmte und in einem Preisausschreiben der *Hörzu* ein Meet & Greet mit dem Dalai Lama gewonnen hatte, in Eutin würde ich die nähere Bekanntschaft einer Dame machen, die eine Kanzlei als Steuerberaterin unterhielt und mit überwiegend berechnenden Männern bislang viel Pech gehabt hatte, und in Königs Wusterhausen war das Wochenenddomizil einer Redakteurin der Apotheken-Umschau zu besichtigen, die an die lebensverlängernde Wirkung energetisierten Wassers glaubte und ehrenamtlich einen Gnadenhof für freigesetzte landwirtschaftliche Nutztiere unterhielt. Im Gegensatz zu dem mäkeligen Grundton, der in dieser lieblos heruntergeleierten Aufzählung angeschlagen wird, war ich in Wahrheit der festen Überzeugung, dass für die Kompatibilität und Konnektivität eines Paares nicht die völlige Übereinstimmung aller Persönlichkeitsfacetten und Weltanschauungsfragmente entscheidend ist, sondern die Fähigkeit der Beteiligten, die als betagte Alleinstehende angesammelten Macken, Schrullen und Vorlieben zu benennen, zu sortieren, gegebenenfalls auszumustern und den Rest in eine gemeinsame Sprache der Liebe zu übersetzen. Neben diesen wohlmeinenden Empfehlungen aus dem Handbuch der Paartherapie für Fortgeschrittene, erzwang natürlich auch der nüchterne Blick auf die verbleibenden Wahlmöglichkeiten eine erhöhte Anpassungsbereitschaft: Von den ursprünglich 509 Kandidatinnen, die mir die Rechner von FinalDate aufgrund hoher Matching-Werte zugeordnet hatte, waren nur diese vier übrig geblieben. In der kommenden Woche würde ein runder Geburtstag zu bewältigen sein, und ich glaubte, endlich den Reifegrad erreicht zu haben, der mich befähigte, die wenigen mir zugewandten Frauen so zu nehmen, wie sie waren und wie sie kamen. Aber sie kamen nicht.

LETZTE AUSFAHRT BAD KLEINEN

Als der Zug wegen eines Triebkopfschadens auf dem Streckenabschnitt zwischen Hamburg und Schwerin einen Zwischenstopp einlegte, fuhr ich mein Tablet hoch und kontrollierte den Posteingang des Datingportals. Als geübtem User hatte mir der flexible Umgang der Betreiber mit den Kundenbedürfnissen in der Vergangenheit stets Hochachtung abverlangt. Einerseits hatte man bei der Ausformulierung der Annäherungsversuche weitgehend freie Hand, andererseits sorgte die Bereitstellung fertiger Textbausteine für die kurze, schmerzlose Verabschiedung der eben noch aufwändig angebeteten Kandidatinnen. Im Sinne der Spruchweisheit »das Auge isst mit« musste ich bekennen, nach der desillusionierenden Fotofreigabe in nicht wenigen Fällen von dieser Möglichkeit der schnellen Entledigung Gebrauch gemacht zu haben. Der sündige Mensch, nicht nur der alte, tut gern Unrecht, möchte aber keines erleiden, und weil beides durch die Nemesis einer grausamen Lösung zugeführt wird, gaben mir die eintreffenden Verabschiedungen den nicht einkalkulierten Rest:

Die Entfernung ist mir zu groß.
Ich lege Wert auf höhere Matching-Punkte.
Wir passen nicht wirklich zusammen.
Ich bin frisch verliebt und wünsche allen anderen das gleiche Glück!

Alle von diesen Floskeln begleiteten Löschvorgänge taten weh, aber der letzte traf mich in seiner pausbäckigen Selbstzufriedenheit ins Mark.

Da sich Wismar als Reiseziel erübrigt hatte, stieg ich am Eisenbahnknotenpunkt Bad Kleinen aus, um dort das Eintreffen des Gegenzugs abzuwarten. Sonjas Backstübchen und das Hotel Hindenburg waren wegen Geschäftsaufgabe geschlossen, und ich schepperte mit meinem Rollenkoffer über das unkrautbedeckte Kopfsteinpflaster der menschenleeren Dorfstraße dem zwei Kilometer entfernten Netto-Markt entgegen. Wem die Deutsche Rentenversicherung an diesem Ort eine Reha-Behandlung angedeihen lässt, sollte vorher mit den schönen Seiten des Lebens abgeschlossen haben. Vor dem Discounter hatte sich eine Gruppe von Männern unbestimmbaren Alters zu einem bis zum Sonnenuntergang ausgedehnten Frühschoppen versammelt. Ihre Feindseligkeit gegenüber dem westdeutschen Neuzugang wurde durch den hohen Alkoholpegel des Trinkerkollektivs neutralisiert. Ich wollte nicht abseitsstehen und bestellte bei der wortlos agierenden Verkäuferin den ranzigen Rest der im Angebot befindlichen Backwaren: ein braun-graues Stück Buttercremetorte und eine in geschmolzenem Analogkäse und Formschinken versunkene Laugenstange. Den im Pappbecher gereichten Kaffee füllte ich mit einem Korn der Marke Alter Kanzler auf und ließ mich zwischen den brabbelnden Zechern auf einem Plastikstuhl nieder. Auf dem Rückweg erbrach ich mich in einen verwilderten Vorgarten, und als ich dort auf den Knien lag und dem Gras ganz nahe war, in das ich in meiner Verzweiflung zu beißen gewillt war, kam mir der letzte RAF-Pistolero in den Sinn, dem ein Vierteljahrhundert zuvor auf den Bahngleisen von Bad Kleinen in ähnlicher Haltung ein ähnlicher Gedanke gekommen sein mochte: *This is the end, my friend, the end of all our elaborate plans, my friend ...*

MANN O MANN

Als Angehöriger des Jahrgangs 1947 bin ich in einem Winter zur Welt gekommen, der zu den härtesten seit Beginn der Wetteraufzeichnungen in Mitteleuropa gehört. Die Singvögel fielen tot vom Himmel, der ranghöchste Katholik Deutschlands erklärte den Diebstahl von Brennmaterial zur lässlichen Sünde und der wässrige, aus gestampften Bucheckern bestehende Brei, mit dem mein primäres Liebesobjekt mich zu sättigen suchte, verwandelte sich auf dem Weg zum Mund des Erstgeborenen in einen Eisklumpen, den der zahnlose Säugling in seiner existenziellen Not nur lutschen konnte. Im Rückgriff auf die lebensgeschichtlichen Quellen meiner Resilienz, der Fähigkeit also, trotz widriger Bedingungen körperlich und seelisch zu überleben, suchte ich in der neuerlich ausgebrochenen Eiszeit nach einer Möglichkeit des Entrinnens. Da die Niederlage, die mir die Frauen zugefügt hatten, total war, konnte ich sie, militärisch gesprochen, auch nicht mit einer schlichten Frontbegradigung, sondern bestenfalls mit einem entschlossenen Seitenwechsel beantworten. Als ich nach der Rückkehr in meine Frankfurter Kemenate in der Wanne lag und die wohlige Wärme des Eukalyptusbades auf meinen ungeliebt alternden Körper einwirkte, fiel mir ein, dass ich bereits Mitte der Achtzigerjahre schon einmal Zuflucht beim eigenen Geschlecht gesucht und gefunden hatte.

Ich lebte zu dieser Zeit in einer, wenn mich meine Erinnerung nicht trügt, einvernehmlich als offen definierten Zweierbeziehung, in der sich die Beteiligten volle Bewegungsfreiheit bei uneingeschränktem Heimkehrrecht zubilligten. Diese reizvolle, aber leider vom Wahnsinn bedrohte Gesellungsform führte zu unguten und lautstark geführten Auseinandersetzungen, die auf nervenaufreibende Weise immer wieder um die Auslegung der modernen Verfassung kreisten, die wir uns als Paar gegeben hatten. Nach meinem von ungezügelten Gefühlseruptionen begleiteten Auszug stieß ich in der Zeitung auf eine bundesweit tätige Selbsthilfeorganisation namens *Väteraufbruch* und wurde Mitglied in der Zweigstelle Frankfurt. Meine Gruppe bestand aus verstoßenen Männern jeglicher Couleur: muttergebundene Einzelgänger, ums Sorgerecht bangende Erzeuger, geschlagene Frauenversteher, entliebte Hausmänner, beruflich gescheiterte Diplomtaxifahrer, paarungshungrige Homosexuelle und Normalos wie ich, die einfach mal ihre Ruhe haben wollten. Im Anschluss an das erste Plenum, das unter dem Motto stand »Neue Männer- Avantgarde oder Fallobst der Frauenbewegung?«, einigten wir uns auf ein gemeinsames Schnupperwochenende in einer Familienbildungsstätte der DKP in Hattingen. Nach dem Vortrag eines dem Bhagwan nicht unähnlichen Sozialwissenschaftlers aus Bochum, der uns unter der Überschrift »Nicht Herrscher, aber männlich« zu konsequenteren Abrüstungsschritten im Hinblick auf das abwesende Geschlecht drängte, kochten und kifften wir ein bisschen und erarbeiteten uns im Anschluss ans Mittagessen im Stuhlkreis Klaus Theweleits »Männerphantasien«. Ein sprachmächtiges Werk, nach dessen Lektüre wir in uns gingen, weil keiner der Anwesenden leugnen mochte, dass er das gewalttätige Erbe Ernst Jüngers und anderer soldatischer Männer in sich trug und Gefahr lief, es bei jedem unbedachtsamen Fortpflanzungsakt an die nachwachsenden Standartenträger des IV. Reichs weiterzugeben. Dann schwemmten wir mithilfe von Dortmunder Aktienbier die Reste der toxischen Männlichkeit aus unseren faschistisch verseuchten Leibern, sangen je nach Herkunft und Neigung aus voller Kehle von *Avanti popolo* über *Eve of Destruction* bis zu *It's a Man's World* unbehelligt von weiblichen Zensoren alles rauf und runter, was uns in den Sinn kam, und als wir endlich bei den Stones angekommen waren, gelobten wir uns, dass uns die Frauen, die wir jahrelang vergebens um die komplette *Satisfaction* gebeten hatten, in Zukunft gestohlen bleiben konnten. Mit diesem Schwur zogen wir in das angrenzende Matratzenlager um, wo wir uns dem zentralen Anliegen des Workshops, der Einübung in die absichtslose zwischenmännliche Zärtlichkeit zuwandten. Neben mir kam mein Ex-Kommilitone Manfred zu liegen, der seit dem Abschluss des Soziologiestudiums im Vogelsberg Bauernmöbel renovierte. Ein liebenswert bäriger Schrank von einem Mann, mit dem ich mich im flackernden Schein der Teelichter an der wechselseitigen Erkundung unserer Körper versuchte. Er massierte meine verspannte Nackenpartie, ich strich ihm mit leichter Hand über das verschwitzte Brusthaar, wir schauten uns in die alkoholglänzenden Augen, er streichelte dabei meine Wangen und ich die seinen, und als er daran ging, auf seine nette, anrührend unbeholfen wirkende Weise wie besessen an meinen Ohrläppchen zu saugen, ließ ich ihn eine Weile gewähren, weil ich geduldig auf das Erwachen des Begehrens oder zumindest den Übersprung eines erotischen Funkens wartete. Da sich nach einer halben Stunde weder das eine noch das andere einstellen wollte, flüsterte ich ihm zu: »Manni, lass' gut sein, das wird heute nichts mehr.«

Als ich jetzt, ein halbes Männerleben später, in dem erkaltenden Wannenbad erwachte, wurde mir klar, dass mir für den strategischen Seitenwechsel *ab ovo* die konstitutionellen Voraussetzungen fehlen. Im streng wissenschaftlich geführten Genderdiskurs taucht in letzter Zeit vermehrt der Begriff des *Bewegungsschwulen* auf. Er bezeichnet ursprünglich heterosexuelle Männer, die sich Ihresgleichen zuwenden, weil sie entweder das von ihren Partnerinnen ausgehende Übermaß an seelischer und körperlicher Grausamkeit nicht mehr ertragen oder sich den Belastungen, die aus dem gewöhnlichen Horror der Geschlechterspannung entstehen, nicht länger gewachsen fühlen. Vielleicht bin ich, und das klingt angesichts meines Untergangs im Meer der internetbasierten Liebe völlig hirnrissig, einfach noch nicht traumatisiert genug, um mir vom Sprung ans andere Ufer eine befriedigende Endlösung meines Liebeslebens zu erhoffen. Zusammenfassend gilt, ganz unwissenschaftlich gesprochen: In der Regel riechen Frauen besser, sehen schöner aus, fühlen sich angenehmer an, sind seltener niedergeschlagen und reagieren auf Befindlichkeitsschwankungen, grippale Infekte und andere lebensbedrohliche Körpersensationen weniger wehleidig als Männer.

ELLA, ELLE L'À

Nach dem hymnischen Abgesang auf die Frauen verließ ich das Bad, trat meine lächerliche, für die Werbekampagne angeschaffte jugendliche Modekleidung in die Tonne, löschte den FinalDate-Account, trank zwei Gläser über den Durst, ritt im Traum ein letztes Mal à la Lanzelot in knapp sitzender Rüstung die von Bahn und Bus gespurten Liebespfade ab und erwachte am nächsten Morgen in einem gesichtslos grauen Heer, dessen Angehörige sich Rentner nannten. Ein Rentner ist ein Rentner, sonst nichts. Wie der Tourist den Touristen, hasst der Rentner den Rentner wie die Pest, nicht nur, weil er wie der Igel in der Fabel immer schon vor ihm da ist, sondern, weil ihn dessen Allgegenwart mit einer furchtbaren Wahrheit konfrontiert: Ich bin so nützlich wie ein Kropf. Eine besonders bösartige Subspezies des Rentners stellt der alleinstehende Rentner dar. Ob am Strand der Malediven, auf den Zinnen der Chinesischen Mauer, beim Iglu-Bau in Grönland, am Kap der Guten Hoffnung oder direkt um die Ecke in der Bastelgruppe des Seniorentreffs: überall lauert der alleinstehende Rentner berenteten Paaren auf, die einen zufriedenen oder gar glücklichen Eindruck machen. Und dann sucht der alleinstehende Rentner auf den Gesichtern, in den Gesten, in der Sprache, im Schweigen des Paares die Gravuren des Zerwürfnisses, die Haarrisse der Frustration, und weil kein Glück vollkommen ist, wird der alleinstehende Rentner, das unermüdliche Trüffelschwein des Scheiterns, letztendlich fündig. Dann freut sich der alleinstehende Rentner wie Rumpelstilzchen, springt auf seinen von der Gicht gekrümmten Beinchen zwei Meter hoch in die Luft und schreit: »Ich hab's ja immer gewusst!«

Als ich diese verbitterte und von Neid zerfressene Gestalt als Abbild am Ende der von trügerischen Algorithmen gesäumten Sackgasse erblickte, in die ich mich manövriert hatte, brach ich in Tränen aus: ein desorientierter Hagestolz auf dem Weg ins betreute Wohnen. Als ich so Rotz und Wasser heulte und der grenzenlose Jammer vom wohligen Gefühl des Selbstmitleids unterspült wurde, hörte ich aus der Ferne den zarten Klang meiner Nachrichtenapp. Meine letzte Langzeitbegleiterin, die mich wegen angeblich fremdenfeindlicher Äußerungen vor einem Jahr in Böhmen aus ihrem Auto und ihrem Leben geworfen hatte, war im Fernen Osten in eine Notlage geraten. Nach der Teilnahme an einem Weltkongress der Qi-Gong-Lehrerinnen in Saigon habe sie mit ihrer Frauengruppe eine Radtour durch das Mekongdelta unternehmen wollen. Nun sei zwischen den Frauen jedoch ein Zickenkrieg ausgebrochen, der auch mithilfe einer deutschsprachigen Mediatorin nicht zu befrieden gewesen war. Ich hätte ihr ja versprochen, ihr bis ans Ende der Welt zu folgen, und könne nun im zweiten Anlauf der großmäuligen Ankündigung Taten folgen lassen: »Mach Dich auf die Socken, das Tandem ist gebucht. Deine Ella.«

Ein Frohlocken durchwehte meinen müden alten Leib. Endlich war ich wieder zurück im Spiel und unterdrückte alle Bedenken: das Dauerlächeln der kleinwüchsigen indigenen Bevölkerung, die Luftfeuchtigkeit von neunzig Prozent, morgens, mittags und abends nichts als Reis, Hundert-Kilometer-Etappen durch ödes Schwemmland, und die nationale Fluglinie nahm bei den Abstürzen einen unangefochtenen Spitzenplatz ein. Was soll's, sagte ich mir. Etwas Besseres als eine Bettpfanne im hiesigen Pflegeheim würde ich überall finden, auch in Vietnam. Dann drückte ich auf die Enter-Taste und machte mich auf den Weg in ihre hoffentlich weit geöffneten Arme.

HANDKÄS UND FRÜHES LEID

Lass uns Freunde bleiben!« Ich hatte diesen Satz, der unwiderruflich das Ende einer Liebesbeziehung einläutet, zum ersten Mal vor 50 Jahren, genauer gesagt am 1. Mai 1968, aus dem Mund einer jungen Frau vernommen, die mit mir die Deutsche Buchhändlerschule in Frankfurt-Seckbach besuchte und von anbetungswürdiger Schönheit war. Weil ich als extrem kurzsichtiger, zu einer gewissen Moppeligkeit neigender Bücherwurm im Schatten dieser jungen Mädchenblüte keine besonders gute Figur machte, versuchte ich mich der Not gehorchend in der historisch brandneuen Rolle des Kümmerers, ein Begriff, der damals noch nicht im Duden stand und einen paradoxen Annäherungstypus beschreibt, bei dem der Mann der umworbenen Frau die absolute Triebferne seiner Bestrebungen sowie eine bedingungslose, das heißt vierundzwanzigstündige Gesprächsbereitschaft signalisiert.

Dass es kaum Frauen gab und gibt, die in der Lage sind, diesem Angebot auf Dauer zu widerstehen, hat wohl damit zu tun, dass es außerhalb des Buchhandels und des mittelalterlichen Minnesangs nur wenige Männer geben dürfte, die den Nerv haben, ständig über ihre Beziehung und die damit verbundenen Gefühle zu reden oder die Willens sind, ihre Eroberungsgelüste unter einer Fassade der geschlechtsneutralen Selbstlosigkeit zu verbergen. Wie wenig zielführend meine kommunikationsgesättigte Entsagungsstrategie war, konnte sich mir erst im Nachhinein erschließen, weil zunächst alles ganz nach Plan lief. Nach einer Vorlesung über die Rolle des

Eros in der Weltliteratur saß ich neben ihr in der Mensa und merkte nicht nur kritisch an, dass der Dozent in seinen Ausführungen bei Goethes todessehnsüchtigem Werther hängen geblieben war, sondern füllte die Lücke mit lässig hingeworfenen Zitaten aus dem lyrischen Oeuvre von Bertolt Brecht, Gottfried Benn und Ulla Hahn: »Als ich heute von dir ging, fiel der erste Schnee und es machte sich mein Kopf einen Reim auf Weh.« Obwohl mir dieses elegische, frühfeministisch inspirierte Kurzgedicht in seiner Schlichtheit auf unerklärliche Weise irgendwie rausgerutscht und schon damals ein wenig peinlich war, wandte sie mir ihr elfengleiches, an die junge Audrey Hepburn erinnerndes Gesicht zu und versicherte mir, dass ich so sensibel wirke und so gebildet sei. Sie selbst habe in letzter Zeit leider kaum ein Buch aufschlagen, geschweige denn lesen können, weil sie seit ihrer Abreise nach Frankfurt ständig um die Beziehung zu ihrem Verlobten Pit bangen müsse.

Dass die besorgte Babs in Wahrheit Heidelinde und Pit in Wahrheit Otto hieß, fand ich völlig in Ordnung, weil mir mein eigener treudeutscher Vorname, den ich einem im Polenfeldzug gefallenen Panzerkommandanten verdanke, in der Außenwirkung auch nie besonders zugkräftig erschienen war. Was mich an Pit störte, war also weniger sein getunter Tarnname, sondern die Tatsache, dass die gut und gern hundert vertraulichen Gespräche, die ich mit seiner Verlobten in den kommenden drei Monaten führen sollte, ausschließlich um diesen in einem Düsseldorfer PR-Unternehmen als Art Director tätigen Windhund kreisten. Er stammte aus einer alteingesessenen österreichischen Bankiersfamilie, die schon die zweite Abwehrschlacht gegen die Türken im Jahre 1683 vorfinanziert hatte, er fuhr einen jagdgrünen MG der jüngsten Baureihe, verbrachte die Sommerfrische in einem sippeneigenen, oberhalb des Wörthersees gelegenen Chalet, er trug Pullover von Lacoste und Slipper von Tod's, verfügte über die kräftigen und dabei überaus feinfühligen Pianistenhände Richard Claydermans und hatte als Charmekreuzung zwischen seinem Landsmann Udo Jürgens und dem französischen Jungstar Jean-Paul Belmondo in ihren Augen den Gipfel der Unwiderstehlichkeit erklommen.

Allerdings nicht nur für Babs, und genau das war der Stoff, mit dem sie mich, ihren zweibeinigen, auf Schritt und Tritt folgenden Kummerkasten nach und nach füllte. Pit vergaß die mit ihr vereinbarten Telefonate und ihren Namenstag, Pit äußerte sich herabsetzend über ihre wenig lukrative Tätigkeit als Jungbuchhändlerin, Pit ließ sich beim Doppel-Mix mit einer nach Babs Einschätzung verlebt wirkenden Blondine in der Vereinszeitung des Tennisclubs ablichten, Pit deutete an, dass Babs ihm mit ihrer Anhänglichkeit auf den Geist ginge, den er meines Erachtens nicht hatte, und so weiter. Ich war mit 21 in praktischen Liebesdingen so unschuldig wie frisch gefallener Schnee oder ein wenig ordinärer ausgedrückt, ich hatte von Tuten und Blasen keine Ahnung, aber durch das ausgiebige Studium der belletristischen Sekundärliteratur verfügte ich über eine Art Propädeutikum und hütete mich, den fernen Rivalen frontal anzugehen. Wenn Babs unter Tränen neue, mehr oder weniger stichhaltige Beweise seiner Untreue beklagte, unterdrückte ich den Impuls, ihn einen hohlen Dummbeutel zu nennen und beschränkte mich darauf, ihr ein Tempotaschentuch zu reichen und meine seelsorgerische Anteilnahme zu bekunden: »Das ist ja unglaublich!« oder »Wie kann man das einer so wunderbaren Frau wie Dir nur antun.« Als Babs von ihrer Busenfreundin zugetragen wurde, dass Pit während der drei tollen Tage und Nächte des rheinischen Karnevals den Verführungskünsten einer in ganz Düsseldorf für ihre Leichtlebigkeit bekannten Werbetexterin erlegen sei, lief das Fass über, und schien für mich die Zeit gekommen zu sein, die Ernte in die Scheuer zu fahren. Kaum hatte sie die schlechte Nachricht erhalten, zerrte sie mich aus einer Veranstaltung, in der uns der polnische Lyriker Zbigniew Herbert die Grundzüge seiner Poetik vermittelte, zog mich in den verwaisten Schlafraum, den sie mit fünf ihrer Kolleginnen bewohnte und ließ sich schluchzend auf eines der Etagenbetten fallen. Im Sturz riss sie mich mit, krallte ihre Finger in das Revers meines formstabilen, aber nicht besonders atmungsaktiven Treviraanzugs aus dem Hause C&A, aber noch ehe ich den Gedanken an den möglicherweise von mir ausgehenden Transpirationsgeruch vertiefen konnte, umfassten ihre Hände meinen Nacken und sie presste ihre halbgeöffneten pastellfarbenen Lippen auf die meinen.

Diese mir zuteil gewordene, gänzlich unbekannte Berührung ließ mich erröten, durchrieselte meinen jungfräulichen Männerleib von den Haar- bis in die Fußspitzen und löste in mir langanhaltende Wellen des Entzückens und der Erleichterung aus: Nun muss sich alles, alles wenden. Ich kann nicht ausschließen, dass die abgebrühte, durch die zweifelhaften Errungenschaften der nachfolgenden sexuellen Revolution verwöhnte Leserschaft, diese Szene belächeln und die orgastischen Qualitäten eines einzigen flüchtigen Hautkontakts bestreiten wird. Aber dieses Urteil geht mir mit Verlaub am Gesäß vorbei, weil mir dieser durch keinen inflationären Gebrauch entwertete, schwer erarbeitete erste Kuss in dieser Sternstunde meines Lebens, als eine harte und für beide Seiten und für alle Zeiten gültige Währung erschien: Du und ich bis das der Tod uns scheidet. Dass sich zwischen den Herzensergießungen eines mit den Resten seines Pubertätsspecks kämpfenden Buchhandelslehrlings und der staubtrockenen kantischen Definition, nach der ein aufgeklärtes Paar sich durch den einvernehmlichen wechselseitigen Gebrauch der Geschlechtsorgane und des Barvermögens auszeichnet, ein Abgrund auftut, in den ich fallen würde, konnte mich damals nicht und wird mich bis zum heutigen Tage nicht abschrecken. Ich werde dem tumben Toren, der wie verkümmert auch immer, in jedem Mann steckt, die Treue halten, denn er ist der unerschütterliche Agent der Irrtumsbejahung, ohne den man zweifellos Ehestandsdarlehen beantragen und Eigenheimzulagen kassieren kann, aber eines sicher niemals finden wird: die Liebe in ihrer reinsten Form.

So ging sie mit mir und ich mit ihr Hand in Hand genau vierundvierzig Tage und sieben Stunden durch die europäische Literaturgeschichte und den Frankfurter Frühling, der in der am Ufer des Mains gelegenen Gerbermühle sein jähes Ende fand. Wir saßen im Garten der Traditionsgaststätte, in der schon Wolfgang und Cornelia Goethe auf Geheiß ihrer rigiden Eltern den als gesund geltenden, aber im Grunde nur für Eingeborene genießbaren Handkäs mit Musik hinuntergewürgt hatten. Das Sonnenlicht bahnte sich den Weg durch das frische Grün der uralten Kastanien und ließ in brutaler Klarheit den hochkarätigen Diamanten aufleuchten, der ihren Verlobungsring zierte. Sie sah, was ich sah, umfasste meine Hand mit der ihren und sagte: »Man kann sich so gut mit dir unterhalten.« Und: »Du bist so ein wertvoller Mensch.« Und: »Lass uns Freunde bleiben.« Nach diesem stockend vorgetragenen Dreisatz sprang ich auf, warf einen zerknüllten Zehnmarkschein auf den Tisch und verlor zum Abschied die einem Buchhändler grundsätzlich gut zu Gesicht stehende Beherrschung: »Das Gesülze kannst du deinem kakanischen Flachmann in den Schritt schmieren.« Am nächsten Tag brauste Babs an Pits Seite im Roadster in Richtung Rheintal davon, ihr bunter Chiffonschal flatterte im Fahrtwind und mir kam die für ihren hohen Männerverbrauch bekannte Tänzerin Isidora Duncan in den Sinn, die 1927 mit diesem modischen Accessoire in Nizza auf der Promenade des Anglais in die Speichen ihres Gefährts geraten war und sich das Genick gebrochen hatte: *affectations can be dangerous*. Als der Wagen am Ende der Wilhelmshöher Straße verschwunden war, verflogen die mörderischen Assoziationen und ich schrumpfte auf das Normalmaß eines aggressionsgehemmten Trauerkloßes. Ich konnte der geneigten Kundschaft vom *Hohelied Salomos* über die *Wahlverwandtschaften* und *Lady Chatterley's Lover* bis hinunter zu den *Stillen Tagen in Clichy* mit großer Beredsamkeit und Begeisterung alles aufschwatzen, was in der Liebesliteratur Rang und Namen hatte, nur ich selbst war ein im verschwitzten Nyltesthemd am Rande einer hessischen Streuobstwiese ausgesetzter Ladenhüter, der keine Abnehmerin fand. Neun Monate später ließ ich den brotlosen Handel mit den Sprachkünsten hinter mir, wanderte ins südliche Afrika aus, suchte mir in dem am Sambesi gelegenen Victoria Falls in einer Spelunke einen Job als Barmann und ertränkte meinen Liebeskummer im Kreise abgewrackter britischer Kolonialbeamter allabendlich in irischem Starkbier: *Guiness is good for You!*

VOM MAIN ZUM MEKONG UND ZURÜCK

Lass uns Freunde beiben!« Als mir Elisabeth, Kosename Ella, mit der ich mir ab 2014 in glücklichen Momenten die Wonnen eines gemeinsam gestalteten Rentnerdaseins ausgemalt hatte, dieses vergifte Angebot im Herbst des Jahres 2017 kurz nach meinem siebzigsten Wiegenfest ein zweites Mal unterbreitete, fiel mir zunächst gar nichts und dann der Evergreen meines blondierten Altersgenossen Rod Stewart ein: *The First Cut ist the deepest*. Und während ich mich noch fragte, ob der letzte Schnitt in seiner Endgültigkeit noch um einiges tiefer und schmerzhafter ausfallen könnte als der erste, wurde mir klar, dass die erneute Flucht in die Dritte Welt als Ausweichmöglichkeit auch nicht mehr in Betracht kam, weil mich die Degradierung zum Mann ohne Unterleib nicht am grünen Strand des Mains, sondern im Flussgewirr des 12 000 Kilometer entfernten Mekongdeltas ereilte. Bis zum Horizont träge dahinfließende, gelbbraune Wassermassen auf dem Weg in den Golf von Thailand und der staubfeine Regen fiel ohne Unterlass auf die versumpften Reisfelder und meine versteinerten Gesichtszüge.

Vierzehn Tage zuvor hatte ich mein Konto bei der auf ältere Herrschaften spezialisierten Partnerschaftsbörse Final-Date aufgelöst, um in die Arme einer Frau zurückzukehren, die mich drei Monate zuvor anlässlich einer Spritztour durch ihre tschechische Heimat wegen angeblich slawophober Äußerungen aus ihrem Nissan-Cabrio und ihrem Leben verbannt hatte. Per Whatsapp setzte sie mich nun davon in Kenntnis, dass sie im Anschluss an einen in Saigon stattfindenden Weltkongress der Qi-Gong-Lehrerinnen eine Radtour durch dieses Land des Lächelns geplant habe und nach Dissonanzen in der sie begleitenden Frauengruppe an meiner Reaktivierung interessiert sei – auf Bewährung, wie sie hinzufügte. Natürlich klang das eher nach einem Stellungsbefehl als einer Einladung zur Fortsetzung des Liebesspiels, aber da meine Selbstachtung nach dem Auftritt als Tanzbär auf dem glatten Parkett der virtuellen Beziehungsanbahnung derart zerbröselt war, dass sie in den kleinsten Salzstreuer gepasst hätte, fand ich mich mit der vermeintlich ausbaufähigen Rolle des Ausputzers ab und löste mein Ticket: Ein Wackelkontakt ist immer noch besser als gar keiner.

Als ich ihr in der Ankunftshalle des Than-Son-Nhat-Flughafens entgegenlief, erkannte ich sie über die Köpfe der zierlichen Einheimischen hinweg und war von ihrer Erscheinung hingerissen wie am ersten Tag: ihre blaugrünen Augen unter der silberweißen Mähne, das weich fallende Gewand aus hellgrauer Seide und die königliche, durch ihren Beruf begünstigte Körperhaltung. Allerdings fiel auch ihre Begrüßung distanziert-majestätisch aus und folgte den Umarmungsgepflogenheiten des diplomatischen Protokolls: Alles nur gehaucht. Nach der Musterung meines Gepäcks machte sie mich auf den fehlenden Fahrradhelm aufmerksam, ein Running Gag in unserer mit Unterbrechungen drei Jahre währenden Partnerschaft, den ich routiniert beantwortete: Mit dem formschönen Helm auf dem Kopf und den bequemen Hausschuhen an den Füßen, darfst du mich gern beglücken – nach meinem Ableben sind sie mir als Grabbeigaben auf dem langen Weg in die Ewigkeit willkommen. Der frostige Grundton war angeschlagen und wollte nicht verklingen, aber dass wir nicht so recht warm miteinander wurden, war auch auf die Widrigkeit der äußeren Umstände zurückzuführen. Das Tourismusministerium der Volksrepublik Vietnam hatte uns ein Pfadfinderpärchen zur Seite gestellt, das in den Jahren 1984–1987 die Parteihochschule der SED in Ostberlin besucht hatte, zwei geduckte und verkniffene Gestalten, die wie die asiatischen Wiedergänger von Erich und Margot Honecker aussahen und auch so knarzig auf uns einredeten. Antiimperialistischer Kampf, internationale Solidarität der Verdammten dieser Erde, »Hoch die« und »Nieder mit«, und ich brauchte drei Tage, um ihnen klar zu machen, dass ich seit dem Erscheinen von Solschenizyns *Archipel Gulag* an der planmäßigen Verbesserung der Menschheit nicht mehr interessiert und im Übrigen mit Karl Marx und Friedrich Engels weder verwandt noch befreundet sei. Das zweite Handicap stellte der technische Zustand der Fortbewegungsmittel dar, mit deren Hilfe wir uns nach Ellas Vorstellungen die Schönheit des Landes erschließen sollten. Alle zwei, drei Kilometer löste sich die Kette vom Zahnkranz, hakte die Schaltung, wich die Luft aus der mürben Bereifung, und als ich im morastigen Untergrund kniend zum zigsten Male auf Abhilfe sann und das handwerklich minderbegabte Agitprop-Duo fragte, ob die Fahrräder womöglich aus den Beständen des französischen Expeditionskorps stammten, welches das Land 1954 nach der Schlacht von Dien Bien Phu fluchtartig verlassen hatte, fiel mir Ella ins Wort und schalt mich einen zynisch brabbelnden Altachtundsechziger, der tagtäglich die Träume seiner Jugend verrate und sich nicht schäme, die heroische Geschichte dieses tapferen kleinen Volkes durch den Schmutz zu ziehen. Ich hätte sie darauf hinweisen können, dass ich mich für den Sieg des Vietcong von den heimischen Hütern des staatlichen Gewaltmonopols zu einer Zeit hatte grün und blau schlagen lassen, als sie bei der Deutschen Jugend des Ostens noch für die territoriale Einverleibung von Böhmen und Mähren eingetreten war, aber ich drehte bei, um es nicht endgültig mit ihr zu verderben: recht haben oder glücklich sein.

Weil unsere Spitzel zum Rapport nach Ho-Chi-Minh-Stadt einbestellt waren und vorgaben, Flickzeug für unsere schrottreifen Räder organisieren zu wollen, kamen wir in den Genuss unseres ersten freien Abends. Wir kauerten im Sand vor dem spartanisch eingerichteten Bungalow, der Bambus bog sich in der warmen Brise, die Regenwand war vorübergehend aufgerissen, die Abendröte spiegelte sich im goldschimmernden Fluss und verlieh ihrem Gesicht den Ausdruck altersenthobener Schönheit. Ich blickte an mir hinab, und der Kontrast ließ mich erschauern: die makellose Dame in Weiß und ihr ölverschmierter, von den Strapazen eines langen Tages in den Tropen zerfurchter Pannenhelfer.

Wenn deutsche Paare auf deutschem Boden in die Krise geraten, pflegen sich die Kontrahenten bei der besten Freundin auszuweinen, ziehen zu ihrer Mutter zurück, verständigen sich auf die Konsultation eines Eheberaters oder bauen auf die harmonisierende Wirkung der sexuellen Vereinigung: *Hold me, Touch me, Heal me.* Da die drei erstgenannten Optionen aus naheliegenden Gründen entfielen und ich die auftauchende Hemmschwelle mithilfe des hochprozentigen Reisschnaps der Marke Nep Moi überwunden hatte, rückte ich ihr vorsichtig näher, umfing ihren Leib auf Taillenhöhe und unterbreitete ihr mein halbgeflüstertes, aber dennoch deutlich artikuliertes Versöhnungsangebot: Ich habe dich so sehr vermisst und würde dir nach all der Zeit gern einmal wieder (siehe Böhmische Dörfer) beiwohnen, am liebsten sofort. Wenn man diese Offerte von außen betrachtet für übereilt und situationsunangemessen hält, würde ich nicht widersprechen, aber als der Satz das Gehege meiner vorwiegend überkronten

Zähne passierte, empfand ich die Wortwahl, in der sich der biblische Ernst mit einer bergenden sprachlichen Umarmung verbindet, als gleichermaßen zärtlich und liebevoll. Mit dieser positiven Einschätzung stand ich allein da und die sich ausbreitende Stille erwies sich als eine Stille vor dem Sturm. Ella wandte sich von mir ab und einem Bambuskörbchen zu, das dienstbare Geister mit schwarzen, in Sojasauce gesottenen Hühnereiern gefüllt hatten. Sie spießte den exotischen Imbiss mit dem Essstäbchen auf, führte ihn zum Mund, kaute sorgfältig, nippte an dem Schälchen mit Grünem Tee, schaute mir in die Augen und sagte: »Du hast in unserer Auszeit nichts, aber auch gar nichts dazugelernt. Seit deiner Ankunft mäkelst du an allem herum. Hinter jedem Busch lauert die vietnamesische Staatssicherheit, das Essen ist dir zu scharf, das Duschwasser zu lau, die Luftfeuchtigkeit zu hoch, die Wege zu beschwerlich und wenn sich ein solcher Tag ohne Lachen und Scherzen dem Ende zuneigt, gibst du dir die Kante und kommst ratzfatz und umstandslos zur Sache: Gläslein füll dich und Knüppel aus dem Sack. Steinalt wie du bist, ist dir die Vielfalt des weiblichen Begehrens immer noch ein Buch mit sieben Siegeln. Ein Text, von dem du zwar schon irgendwann mal gehört hast, der dir aber völlig schnuppe ist, weil dein ganzes Sinnen und Trachten um deinen betagten Schweif und die Frage kreist, wie du ihn möglichst bequem unterbringst.« Ich unterbrach ihre Tirade und rief: »Menschenskind Ella, nun mach mal halblang! Wenn du nicht ständig wie von den Erinnyen getrieben von einer Destination zur anderen durch die Weltgeschichte hetzen müsstest, dann könnten wir jetzt in deinem pittoresken Heimatstädtchen Eltville Hand in Hand über die Rheinpromenade schlendern, wir könnten am Anlieger 511 einen kühlen Riesling trinken, ich würde dir in deinem Fachwerkhäuschen zur Hintergrundmusik von Leonard Cohen,

Serge Gainsbourg oder, wenns sein muss, auch André Rieu ein fünfgängiges Candle-Light-Dinner servieren, wir könnten uns im Anschluss zum siebten Mal Meryl Streep und Clint Eastwood in *The Bridges of Madison County* reinziehen und hätten dann immer noch genug Zeit für ein behutsames, langgezogenes und garantiert ergebnisoffenes Vorspiel, in dessen Verlauf du mir das Geheimnis deines Begehrens enthüllen könntest.« Mit dieser heiter und gelöst gehaltenen Antwort kam ich nicht gut an. Auf Ellas Stirn nistete sich eine tiefe Falte der Missbilligung ein und sie legte nach: »Wenn du mich ernst nehmen würdest, könntest du dir die Frage stellen, ob mein Fernweh und die damit verbundene Unrast vielleicht damit zu tun hat, dass mein Bedürfnis nach zweckfreien körperlichen und seelischen Berührungen in deiner Nähe durch deine genitale Fixierung völlig ausgelöscht wird. Du kannst mich mit deiner kitschigen Postkarte vom Vater Rhein und seinen Nebenflüssen nicht mehr in deine Inszenierung locken, und ich werde mich von deinen Wortgirlanden nicht länger schwindelig reden lassen. Noch einmal langsam und zum Mitschreiben: Du wirst mich nie mehr penetrieren. Weder am Rhein noch am Mekong.«

Wenn Menschen im öffentlichen oder privaten Raum den gängigen Sprachmüll von der Sorte »die Hoffnung stirbt zuletzt« absondern oder von sich sagen, dass sie in ihrer Freizeit vorzugsweise »die Seele baumeln« lassen, nach dem Auftritt Helene Fischers von einem »Gänsehautfeeling« ergriffen werden oder im Zustand der Verliebtheit von sich behaupten, »Schmetterlinge im Bauch« zu haben, ruft das bei mir ein unspezifisches, aber flüchtiges Unwohlsein hervor, das aber eigentlich kaum der Rede wert ist. Diese relative Gelassenheit ist dahin, wenn ein historisches Reizwort an mein Ohr dringt, das meinen ohnehin erhöhten Blutdruck vollends durch die

Decke schießen lässt und meine Affektkontrolle außer Kraft setzt und das ist das der Penetration. Der Begriff hat seinen Ursprung in der Militärtechnik und steht laut Wikipedia für das Eindringen eines stofflich oder geometrisch definierten Fremdkörpers in eine halbfeste Masse, im engeren Sinne für das Zertrümmern von Panzerungen durch Projektile. 1987 wurde der Begriff von den Radikalfeministinnen Andrea Dworkin und Alice Schwarzer im Rahmen ihrer PorNo-Kampagne mit pornografischen Sprachmitteln auf das herrschende Geschlechterverhältnis übertragen: »In der Praxis ist Ficken ein Akt der Besitznahme – gleichzeitig ein Akt des Benutzens, des Nehmens und der Gewaltanwendung. Terror strahlt aus vom Mann. Terror erleuchtet sein Wesen. Terror ist sein Lebenszweck.« Als diese hasstriefenden, bis heute unwiderrufenen Sätze damals in mir aufschlugen, gehörte ich zu der Meute bellender Hunde, die sich getroffen fühlten. Wir, die frauenbewegten Männer, waren glühende Abrüstungsbefürworter, wir hatten Pampers gewechselt, Tränen getrocknet, Pullover gestrickt, Getreidemühlen betätigt, Töpferscheiben gedreht und die erotische Werbung weitgehend an die Kindsmütter abgetreten: Alles Camouflage.

Dieser aufgestaute innere Monolog brach nun mit dreißigjähriger Verspätung in einem fernen Kontinent, den ich aus eigenem Antrieb niemals aufgesucht hätte, aus mir heraus. »Ella«, schrie ich und umklammerte ihre Arme, »hör mir gefälligst zu und schau mir in die Augen: Du kannst es nennen wie du willst. Ich habe in meinem an Beglückungen und Desastern überreichen Leben als Mann kaum etwas ausgelassen, ich habe im Namen der Liebe oder dem, was ich dafür hielt, gelogen, getrickst und betrogen, aber bei allem, was mir noch heilig ist, ich habe weder dich noch irgendeine andere Frau jemals penetriert.« Die gebrüllten Sätze hallten durch die hereinbrechende Nacht. Die schwach beleuchteten Dschunken und Nachen, die auf dem Fluss vorbeitrieben, schienen stillzustehen. Was mochten die Fischer, die sich mit ihrem kargen Fang auf dem Heimweg befanden, von zwei in Unehren ergrauten Europäern halten, die sich an einem Seniorenremake von *Wer hat Angst vor Virginia Woolf* abmühten? Lauter Irre oder eure Sorgen möchten wir haben? Der Moment der Selbstdistanzierung verstrich ungenutzt. Wir machten unentwegt weiter, bis der Regen einsetzte und nach dem Rückzug in den Bungalow lehnten wir mit der Zärtlichkeit von Boxern aneinander, die den Kampf in der zwölften Runde wegen Erschöpfung vertagen. Am nächsten Morgen brühte ich uns unter dem Vordach einen Nescafe auf und starrte aufs Wasser. Ella umfasste meine Hand und sagte: »Das muss man dir lassen. Um Ausreden bist du nie verlegen.« Und: »Vielleicht hast du einen guten Kern. Aber ich komme nicht an ihn ran.« Und: »Lass uns Freunde bleiben.« Ich lachte ein verzweifeltes homerisches Gelächter und fragte mich: Mein Gott, Alter, wie herrlich weit hast du es in 50 Jahren gebracht? Ich stand auf, überreichte ihr meinen mit einem kleinen Saphir verzierten Verlobungsring, vergrub mein Gesicht ein letztes Mal in ihrer seidigen Silbermähne und sagte: »Ich würde dir, wenn wir nicht schon da wären, bis ins Herz der Finsternis folgen. Aber für einen Trostpreis war die Investition zu hoch. Mach's gut.«

BIKEWAY TO HELL

Der 2006 verstorbene amerikanische Ex-Präsident Gerald Ford kam während seiner Amtszeit bei Spaziergängen mehrmals ins Straucheln, weil er nach Meinung seiner politischen Gegner außerstande war, gleichzeitig zu gehen und Kaugummi zu kauen. Als ich meine Habseligkeiten in der Packtasche verstaut und mich von Ella verabschiedet hatte, machte ich mich auf den Weg in das zehn Kilometer entfernte Ban Thanh, um bei dem dort ansässigen Reiseveranstalter Senior Cycle das Fahrrad abzugeben und mich anschließend mit dem Taxi zum Flughafen von Ho-Chi-Min-Stadt chauffieren zu lassen. Mit dem ersten Tritt in die rostigen Pedalen geriet ich in einen Strudel widerstreitender Empfindungen und Gefühle, ein Vorgang, der meinen Gleichgewichtssinn beeinträchtigte und mir eine Warnung hätte sein müssen: Ich war womöglich zu beschränkt, zu ungelenk oder beides, um gleichzeitig Fahrrad zu fahren und meinen in Wehleidigkeit schwimmenden Kopfsalat zu ordnen. Hatte ich die Flinte zu früh ins Reisfeld geworfen? Wie konnte ich das Kompromissangebot der Frau, der ich von Herzen zugetan war, so leichtfertig zurückweisen? Welcher Teufel hatte mich geritten, auf dem Vollzug des Geschlechtsakts als einzig möglichem Liebesbeweis zu bestehen? Stand dieses Ansinnen nicht ohnehin in einem krassen Missverhältnis zu meiner im Schwinden begriffenen Triebenergie, und warum wollte, um mit Nietzsche zu sprechen, dieses bisschen Lust auf Biegen und Brechen andauern bis in die Ewigkeit?

Am Schreibtisch hätte ich das Für und Wider meines inadäquaten Männlichkeitswahns sorgfältig abwägen und zu Papier bringen können, aber so umklammerte ich unter Tränen des Zorns den Lenker, schaltete in einen höheren Gang, steigerte das Tempo und suchte die Konfrontation mit der äußeren Realität in Gestalt einer nach fünfhundert Metern den Radweg kreuzenden Rotte von Hängebauchschweinen, die plötzlich im Frühnebel vor mir auftauchten. Obwohl mir bei ihrem Anblick die Frage durchs Hirn schoss, warum der biblische Noah diesen wurstförmigen Kreaturen mit ihren tief in die dicken Köpfe eingelassenen Äuglein beim Einsetzen der Sintflut den Zutritt zur Arche gewähren konnte, hatte ihre Hässlichkeit etwas Erbarmungswürdiges, und ich wich ihnen seitlich aus. Ein Reflex, der mich um ein Haar das Leben gekostet hätte. Ich riss den Lenker herum, durchbrach mit dem Vorderrad eine dünne Grasnarbe und fiel in eine etwa vier Quadratmeter große Grube, von der sich später herausstellte, dass es sich um eine der unzähligen, von der Guerilla ausgehobenen Menschenfallen handelte, die man vergessen hatte, nach dem Sieg über die amerikanischen Invasoren zuzuschütten. Im freien Fall durchschlug eine zugespitzte Bambusstange meine rechte Schulter, ich hörte aus meinem Inneren ein Geräusch wie von zerspringenden Saiten und das Letzte, was ich vor Eintreten der Bewusstlosigkeit beim Blick nach oben wahrnahm und als tröstlich empfand, war Ellas sorgenvolles Gesicht.

Eine Ewigkeit später drangen aus der Ferne die Klänge von Vangelis' *Chariots of Fire* an mein Ohr. 1987 hatte mir diese Filmmusik bei meinem ersten Marathonlauf die nötige Leichtfüßigkeit und ab Kilometer 40 den zweiten Atem verliehen: *Siehe, mein Geliebter ist gleich einem Hirschlein und kommt hüpfend über die Berge.* Das lag so weit zurück wie die Schlacht bei Issos oder die Einführung der Sommerzeit. Ich öffnete die Augen und fand mich in einem weißen, mit einem Kruzifix geschmückten Raum wieder. Hinter meinem Rücken gab ein Monitor einen hohen Fiepton von sich, auf dem Nachttisch stand eine Schnabeltasse und auf dem Teller stritten zwei vertrocknete Scheiben Graubrot mit zwei fettglänzenden Scheiben Gelbwurst um den Spitzenplatz der Unappetitlichkeit. Mir war übel, meine Schulter glühte, ich bemühte mich erfolglos um den Durchblick, war aber zweifellos nicht mehr in Südostasien. Die Musik verebbte, die Tür ging auf und die Frau, die sich mir mit energischen Schritten näherte, sah aus wie meine Mutter. Als ich sie bat, mir beim Aufsetzen der Brille behilflich zu sein, sah sie immer noch so aus wie das Wesen, das dereinst als Erstes in Liebe zu mir gesprochen hatte und so duzte ich sie rundheraus und nannte sie Mutti. Sie stritt unsere Blutsbande ab und behauptete, dass sie die Stationsschwester sei, auf den Namen Elena höre und aus Novi Sad stamme. Ich glaubte, sie überführen zu können und sagte mit triumphierendem Unterton, dass mein Vater als Stabsfeldwebel der deutschen Wehrmacht in Novi Sad in Gefangenschaft geraten sei und eine Affäre mit einer Serbin gehabt hätte, eine Begegnung, die nach seiner Aussage nicht ohne Folgen geblieben sei. »Er hat dich doch so geliebt«, beschwor ich sie, »und ich kann nicht verstehen, warum du die Frucht dieser Liebe verleugnest«. Da lachte die Jugoslawin ein sehr schönes perlweißes und langanhaltendes Lachen und sagte, dass ich nach der OP, bei der mir ein künstliches Schultergelenk eingesetzt worden sei, unter einem Durchgangssyndrom litte, das aber in der Regel binnen 48 Stunden abklingen würde. Sollte das wider Erwarten nicht der Fall sein, würde ich bis zur endgültigen Ausnüchterung in die Gerontopsychiatrie verlegt. Da ich mich in einem medizinisch beglaubigten Zustand des Wahnsinns befand, kam es nun auf eine Peinlichkeit mehr oder weniger auch nicht an und ich bat sie, einen Augenblick lang meinen Wirrkopf in den Schoß betten zu dürfen, dem ich entsprungen war. Sie ließ mich wissen, dass sie diesen Wunsch nicht erfüllen könne, weil sie mit einem traditionsbewussten Kosovo-Albaner verheiratet sei, der mich nach dieser Tröstung um eben den Kopf kürzer machen würde, den ich auf ihren Unterleib zu legen gedachte. Dann brachte sie durch Knopfdruck meinen Oberkörper in eine aufrechte Stellung, erklärte mir die Handhabung der mit Morphinderivaten gefüllten Schmerzpumpe, platzierte als Orientierungshilfe einen Tischkalender und das Röntgenbild der Prothese auf dem Beistelltisch und händigte mir einen Brief aus, den Ella ihr anvertraut hatte. Im Hinausgehen bezeichnete Mutter Elena meine vermeintliche Lebensgefährtin als äußerst attraktive Frau, die sich in rührend aufopferungsvoller Weise um mich und meine Heimkehr bemüht habe und deren liebevoller Beistand mich als glücklichen Mann erscheinen lasse. Den ersten Teil ihrer Ausführungen konnte ich getrost abnicken, der zweite rief ein spontanes und lang anhaltendes Sodbrennen hervor. In dem Schreiben skizzierte Ella den Ablauf der Ereignisse aus ihrer Sicht. Plisch und Plum von der vietnamesischen Geheimpolizei hätten mich aus dem Erdloch gehievt und mit einer Moped-Rikscha ins nahe gelegene General-Giap-Militärhospital gefahren. Parallel zu der dort vorgenommenen Notversorgung habe sie die Hotline der ADAC-Auslandsversicherung angerufen, bei der ich ein Rundum-sorglos-Paket gebucht hatte. Die Mitarbeiter hätten nach Übermittlung der Diagnose ihren Vertragspartner Etihad Airways kontaktiert und ich sei zwei Tage später mit einem Zwischenstopp in Abu Dhabi nach Frankfurt ausgeflogen und zur weiteren Behandlung ins berufsgenossenschaftliche Unfallkrankenhaus aufgenommen worden. »Ich betrachte«, fuhr sie fort, »meinen Einsatz um der alten Zeiten Willen als einen letzten Freundschaftsdienst und möchte dich bitten, von weiteren Nachstellungen abzusehen, weil ich guten Grund zu der Annahme habe, dass Du diesen Unfall absichtlich herbeigeführt hast, um mich mit dieser schmierenhaften Selbstinszenierung an dich zu binden. Aber ich habe das Leben in seiner ganzen Schönheit noch vor mir und will nicht als Betthupferl eines dauerlüsternen und freudlosen Nörglers enden, der die Welt mit Füßen tritt, weil er nichts mehr von ihr zu erwarten hat«.

Ich konnte von Glück reden, dass mich das Delirium in Kombination mit den Betäubungsmitteln in einen Zustand der siegfriedhaft-dumpfen Unverwundbarkeit versetzt hatte, denn mit Ellas Kündigungsschreiben sollte die Serie der unter die Haut gehenden Kränkungen noch nicht beendet sein. Nach der Lektüre der Scheidungspapiere stemmte ich mich aus dem Bett, klemmte mir das mit dem Wundsekret gefüllte Plastiksäckchen unter die heile Achselhöhle und tappte mit weichen Knien zur Erledigung meiner Notdurft in Richtung Behindertentoilette. Ein Raum, dessen Gestaltung man einem offensichtlich schwachsinnigen oder sadistisch veranlagten Innenarchitekten überlassen hatte. Neben dem Waschbecken ragte ein Spiegel auf, der in seinen Abmessungen jeder Ballettschule zur Ehre gereicht hätte, und was mich aus diesem überdimensionierten Gebrauchsgegenstand aus blutunterlaufenen Augen ganz unerbittlich anstarrte, war eine Karikatur meiner selbst. Das mit meiner Wiederherstellung betraute Personal hatte sich nicht entblödet, mir vor der Operation ein mit roten Blümchen bedrucktes, auf der Rückseite offenes Riesenlätzchen, das sogenannte Engelshemd, über die zertrümmerte Schulter zu werfen; meine durch die Bettlägerigkeit abgeschmolzenen Beine steckten in wichtelhaft wirkenden, kalkweißen Thrombosestrümpfen, eine zusammengewürfelte, zwischen Groteske und Grauen changierende Patiententracht, in der ich aussah wie die Trash-Version des hundertjährigen Darmol-Männchens auf dem Weg zum letzten Stuhlgang.

Mit Unterstützung der Schmerzpumpe und der Beigabe von 20 Milligramm Zoplicon trat ich die Flucht in Morpheus Arme an, landete jedoch auf dem von AC/DC so treffend beschriebenen Highway to Hell, wo mich der Terminator an der Raststätte Wetterau zu einem Softdrink einlud und mit vorgehaltener Pumpgun dazu aufforderte, mit ihm eine Selbsthilfegruppe für implantatgeschädigte Cyborgs der vom Aussterben bedrohten Baureihe 1947 zu gründen. Ich entkam dem abgeschlafften Bodybuilder über die Standspur und geriet an der Stadtgrenze von Eltville in eine Polizeikontrolle. Der Südstaatenbulle trug eine Sonnenbrille und war Rod Steiger in der Hitze der Nacht. Er nannte mich einen schmutzigen weißen Nigger, zog ein abgegriffenes Foto von Ella aus der Gesäßtasche und drohte, mich nach dem nächsten Schritt in die falsche Richtung plattzumachen und im Fluss zu versenken. Da das Wasser im Rhein goldener Wein war, schwamm ich freudetrunken gegen den Strom und stieg am Frankfurter Eisernen Steg aus dem Main, um mir eine haltgebende Arbeit zu suchen. Im Warteraum des Jobcenters wartete meine Oma auf mich und legte mir nahe, Beamter zu werden. Ich zog aus einer an der Wand befestigten Endlosrolle ein Ticket mit der Nummer 99 und aus dem Lautsprecher ertönte die jugendliche Stimme von Wencke Myhre: *Einsamer Boy, warum träum' ich immerzu, weil ich so einsam, einsam bin wie du!* Weil ich die Frage nicht beantworten konnte, fiel ich durchs Abitur und auf dem Display erschien eine rote Null. In meiner Not rannte ich gegen eine verschlossene Tür, die zerbrach und ein kleiner gelbhäutiger Vermittler beugte sich über den Schreibtisch und reichte mir seine Visitenkarte: Hier bedient sie Dr. Philipp Rösler. Er bat mich, angesichts seines Karriereknicks von Beileidsbekundungen abzusehen und bot mir eine Stelle als Waschbärenvergrämer im nordhessischen Werra-Meißner-Kreis an. Ich sagte, dass ich mich in seiner alten Heimat vor Kurzem als Hängebauchschweinvergrämer versucht habe, dabei aber nicht sehr erfolgreich gewesen sei. Aus seinen mandelförmigen Augen tropften zwei Heimwehtränen und er forderte mich auf, mir dieses berufliche Scheitern nicht zu Herzen zu nehmen; das Vergrämen von Wild- und Nutztieren sei nicht jedermanns Sache, aber er habe gerade ein Stellenangebot hereinbekommen, das mir wie auf den Leib geschnitten sei: der Rheingau-Taunus-Kreis sucht dringend einen Einsamkeitsbeauftragten. Es handelt sich um die Betreuung eines eng begrenzten und hochgefährdeten Personenkreises von circa 500 Witwern im Alter zwischen 60 und 80, die uns nach dem Tod ihrer Partnerinnen aus Lebensüberdruss wegsterben wie die Fliegen und dem Landrat eine schlechte Presse bescheren. Wenn Sie sich zutrauen, ihre Altersgenossen bis zur nächsten Kommunalwahl bei der Stange zu halten, sind Sie unser Mann. Ich sagte, dass sei genau die Tätigkeit, die mir vorgeschwebt habe, und bat um einen Vorschuss. Für das Geld erstand ich in der Kleinmarkthalle sechs Austern und eine Zitrone sowie in der Galeria Kaufhof einen Filzschreiber und drei Blöcke mit Haftnotizen der Firma Post-it. Auf den ersten wie auf alle anderen zweihundert Zettel schrieb ich in Großbuchstaben: NICHT MEHR AN ELLA DENKEN!, und befestigte ihn an der Balustrade meines Balkons, auf dem ich ihr am 10.1.2016 bei eisiger Kälte einen Kuss gegeben hatte, der sie zu meiner Verblüffung erröten ließ. Der zweite Zettel prangte an der Eingangstür zu den Mainzer Kammerspielen, wo sie es geschehen ließ, dass ich ihr bei einer Neuinszenierung von Faßbinders *Die bitte-*

ren *Tränen der Petra von Kant* meine zitternde Hand auf ihren schwarzbestrumpften Oberschenkel legte, den dritten nagelte ich an einen Heuschober im Werdenfelser Land, wo sie mir unterhalb der Zugspitze aus einer wolkenlosen Bläue mit ihrem purpurroten Gleitschirm entgegengeflogen war. Und als ich so mit wundem Herzen gleichzeitig um und gegen ihre Vergegenwärtigung kämpfte, hielt ich einen Augenblick lang inne und staunte, mit welch schwalbenhafter Leichtigkeit all die Orte und Ereignisse abzurufen waren, die mich mit der Frau verbanden, die mir mit ihrer Zuneigung nach der Vernichtung meiner großen Liebe den Weg aus der Unterwelt gebahnt und meine alles verdüsternden Trauerschübe ertragen hatte, drei Jahre lang. Im Schlaf versuchte ich unter Beschwörung aller guten Geister auf der Seite der Dankbarkeit anzudocken, aber das Esse Delendam der Verbitterung hatte mich in den Klauen, und ich zog das Programm des Vergessens durch, bis die farbenfrohe Landschaft eines vergangenen Glücks übersät war von den monochromen Haftnotizen mit der Aufschrift NICHT MEHR AN ELLA DENKEN! Erneut riss ich das Steuer herum, um dem Ende des Traums auszuweichen, aber ich landete in keinem Erdloch, sondern in den zupackenden Händen von Schwester Elena, die mich daran hinderte, kopfüber aus dem Bett zu fallen und im robusten Sound osteuropäischer Pflegekräfte ermahnte, in Zukunft nicht mehr wahllos irgendwelche Psychopharmaka in mich hineinzustopfen. Eine Gardinenpredigt für Old Nemo in Slumberland. Die Nacht war überstanden, ein Kapitel beendet.

IM KURSCHATTEN

Bad Homburg vor der Höhe wirbt für sich mit dem Motto »Champagnerluft und Tradition«. Die örtliche Spielbank behauptet, die Mutter des Casinos von Monte Carlo zu sein. Sollte das zutreffen, hat sie sich von der Geburt ihres prominenten Kindes bis heute nicht erholt: Auszehrung, Apathie, leere Ladenhöhlen, bröckelnde Fassaden und um 22 Uhr gehen die Lichter aus. Rede ich von mir oder von der Stadt, die mich auf Geheiß der Deutschen Rentenversicherung zum Zweck meiner Wiederherstellung in ihren Mauern beherbergt?

Ich verfehle den barrierefreien Eingang und hieve das Gepäck einarmig über die Treppe des Hauptportals zur Rezeption. Dort gebe ich meinen Arztbrief ab und erhalte einen Fragebogen, die Hausordnung, den Therapieplan und eine grasgrüne Jutetasche mit dem Aufdruck »Casa Reha GmbH. WIR MACHEN IHNEN BEINE!« Die überaus aufmerksame Empfangsdame registriert meinen erschrockenen Gesichtsausdruck und bittet mich, das nicht wörtlich zu nehmen oder gar als Drohung aufzufassen, und erläutert die Funktion des Behältnisses mit den launigen Worten Hape Kerkelings: »Wir haben hier jede Menge Rücken, Hüften, Knie und Schultern und wenn die Patienten shoppen gehen, hängen sie sich das Säckchen um den Hals und haben die Hände frei.« Das leuchtet ein.

Vor den Aufzügen stauen sich die sanitären Hilfsmittel. Rollatoren, Krücken, unterschiedlich dimensionierte Beinschienen und Rollstühle mit und ohne Elektroantrieb verstellen den Blick auf die Benutzer. Mit meiner unspektakulären Armschlinge bin ich ein Behinderter zweiter Klasse und stelle mich ganz hinten an. Das geht in Ordnung. Ich habe ja alle Zeit der Welt. Im siebten Stock wartet ein geräumiges und helles, mit dem mir bekannten Depri-Doppelbett ausgestattetes Zimmer auf mich. Das Bad riecht nach Sagrotan und das Klo nach Fichtennadeln. Auf den Kopfkissen mit Kniff liegen zwei Riegel Kinderschokolade von Ferrero. Die güldne Sonne voll Freud und Wonne scheint auf die braun verfärbten Kronen der Kastanien. Sind die Bäume von Miniermotten befallen oder naht der Herbst? Was weiß ich. Aus dem Anstaltsradio erklingt Ivo Robic: *Morgen, morgen lacht uns wieder das Glück, gestern, gestern liegt schon so weit zurück.* Alles Lüge. Ich pinne ein Foto von Ella und meinen Töchtern an die Wand über dem Nachttisch und gehe nach unten. In dem im urgemütlichen bayerischen Wirtshausstil eingerichteten Speisesaal wird mir der Tisch 20 Platz D zugewiesen. Auf Platz A sitzt Frau Müller aus Groß-Krotzenburg. Sie babbelt wie Mama Hesselbach und hat auch ihre Statur. Es freut sie, dass ich ihr meinen Schokopudding abtrete. Auf Platz B kauert Frau Peters aus Gründau-Lieblos. Sie wirkt verhuscht, stammt ursprünglich aus Magdeburg und ist traurig, weil ihr die Enkel fehlen. Ich biete ihr mein Handy zum Skypen an. Der Herr neben mir trägt einen in den Vereinsfarben von Rot-Weiß-Oberhausen gehaltenen Jogginganzug aus Ballonseide. Er behält seinen Namen für sich, weil er damit beschäftigt ist, das Besteck mit einem Desinfektionstuch abzureiben. Nachdem er die Prozedur hinter sich hat, fängt er wieder von vorn an. Nach meiner Empfehlung, das Essen nicht kalt werden zu lassen, blickt er kurz auf und macht dann weiter. Vor dem dritten Durchgang spiele ich mich zum Vormund auf und bitte eine Bedienstete des Hauses, seinen Teller noch einmal kurz in die Mikrowelle zu schieben.

Er lächelt mir dankbar zu und beginnt endlich seine Mahlzeit. Zusammen sind wir weniger allein und bilden eine verschworene, vom Schicksal aneinandergekettete Notgemeinschaft. Die Bad Homburger Stadtmusikanten. Vier Wochen lang.

Meine Hausärztin hat mir vor der Einweisung eine 50er-Packung Citalopram verschrieben. Das Medikament wirke gemütsaufhellend und sei auch gut gegen Liebeskummer. Der Stoff stimmt mich so milde, dass ich mir selbst fremd bin und den militanten Originalzustand zurückwünsche. Fakt ist, dass ich an nichts mehr Anstoß nehme und mich widerstandslos in die Rolle des mustergültigen Patienten füge. Die erste Anwendung führt mich in einen Raum, der wie ein Fitness-Studio aussieht. Mein Arm wird an einen chipgesteuerten Roboter angeschlossen, der die nagelneue Titanschulter 500 Mal in einen Winkel von 75 Grad aufbiegt. Neben dem Knirschen des Kunstgelenks höre ich über den iPod Leonard Cohens Ten New Songs: *You have loved enough*. Von wegen. Vor mir quält sich ein Hüftprothetiker meines Alters vom Rollstuhl auf den Parallelbarren. Die Anstrengung lässt seine Augen aus den Höhlen treten, die Fingerknöchel sind weiß verfärbt. »Wir schaffen das«, ermuntert ihn die Physiotherapeutin. Der große kanadische Melancholiker hat das ganze Theater seit dem 7.11.2016 hinter sich. Ruhe in Frieden. Bald spielen wir mit David Bowie und Tom Petty in einer Band.

Im Keller findet zu den Klängen von Johann Strauss' *An der schönen blauen Donau* die Aqua-Gymnastik statt. Ich schwebe Hand in Hand mit einer Leidensgenossin durchs Wasser, die eine mit Plastikblumen übersäte Kopfbedeckung trägt wie die Hollywoodnixe Esther Williams in dem Streifen *Badende Venus* von 1949. Ansonsten halten sich die Ähnlichkeiten in Grenzen, aber ich bin ja schließlich nicht zu meinem Vergnügen hier. Zum Aufwärmen begeben wir uns anschließend ins

Moorbad. In der braunen Pampe fällt mir zunächst der Kalauer vom letzten Fango in Paris ein, aber dann spüre ich ein umfassendes Wohlbehagen und falle in einen tiefen, traumlosen Schlaf, aus dem mich die Trillerpfeife des Unteroffiziers vom Dienst reißt: Und hurtig springen die Soldaten aus ihren Betten. Es ist aber nur der Bademeister, der das Ende des Power Nappings signalisiert. Nach dem Duschen findet der letzte Akt der täglichen Mobilmachung auf dem Ergometer statt, ein Gerät, das mich wegen seiner verwandtschaftlichen Nähe zum Fahrrad derart verkrampfen lässt, dass ich zunächst auf dem Sattel hocke wie der Affe auf dem Schleifstein. Der Fitnesstrainer hält meinen Diagnosebogen in der Hand und teilt mir die Vorgaben mit: 75 Umdrehungen p. M. / 135 Watt / 1000 Kj und 13 Kilometer in 30 Minuten. Wie zehntausende mehr oder weniger motivierte Menschen vor und nach mir, strample ich vor mich hin und schaue dabei aus der Dachetage über die sanft aufsteigenden Erhebungen des Taunus. Wenn ich mich von außen betrachte, bin ich ein Mensch, der auf der Stelle tritt, um gesund zu werden. Weil mich bei dieser Art von rasendem Stillstand der kalte Hauch der Derealisierung anweht, baue ich erneut auf die erlösende Kraft der Musik und lade mir bei Kilometer 12 die mächtige Soulstimme des Rag 'n' Bone Man auf die Ohren: *When my skin grows old, when my breath runs cold, I'll be thinking about You, about You.* Da ich aber neben der somatischen Verankerung eines Ersatzteils auch wegen der Nachjustierung meines Liebeslebens in dieser Klinik Trost und Heilung suche, stelle ich spätestens nach dem Refrain fest, dass der Song kontraindiziert ist: Weiche, Ella! Hebe dich hinweg für immer und ewig.

Dass es zum Abendessen Malventee und Grünkernbouletten mit Roter Bete gibt, stellt einen weiteren Angriff auf meine medikamentös gestützte Firewall dar und deshalb nehme ich dankbar Frau Peters Einladung an, sie zu einem unbeschwerten Abend mit fröhlichen Menschen in die Anstaltskapelle zu begleiten. Schon aus der Ferne dringt ein perlendes Gelächter aus dem Seitentrakt des Gebäudes, ein emotionales Ausdrucksverhalten, das sich unvermindert fortsetzt, nachdem wir im Stuhlkreis Platz genommen haben. Da mir der alles auslösende Witz oder sonstige Frohsinnsquellen durch die Verspätung verborgen bleiben, warte ich geduldig das Verebben des Heiterkeitsausbruchs ab. Eine Erwartung, die sich nicht erfüllt. Im weiteren Fortgang stelle ich fest, dass es sich um kein kollektives Phänomen handelt, sondern dass jeder Teilnehmer isoliert vor sich hin lacht und in einer Art von Vorstellungsrunde seine Varianten zum Besten gibt. Ich höre nacheinander ein gackerndes, ein prustendes, ein schallendes, ein wieherndes, ein hysterisches, ein brüllendes, ein gellendes, ein hämisches und ein gepresstes Lachen und zwei besonders motivierte Gruppenmitglieder halten sich dabei den Bauch und schlagen sich auf die Schenkel. Als ich an der Reihe bin und es bei mir nur für ein sehr zaghaftes Lächeln reicht, nimmt sich der am weißen Römerkragen erkennbare Klinikseelsorger des verwirrten Neuzugangs an und sorgt für Aufklärung. Weil es angesichts des anhaltend trostlosen Zustands der Menschheit, so der Geistliche, eigentlich nichts zu lachen gäbe, habe der indische Entspannungslehrer Madan Kataria 1995 die Methode des Hasya Yoga entwickelt, bei der in einer Kombination aus Klatsch-, Dehn-, und Atemübungen über die motorische Ebene das willentliche Lachen in ein freies Lachen transformiert würde: *Fake it, until you make it*. Die auf der Lehre des Meisters gründende Schule des grundlosen Lachens habe weltweit zwei Millionen in 60 000 Clubs, Senioreneinrichtungen, Kindergärten, Kliniken, Gefängnissen und Selbsthilfegruppen organisierte Anhänger, die am ersten

Sonntag im Mai den Weltlachtag feiern und, soweit es die jeweiligen Lebensumstände erlauben, täglich um 14 Uhr mitteleuropäischer Zeit für eine Minute ein globales Gelächter für den Weltfrieden in den Himmel schicken. Auf der von Schlaglöchern deformierten Autobahn meines Lebens kommt mir in diesem Augenblick ein nicht abreißender Strom kichernder Geisterfahrer entgegen. Obwohl mir klar ist, dass die anderen Verkehrsteilnehmer nicht nur falsch liegen, sondern einen nicht zu kittenden Sprung in der Schüssel haben, ändere ich die Fahrtrichtung und treibe im Strom der Massenbewegung flussabwärts. Mein Schmunzeln geht ins Glucksen über, das Glucksen in ein anhaltend dröhnendes Gelächter, das zwar so echt ist wie ein 500-Euroschein aus dem Copy-Shop, eine Darbietung, mit der ich die Lachkonkurrenz jedoch mühelos aus dem Feld schlage. Willkommen im Club, sagt der Pastor und auch Frau Peters zollt mir Anerkennung: »Sie haben Humor. Das hätte ich ihnen gar nicht zugetraut!« Ich mir auch nicht.

SENEX 24

Zwischen den Therapiesitzungen klaffen Riesenlücken, vor allem am Wochenende. Ich liege auf dem Bett, lutsche Kinderschokolade, kaue Studentenfutter und zappe mich durchs Abendprogramm. Im Ersten serviert das einzementiert lächelnde SBZ-Unterhaltungsungetüm Carmen Nebel einen aufgewärmten Kessel Buntes, bei ZDFinfo moderiert der feine Professor Knopp den dritten Teil von »Eva Braun – die Braut des Bösen«, ARD-Alpha zeigt den Zweiten Weltkrieg in Farbe und der Mitteldeutsche Rundfunk gedenkt der 1969 verunglückten Sängerin Alexandra: *Mein Freund der Baum ist tot, er fiel im frühen Morgenrot.* Saurer Regen, Waldsterben, Bombenstimmung. Ich schalte den Fernseher aus und versuche mich unter dem Eindruck der letzten Gesangsdarbietung an einer Aktualisierung des mir geläufigen deutschen Liedguts in Schönschrift:

Jimmy wollt ein Mädchen lieben
Doch ein jüngerer kam daher
Und als Trost sind ihm geblieben
Nur der Dackel und das Meer
Juanita hieß das Mädchen aus der großen weiten Welt
Und so nennt er seinen Dackel, den er an der Leine hält.

Mit 70 da verblassen die Träume,
mit 70 wächst keiner der Bäume
in den Himmel der Liebe

Doch wenn man jung ist und herrlich blöd ist
Wer denkt schon, ja, wer denkt schon daran?

Ich bitte Freddy Quinn und Peggy Marsh inständig um Vergebung und werfe die holprigen Nachdichtungen in den Papierkorb, aber die obsessive Beschäftigung mit meinem und unser aller Haltbarkeitsdatum ist derart bedrängend, dass ich mich mitten in der Nacht entschließe, die Sache mit der Endlichkeit noch einmal frontal anzugehen und einer abschließenden illusionslosen Klärung zuzuführen. Im Gegensatz zu dem auf Lug und Trug sowie dem schwankenden Wohlwollen der Frauen basierenden Angebot von FinalDate, macht das Internetportal Senex24 gegen eine einmalige Überweisung von 99 Euro nur Versprechen, die einlösbar erscheinen. Neben einem Vademecum zur Theorie und Praxis der Salutogenese für Hochbetagte, stellt der Anbieter einen Lebenszeitrechner zur Verfügung, mit dem die Ermittlung der individuellen Deadline ein Kinderspiel ist. Fünf Minuten nach Eingabe der Grundinformationen: Geburtsdatum, Familienstand, Wohnort, Jahreseinkommen, Körpergröße, Lebendgewicht, Erbkrankheiten und sexuelle Präferenzen, erscheint das Datum der Ausstellung meiner Sterbeurkunde auf dem Bildschirm: 17. 01. 2026. Wenn ich statt in Frankfurt am Starnberger See hausen würde, wäre ein halbes Jahr mehr drin gewesen, aber wegen der paar Monate mit dem Schicksal zu hadern, ist degoutant: Ich verfüge jetzt über eine absolute Planungssicherheit und in acht Jahren ist ja durchaus noch das eine oder andere Ding zu reißen. Auch ohne Psychopharmaka.

Draußen rauscht der Wind durch die Kastanien, ein Rettungswagen entfernt sich, ich atme durch und lese zum Einschlafen das letzte Kapitel von Monika Marons *Animal triste*, in dem die unter dem Postklimakterium leidende Ich-

Erzählerin ihren ins Ehegatter geflüchteten Geliebten kaltblütig unter den anfahrenden Bus schubst. Harter Stoff, der mir im Moment aber nichts anhaben kann. Alles nur Papier. Eine Stunde später ertönt das *Jingle bells* meiner Nachrichtenapp: Senex24 bietet ihrem Premiumkunden nach Anklicken des Links eine Feinanalyse seiner Lebenszeiterwartung an. Schlaftrunken wie ich bin, beschimpfe ich das Tablet auf beschämend kindische Weise, aber da ich gegenüber dem Medium eine unleugbare Hörigkeit entwickelt habe, wanke ich ins Bad, rühre mir mit lauwarmem Leitungswasser einen Fertig-Cappuccino an und mache mich vor Tau und Tag an die Arbeit. Ich werde gefragt, ob ich mich vorwiegend von Fisch oder Fleisch, Reis oder Kartoffeln ernähre, regelmäßig Obst und Gemüse zu mir nehme, beim Kochen Olivenöl oder tierische Fette verwende, im Umgang mit dem Salzstreuer zur Überdosierung neige, intro- oder extrovertiert bin, Gefallen an der Betreuung meiner Kinder / Enkelkinder finde, an Gott glaube, meine Freizeit lieber im Wald oder vor dem Fernseher verbringe, ferner, seit wie viel Jahren ich alleinstehend bin und wie hoch mein gesamter Alkohol- und Tabakkonsum ist und wann er einsetzte. Unter der Flut der Fragen empfinde ich die letzte als besonders impertinent, aber da sie nicht auf die Ermittlung meiner Kreditwürdigkeit, sondern auf die meiner Verweildauer auf Erden zielt, ziere ich mich nicht länger und stelle mich meiner Suchtstruktur. Seit meinem 16. Lebensjahr habe ich den Rauch von 321 000 Zigaretten und Pfeifen inhaliert und dazu bis heute 22 500 Liter Wein und Bier getrunken. Das ist eine erschreckende Bilanz, und ich hoffe, dass ich diese Unzahl autodestruktiver Akte durch den Hinweis auf den Verzehr von zehn Zentner Tafeläpfel und 980 Knollen Knoblauch wettmachen kann. Mittlerweile ist es 4 Uhr und der größte Brocken liegt noch vor mir: *Bitte geben Sie die Anzahl der se-*

xuellen Kontakte/Liebesbeziehungen an, die Sie nachträglich als seelisch belastend erlebt haben. Ich bin schon so aus den Fugen, dass ich die Unverschämtheit der Frage übergehe und mich zum Preis von 2,50 Euro pro Minute mit dem Call Center von Senex24 in Verbindung setze. Da ich durch die Koffeinzufuhr ziemlich erregt bin, belfere ich ins Telefon »Was soll der Scheiß mit dem Slash und was heißt denn hier belastend?« Ich kann froh sein, dass ich an eine Mitarbeiterin gerate, die meiner Entgleisung mit der Sanftmut einer katholischen Telefonseelsorgerin begegnet: »Schauen Sie,« sagt sie, »bei der Erstellung der Prognose unterscheiden wir im Bereich der psychosexuellen Lifestyle-Gestaltung zwischen lässlichen und neurotischen Formen des Geschlechtsverkehrs. Der affektneutrale One Night Stand zum Beispiel, inklusive der aus der Pornoindustrie bekannten Kurzvarianten des Licking-, Blow- und Handjobs, dient der unterkomplexen Triebabfuhr der Beteiligten und wirkt rundum entspannend und damit lebensverlängernd, während das Romeo-und-Julia-Syndrom, ein von Leidenschaften, Familienfehden, Gewissenskonflikten, Schwüren und Schuldvorwürfen geprägter Paarungsmodus, nach den Ergebnissen der uns vorliegenden Langzeitstudien zu Koronarinsuffizienzen, Arteriosklerosen, psychotischen Episoden und reaktiven Depressionen führt und sich je nach Interaktionsdichte pro Liebesfall mit Abzügen von sechs Monaten bis zu einem Jahr in der Endabrechnung niederschlägt.« Der staubtrockene Vortrag von Miss Lonelyhearts enthält nicht weniger als eine kleine Theorie der Unberührbarkeit: Wenn man das Leben im Schongang durchläuft und einen beim Lieben überhaupt nichts mehr kratzt, kommt man locker auf 100plus und landet mit Leni Riefenstahl und Ernst Jünger in der Siegfried-Abteilung der Walhalla. Ich bedanke mich bei der wissenschaftlichen Hilfskraft für ihre Geduld und teile ihr mit, dass ich leider Gottes nur Overdrive und großes Theater kann und nach eingehender Introspektion gestehen muss, dass selbst bei flüchtigen Begegnungen mein Genitalapparat in der Vergangenheit immer nur unter Beteiligung meines wild schlagenden Herzens funktionierte. »Sie sind ein ebenso interessanter wie hoffnungsloser Fall«, seufzt sie, und gibt mir eine Mahnung mit auf den Weg: »Vereinfachen Sie Ihr Leben, wenn Sie an ihm hängen.« Was zu klären wäre. Jedenfalls bin ich mit dem 120 Items umfassenden Erhebungsbogen durch, speichere die Daten in der Cloud und klicke auf *Senden*. Mit der Auswertung ist gegen 18 Uhr zu rechnen.

MILCH UND HONIG

Nach meinem nächtlichen Alleinflug genieße ich zunächst die Landung im Frühstücksraum. Der rot-weiße Fußballfan aus dem Ruhrgebiet befreit den Tisch mit einem Haushaltsschwamm von imaginären Staubpartikeln und Speiseresten, Frau Peters beschwert sich über die tückische Schwiegertochter, die ihr den telefonischen Zugang zu den Enkeln verwehrt und Frau Müller befürchtet, dass ihr Mann in Groß-Krotzenburg den Hungertod erleiden könnte. Da ich von einem vorausgegangenen Tischgespräch weiß, dass sie ihrem Gatten vor der Abreise in die Kur 28 vorfabrizierte Mahlzeiten in die Tiefkühltruhe gelegt hat, bringe ich meine Verwunderung über die Schreckensmeldung zum Ausdruck. »Dass ich weg bin«, erläutert Frau Müller, »hat meinen Mann so traurig gemacht, dass er nach der Arbeit immer zwei Portionen essen musste, und nun sitzt er seit einer Woche bei uns in der Küche vor dem leeren Teller und ist beleidigt.« In Unkenntnis der auf dem Lande herrschenden Abhängigkeitsverhältnisse drängt sich mir die Frage auf, warum er sich nicht einfach mal ein paar Eier in die Pfanne haut oder zum Essen in die Kneipe geht. Da lacht Frau Müller kurz und bitter auf: »Wo denken Sie denn hin? Das eine kann er nicht, das andere schmeckt ihm nicht.« Wo Männer noch Männer sind. In Groß-Krotzenburg und um Groß-Krotzenburg herum. Mit der Thematisierung einer Liebe, die im Endstadium nur noch durch die Innereien des Paares geht, streife ich vermintes Gelände. Zwei Tage zuvor hatte ich Frau Müllers Klage über die nach drei Transplantationen anhaltenden Hüft- und Knieschmerzen mit einem äußerst diskret formulierten Hinweis auf ihre unkontrollierte Nahrungszufuhr und die damit möglicherweise zusammenhängenden Gewichts- und Gelenkprobleme unterbrochen. Frau Müller hatte daraufhin vor Wut mit dem prothesenfreien Fuß auf den Boden gestampft, damit gedroht, mich bei der Stationsärztin wegen übler Nachrede anzuschwärzen, und anschließend unter Tränen beteuert, dass sie schon als junges Mädchen unter ihren schweren Knochen gelitten habe. Ich hatte mich beeilt, meinen gesunden Arm beschwichtigend um ihre schweren Schulterknochen zu legen und Abbitte für meinen Missionierungsversuch zu leisten. Ich weiß nicht mehr, warum ich in die für die Unterhaltung der Tischgemeinschaft zuständige Rolle des Maître de Plaisir geraten bin, danken tut es mir jedenfalls keiner. Der Zwängler fühlt sich in seinem Abwehrkampf gegen Mikroben und Bazillen alleingelassen, Frau Peters findet, dass ich mich nur halbherzig dem über ihre Schwiegertochter verhängten Schuldspruch anschließe und Frau Müller ist angefressen, weil ich ihre Dreifachbelastung als Köchin, Ehefrau und Schmerzpatientin nicht zu würdigen weiß. Was meine Tischgenossen mit der gesamten Belegschaft des Speisesaals verbindet, ist eine von Stöhnen und Ächzen begleitete, vom ersten Hahnenschrei bis zum Zapfenstreich anhaltende Dauerklage: die Pfleger sind ruppig, das Essen ist fad, der Himmel ist bewölkt und die böse, von schlechten Menschen bevölkerte Welt bleibt jedem etwas schuldig. Die Solidargemeinschaft investiert in jede neue Hüfte 13 000, ins Kunstknie 12 000 und die Schulter 9000 Euro. Mit dem Erlös für die allein in diesem Raum angehäuften Hightech-Produkte ließe sich die halbe Sahel-Zone mit Milch und Honig fluten. Als ich mich noch vor dem ersten Gang von meinen

Mitessern verabschiede, rede ich mich mit einer Sozialphobie heraus: Händezittern, Harndrang und Übelkeit. Das kommt ja der Wahrheit ziemlich nahe.

Ich verlasse die Klinik und breche zu meiner streng ritualisierten Tageswanderung auf. Sie führt mich regelmäßig durch die Altstadt über das Gotische Haus und die Saalburg, den Nachbau einer römischen Grenzbefestigung, die ich in nordöstlicher Richtung verlasse, um dann in einem weiten Bogen durch den Mischwald der Taunusausläufer wieder in die Fußgängerzone des Luftkurortes einzubiegen. Dort erstehe ich zum Sonderpreis von 1,30 Euro in der von Facebook mit vier von fünf möglichen Punkten bewerteten Metzgerei Enk ein Schweinemettbrötchen mit Zwiebeln und lasse mich exakt 150 Minuten nach dem Aufbruch in den Louisen Arkaden nieder, wo ich *Chez Ernesto* einen Espresso macchiato zu mir nehme, den ich mit drei Kügelchen Natriumcyclamat süße. Nun ist es neben der unguten Kombination von deutschen Schweinemettbrötchen und italienischem Kaffee sowie der bedenklichen Zufuhr eines Zuckerersatzstoffes auch die detailfreudige Beschreibung dieser sensationellen Begebenheiten selbst, die den mitfühlenden Leser möglicherweise um den Gesundheitszustand des Verfassers bangen lässt. Aber da wir uns nicht in Las Vegas, sondern in Bad Homburg befinden, muss die von mir nicht zu verantwortende gähnende Langeweile von beiden Seiten ertragen und durchlitten, verschriftlicht und gelesen werden, oder, um es mit den Paragraphen eins und zwei des rheinischen Grundgesetzes auszudrücken: *Et es, wie et es, et kütt, wie et kütt.*

Nein, es könnte mir schlechter gehen. Ich genieße das bittersüße Heißgetränk und entschädige mich für die hinter mir liegenden körperlichen Anstrengungen mit der Sichtung und Zählung der im Käuferstrom vorbeitreibenden schönen

Frauen: Gang, Figur, Gesichtsausdruck und Grad der ausgestrahlten Lebendigkeit. An guten Tagen komme ich bei meiner Recherche auf 8 von 100, heute sind es nur 2, die ins Beuteschema des zahnlosen Tigers passen. Seit ich bei FinalDate abgemustert habe und mich als Patient im Zustand der alles einebnenden Geschlechtsneutralität befinde, ist das ein für alle Beteiligten harmloses Vergnügen. Für die Frauen, die mir gebenedeit scheinen unter den Weibern, bin ich als verwitterter Nobody mit weithin leuchtendem Jutesäckchen und Gelenkstütze überhaupt nicht mehr existent, umgekehrt kann ich bei ihrer Betrachtung die Sonnenbrille absetzen, weil aus meinen geläuterten Blicken kein brennendes Verlangen mehr spricht, sondern das, was Immanuel Kant und Friedrich Schiller in ihrem ästhetischen Lehrgebäude als »interesseloses Wohlgefallen« bezeichnen, eine Haltung, die das Schöne um seiner selbst willen preist und nicht darauf schielt, welcher Nutzen oder gar libidinöser Mehrwert daraus zu ziehen ist. Den beiden Großaufklärern glaube ich das, den in ihnen steckenden Geschlechtsgenossen eher nicht. Das Besondere der Fußgängerzone von Bad Homburg besteht nach meiner unmaßgeblichen Meinung darin, dass in ihr eine Erscheinungsform des Weiblichen gedeiht, die in den anderen mir bekannten Fußgängerzonen seltener anzutreffen ist und die ich auch nach reiflicher Abwägung weder im Töpfchen noch im Kröpfchen unterbringen kann. Innerhalb einer Dreiviertelstunde passieren zehn identische Frauengestalten den von mir gezimmerten fiktiven Catwalk. Frauen, bei denen es sich, wenn ich es nicht besser wüsste, um geklonte Wesen handelt. Ihre Gesichtszüge wirken wie stillgelegt, ihr Alter ist unbestimmbar. Sie sind überdurchschnittlich groß und untergewichtig mit einer erkennbaren Tendenz zur Magersucht. Das aschblonde Haar ist zu einem von einer schwarzen Schleife gezierten Mozartzopf gebunden, die heikle Halspartie wird von Zuchtperlenketten und Gucci-Tüchern abgedeckt. Sie tragen rostbraune Burberryjacken mit Waffelmuster zu sandfarbenen Reithosen und bewegen sich auf handvernähten Jodhpur-Stiefeletten durch die Arkaden. Was aber ist das Geheimnis der in Bad Homburg vor der Höhe konzentriert auftretenden Zopfträgerinnen? Handelt es sich um die suburbanen Gattinnen hart arbeitender Citybanker und Broker? Durch Dauershoppen, Dressurreiten und Teerosenzucht im seelischen Gleichgewicht gehaltene Demanzipierte, die als Schmuckstücke ihrer Männer durch die Furcht in Schach gehalten werden, gegen jüngere Preziosen ausgetauscht zu werden, sobald das Make-up verrutscht und das Bindegewebe erschlafft? Wüste Spekulationen eines depravierten Kassenpatienten, der sich zum Modeexperten aufspielt und seine Hemden bei Lidl und seine Unterhosen bei Tchibo kauft.

Das Brötchen ist gegessen, der Kaffee ist kalt, die Schatten werden länger. Ich schlendere über die Ludwigstraße vorbei an der Casa Reha in den Kurpark, um mich im Schutz des nahezu menschenleeren Musikpavillons mit den demnächst eintreffenden Nachrichten von Senex24 vertraut zu machen. In Begleitung von Frau Peters habe ich mir in diesem jeder Leichtigkeit entbehrenden spätwilhelminischen Bauwerk im Verlauf des letzten Wochenendes an drei aufeinanderfolgenden Abenden den Zigeunerbaron von Johann Strauss, Die Lustige Witwe von Franz Lehár und Das Weiße Rössl am Wolfgangsee von Ralph Benatzky angetan. »Es muss was Wunderbares sein, von dir geliebt zu werden.« An dieser Stelle durfte ich Frau Peters mit einem Taschentuch aushelfen, eine chevalereske Geste, die mich davor bewahrte, in dieser rückwärts laufenden, mit Zuckerrübensirup in Gang gehaltenen Zeitmaschine meinen Geist aufzugeben. Die Reminiszenz ist nichts gegen das, was mir nach dem Entern der Internetplattform blüht. »Hallo Herr F., nach sorgfältiger Analyse der von Ihnen zur Verfügung gestellten Daten: Vorerkrankungen, Allergien, genetische Belastungen, Beruf, Medikamentenzufuhr, Sexualpraktiken, Reisetätigkeit, Nikotin-, Drogen-, Alkoholabusus und unspezifische Körpersensationen, möchten wir ihnen mitteilen, dass wir als definitives Datum ihres Ablebens den 17. 11. 2017 errechnet haben. Durch den menschlichen Faktor bedingte Abweichungen von plus/minus einem Tag sind möglich. Sollten Sie mit den von uns erbrachten Leistungen zufrieden sein, bitten wir um eine entsprechende Bewertung. Bei einer Weiterempfehlung an Freunde, Verwandte und Hinterbliebene, erhalten diese eine Gutschrift von 5 Euro p. P. und Fall. Der Zugangscode lautet: 123eternity.

FEGEFEUER IN HOMBURG

Wer bin ich? Wo bin ich? Was soll ich tun? Wer kann mir helfen? Wem soll ich glauben? Die Gesamtheit der Big Five des Existenzialismus ist mir in dieser äußerst konfusen Lage ein paar Nummern zu groß und deshalb specke ich kognitiv ab und nähere mich der letzten Frage im pragmatischen Ausschlussverfahren. Wegen meines aufreibenden Liebeslebens respektive Lebenswandels sind keine Zweifel daran erlaubt, dass meine Zeit bereits vor drei Monaten an dem von Senex24 prognostizierten Datum abgelaufen ist. Am 17.11.2017 um 9 Uhr 30 FET (Far East Time) bin ich zehn Kilometer nordwestlich von Hanoi wegen meines Kummers um Ella auf einem Fahrrad in die Grube gefahren und habe mir dabei das Genick gebrochen. Das Staunen will kein Ende nehmen, und ich sitze mit weichen Knien auf meinem Klappstuhl vor der Kurmuschel und fühle mich auf Anhieb von Wellen kosmischer Erleuchtung durchdrungen: Wer hätte das gedacht? *Oh Lord, sweet Lord*, wenn mir auch das Leben *vor* dem Tod unter dem Eindruck meines chronischen Liebesleids kaum mehr nennenswert erschien, so gibt es doch eines danach, und ich könnte dieses zweite Leben lobpreisen und aus übervollem Herzen Zeugnis ablegen von der unermesslichen Güte des Allmächtigen, wenn es denn jemand hören wollte. Was mich allerdings stutzig macht, ist die Tatsache, dass der mir zugängliche Ausschnitt des Jenseits überhaupt keine Ähnlichkeit mit den Vorlagen aufweist, die mir seit meiner katholischen Kindheit lieb, teuer und heilig sind. Soweit das Auge reicht: keine strohfressenden Löwen, keine neben den Lämmern weidenden Wölfe, die Harfe schlagenden Engel sind nicht in Sicht, das vom Kurorchester begleitete Gesülze des Roy-Black-Imitators ist kaum mit den glockenhellen Stimmen der himmlischen Heerscharen zu verwechseln, das Versprechen der postmortalen Wiedervereinigung mit meinen Lieben bleibt uneingelöst, das Metallimplantat scheuert immer noch und die Behauptung, dass der in der Klinik gereichte vegane Brotaufstrich entfernt nach Manna schmeckt, grenzt an Gotteslästerung.

Wenn ich das irdische Jammertal also unumkehrbar verlassen habe, aber alles dagegen spricht, dass ich mich im Himmel befinde und der Aufenthalt in der Hölle wegen der niedrigen Temperaturen nicht in Betracht kommt, lässt das nur einen Schluss zu: Ich befinde mich im Fegefeuer. Seit ich das Zimmer in der Klinik bezogen habe und meinen Blick über die Skyline schweifen ließ, entspricht das exakt meinem Bild von Bad Homburg vor der Höhe: ein Abklingbecken für frisch Verstorbene. Das Purgatorium ist eine von Papst Gregor im 6. Jahrhundert in das Glaubensgefüge eingezogene Zwischenetage, in der die im Stand der Gnade Hingeschiedenen ihre Sünden bereuen dürfen und nach Verbüßung ihrer Strafe in Richtung ewiger Seligkeit entlassen werden. Im Rahmen des Memorialwesens können die Gebete der Lebenden dazu beitragen, die Verweildauer zu verkürzen. In Glaubensfragen habe ich meinen Töchtern leider eine eher laxe Erziehung angedeihen lassen. Gewiss trauern sie um mich, aber beten? Kaum. Dabei wollte ich in drei Tagen hier raus. Nun könnten es locker dreißig Wochen werden oder dreitausend Jahre. Da der Verlust des Zeitgefühls zu den schönsten Privilegien der Toten gehört, muss ich daran nun wirklich keinen Gedanken mehr verschwenden.

Alle sind zu Tisch, der Park ist nahezu verwaist. Zwanzig Stuhlreihen vor mir, in unmittelbarer Nähe zum Orchesterboden, erblicke ich eine andere arme Seele. Sie trägt einen weich fallenden Cape-Mantel mit Kapuze, und weil er zimtfarben ist, schließe ich aus, dass es sich um einen Mann handelt. Der Dauerdialog mit mir selbst hat mich ausgelaugt und ich würde mich gern der Nähe eines Mitmenschen versichern. Vor meinem Wechsel in den gegenwärtigen Aggregatzustand habe ich es niemals gewagt, in der Öffentlichkeit eine mir unbekannte Frau anzusprechen, aber in dieser blitzsauberen Quarantänestation für himmelwärts strebende Transitreisende, kann man sich nicht danebenbenehmen, selbst, wenn man es wollte. Eigentlich schade. Auf ihrem Schoß liegt aufgeschlagen Stefan Zweigs *24 Stunden aus dem Leben einer Frau*. Wo man liest, da lass dich ruhig nieder. Die Novelle handelt vom Schicksal einer Ehefrau und Mutter, die mit einem jüngeren Mann durchbrennt. Die Leserin wendet sich mir zu, streift ihre Kapuze ab, und da sie und ich nur noch bedingt von dieser Welt sind, wundert mich überhaupt nichts mehr. Ihr kurzes, helmartig geschnittenes kupferfarbenes Haar, der konzentrierte Blick aus wachen Augen und ihre strengen, ebenmäßigen Züge verleihen ihr etwas Preußisches, das ihr vor zehn Jahren in einer schwachen Stunde in gleicher Weise abhanden gekommen ist wie der Mutter und Ehefrau aus der Fabel: durchgebrannt und böse erwacht. Das Gute an dem Aufenthalt auf dem Zwischendeck besteht darin, dass die Passagiere keine Geheimnisse voreinander haben und alles über den anderen wissen, ohne ihm daraus einen Strick drehen zu können oder zu wollen. »Sie haben ja auch einiges auf dem Kerbholz«, sagt die Frau im Cape, und da kann ich ihr nur recht geben. In ihrer Prozessakte ist für jetzt und alle Ewigkeit der Verstoß gegen das 6. Gebot vermerkt, bei mir kommt noch das 2., das 3. und das 9. dazu. Als ich ihr ausmale, dass Sie in der VIP-Lounge irgendwo hinter Alpha Centauri die Füße hochlegt und frisch destillierter Morgentau ihre Lippen netzt, während ich angesichts meines Strafregisters noch Lichtjahre lang auf dem Ergometer der Casa Reha auf Bewährung vor mich hin radele, erhellt ein bezauberndes Lächeln ihre Züge. Dann unterhalten wir uns noch eine Weile über den österreichischen Grandseigneur Stefan Zweig und seine Verkörperung durch den hinreißenden Josef Hader in dem Film *Vor der Morgenröte*. Die untergehende Sonne mahnt zum Aufbruch, und sie stellt mir zum Abschied eine komplizierte Frage: »Nehmen wir mal an, dass wir nicht da wären, wo wir leider Gottes sind, würden Sie dann versuchen, mich anzumachen?« Die Wortwahl aus dem Mund einer Dame macht mich ein wenig verlegen, und ich winde mich mit einer Gegenfrage heraus: »Verehrte gnädige Frau! Sie sind nach der Einschätzung von Wirtschaftsanalysten 21,7 Milliarden Dollar schwer, und ich gehe stramm auf die 100 zu und esse in der Metzgerei ihrer Heimatstadt täglich ein Schweinemettbrötchen mit Zwiebeln zum Preis von 1,30 Euro. Beantwortet das Ihre Frage?« Das mit der gnädigen Frau habe ich ernst gemeint – sie ist eine und wenn mir die Regeln der Hautevolee geläufig wären, würde ich mich zum Abschied an einem Handkuss versuchen. Wir trennen uns in heiterer Stimmung, und ich rufe ihr hinterher: »Wenn Ihnen und Ihrem Mann beziehungstechnisch mal wieder der Kittel brennen sollte, greife ich Ihnen als pensionierter Paartherapeut gern unter die Arme!« Anschließend schüttele ich den Kopf über mich selbst: Woher sollte eine Frau, die mutmaßlich noch nie eine Küche von innen gesehen hat, wissen, was ein Kittel ist? Wenn ich nicht da wäre, wo ich nach Gottes Fügung gelandet bin, würde ich meine Memoiren schreiben und ein Kapitel trüge eine ebenso denkwürdige wie reißerische Überschrift: »Wie ich einmal im Kurpark von Bad Homburg als alter Mann um ein Haar der reichsten Frau Deutschlands den Hof gemacht hätte.« Von dieser Begebenheit würden noch meine Kinder und Kindeskinder zehren. Nach meiner Rückkehr in die Gesundheitskaserne verweile ich noch ein bisschen in den höheren Gefilden und lausche den Goldberg-Variationen in der Einspielung von Glenn Gould. Mehr Niveau! Vor dem Einschlafen esse ich noch zwei Äpfel, die den Doktor fernhalten sollen – ein sinnloser Akt der Nachträglichkeit, aber schaden tut's auch nicht.

PLÖTZLICH BERÜHMT

Am nächsten Morgen gegen halb sechs stürmt Schwester Anastazija ins Zimmer und zieht eine mobile Stroke Unit mit Defibrillator hinter sich her. Ich kenne und schätze sie als in sich ruhenden Gemütsmenschen, aber jetzt ist sie wütend, weil ich vergessen habe, mich vom Abendessen abzumelden und damit das Alarmsystem der Klinik ausgelöst habe: »Sie könnten jetzt hier irgendwo mausetot in der Ecke liegen, und wir hätten eine Leiche und dazu noch die Schnüffler vom Medizinischen Dienst am Hals.« Dass ich ihr versichere, seit drei Monaten amtlich beglaubigt quasi unsterblich zu sein, kommt genauso schlecht an wie der Versuch, sie mit einer Familienpackung Mon Chéri zu besänftigen. Sie ignoriert das Billigkonfekt und zieht erbost ab. Seit dem Vorfall in Böhmen-Mähren behalte ich solche Äußerungen natürlich für mich. Weil ich nun schon mal wach bin, ziehe ich meine Bermudashorts und den Anorak an und laufe bei strömendem Regen über die Kaiser-Friedrich-Promenade in Richtung Therme, um mich dort dem methodischen Wassertreten nach Pfarrer Sebastian Kneipp zu unterziehen. Ich halte mich an dem rostigen Handlauf fest und durchquere das Becken zehn Mal in beiden Richtungen im Storchengang, eine medizinisch induzierte Fortbewegungsart, bei der das Laufwerk bei jedem Schritt komplett aus dem Wasser gehoben werden muss. Ich bin froh, dass der Rest der Bevölkerung noch schläft, vor allem die Milliardärin. Das Ganze soll gut gegen Krampfadern und kribbelnde Beine sein und das Immunsystem stärken. Danach wälze ich mich eine halbe Stunde im heißen Schlamm und ziehe in der Klinikkapelle unter geistlicher Aufsicht das obligatorische Lachprogramm durch. Im Theaterraum des Kurhauses, in dem sich bekannte Mimen wie Ben Becker und Sophie von Kessel mit Lesungen zum Schwerpunktthema »Wahnsinn und Wellness« ein Zubrot verdienen, gibt es, weil heute Sonntag ist, eine Film-Matinee. Der Streifen heißt *Born to be blue*, passt befindlichkeitstechnisch wie der Arsch auf den Eimer, und Ethan Hawke spielt den drogensüchtigen Jazztrompeter Chet Baker. Nach einer Szene, in der dem Musiker von Dealern die Schneidezähne ausgeschlagen werden und er versucht, dem Instrument mit blutverschmierten Lippen einen Ton zu entlocken, verlasse ich mit den vier anderen Besuchern die Spielstätte und gehe wie gewohnt für 150 Minuten zum Ausdünsten durch den Wald.

Am siebenten Tage ruht der Metzger bei der Metzgerin und als ich ersatzweise in die renommierte Konditorei Weege ausweiche, werde ich von dem Ehepaar Müller aus Großkrotzenburg mit Hallo begrüßt. Wie schon der Name sagt, wird der Freundschaftsbecher normalerweise mit zwei Löffeln serviert, aber weil es Frau und Herrn Müller im Rahmen ihrer Wochenendzusammenführung so gut miteinander geht, kommt in ihrem Fall auf jeden Löffel ein bis zum Rand gefüllter Eisbehälter. Die beiden haben sich und eine leckere Süßspeise, und ich habe weder das eine noch das andere und könnte mich als Untoter bis zum Ausbruch der Apokalypse in der Kurstadt als Robespierre der Ernährungsrevolution verdingen: Kalorienreduktion oder Kopf ab. Der Kaffee ist so bitter und schwarz wie meine Laune und auf dem Rückweg kommen mir erste Zweifel am Ergebnis des Senex24-Gutachtens. Wäre ich wirklich im Stand der heiligmachenden Gnade gestorben, müsste ich im Hinblick auf meine Zeit- und Leidensgenossen hosiannahafte Milde walten lassen. Nein, ich bin wohl immer noch der Alte.

Im Eingangsbereich der Klinik wartet der leitende Redakteur der *Frankfurter Allgemeinen Sonntagszeitung* auf mich. Der hat mir gerade noch gefehlt. Breitbeinig auf den Sessel gefläzt, ruft er mir entgegen: »Mein lieber Mann, Sie sehen ja beschissen aus!« Weil ich als für seine Zeitung tätiger Lohnschreiber von ihm abhängig bin, beschränke ich mich auf eine Gegenfrage: »Und um mir dieses Kompliment zu überbringen, haben Sie sich an einem Feiertag aus Ihrem schweinsledernen Chefsessel hochgestemmt? Vor drei Monaten habe ich Ihnen vier Episoden aus meinem Liebesleben anvertraut und weil ich danach nie mehr was von Ihnen hörte, sehe ich jetzt genauso aus, wie es mir geht: äußerst bescheiden.« Er nennt meine Reaktion mimosenhaft, ermahnt mich, mir nicht ins Hemd zu machen und zieht mit einem triumphierenden Grinsen einen Stapel Zettel aus der Tasche: »Das sind alles E-Mails begeisterter Leserinnen, Sie verstockter Idiot! Unser Posteingang quillt über, in der Redaktion nennt man Sie bereits den Mario Barth für Frauen mit Hochschulabschluss – und Sie verkriechen sich hier in diesem Endlager für Prothesenträger und heulen irgendeiner hausbackenen Sozialarbeiterin aus der Eifel hinterher. 15 Minutes of Fame, wie der Amerikaner sagt. Nutzen Sie Ihre Glückssträhne, jedes Los ein Treffer, Sie haben die freie Wahl – und krönen Sie die Geschichte gefälligst mit einem Happy End. In vier Wochen will ich die Story im Blatt haben.« Ich schätze meinen Gesprächspartner als einen wohlabwägenden, zu einer gewissen emotionalen Schwererdigkeit tendierenden Nordfriesen und habe ihn noch nie so unter Strom stehend erlebt. »Ich will Sie ja nicht enttäuschen, lieber Herr Z.«, hebe ich vorsichtig an, »Ihr Angebot ehrt mich, aber ich möchte die Zuneigung einer Frau nicht meiner vorübergehenden Prominenz verdanken müssen; mir liegt trotz der Fruchtlosigkeit meiner Bemühungen nach wie vor sehr daran, um meiner selbst willen gesehen und womöglich auch geliebt zu werden.« Mein publizistischer Mentor starrt mich entgeistert an und fragt: »Geht's noch? Aus welcher Folge von Jurassic-World sind Sie denn entwichen? Schauen Sie sich doch mal an. Jedes Kind hat das Recht grundlos geliebt zu werden, aber ein freigesetzter Siebzigjähriger? Wer oder was sind Donald Trump ohne seinen Tower, Gerhard Schröder ohne Gazprom, Rudolf Scharping ohne Luftwaffe, Sky du Mont ohne Weinbrandpralinen, Richard Lugner ohne Mörtel und wer wollte den alten Kaiser küssen und kosen, wenn ihm Zepter und Krone abhandenkommen? Ihnen fehlen diese Insignien, und deshalb können Sie nur mit einem Pfund wuchern, und das ist Ihre Feder. Richten Sie sie entschlossen auf das Herz einer gebildeten Frau, und wenn Sie den richtigen Ton treffen, wird sie Ihnen bis ans Ende der Welt folgen.« Am Ende der Welt war ich schon, mir würde Frankfurt reichen. Ich maule noch ein bisschen herum, aber dann lasse ich mich dazu breitschlagen, die Leserbriefe zu sichten. Morgen werde ich mich auf eigene Verantwortung aus der Reha-Klinik und dem Seniorenreservat Bad Homburg entlassen.

HELDENDÄMMERUNG

I, I wish you could swim
Like the dolphins
Like dolphins can swim

Though nothing, nothing will keep us together
We can beat them, forever and ever
Oh, we can be heros just for one day

I, I will be King
And you, you will be Queen
Though nothing will drive them away
We can be heros just for one day
We can be us just for one day.

Als vorläufiges Mitglied der publizistischen B-Prominenz genieße ich es sehr, das Interesse einer äußerst attraktiven Frau geweckt zu haben, die mir irgendwie bekannt vorkommt und aussieht wie die Schauspielerin Alexandra von Schwerin. Sie heißt aber Vendla van der Meulen, ist laut Facebook ein niederländisches Model ohne Geburtsdatum und bewirbt im Fernsehen das Schmerzgel Voltaren. Dort spielt sie eine mit überschäumender Lebensfreude und offensichtlicher Alterslosigkeit beschenkte Patientin, die nach Anwendung des Mittels mit ihren Enkeln Fußball spielt, Rock'n Roll tanzt, auf dem Trampolin hüpft und ihrem fetten, missmutig dreinblickenden Kater leichtfüßig davonrennt. Ich bin gestern mit knapper Not einem von Heulen und Zähneklappern orchestrierten Wirklichkeitssegment entronnen und bewege mich heute mit dreihundert Sachen pro Stunde in Richtung Hamburg auf eine Parallelwelt zu, aus der alle Härte gewichen ist und in der eine ganz andere, betörend leichte Musik erklingt: *Into the great wide open / Under them skies of blue.*

An den Landungsbrücken weht ein kräftiger Wind. Sie steht an ihr Auto gelehnt auf dem Parkplatz und versucht ihren sandfarbenen Wickelrock niederzuhalten. Ihre Beine sind lang und der Rock passt wie angegossen. Ihre unter dem schneeweißen, auf Taille geschnittenen T-Shirt sich abzeichnenden Brüste sind wohlgeformt und haben die ansprechende Größe von Mokkatässchen. Darüber trägt sie einen offenen Kaschmirbolero in dem gleichen blassen Rosa wie die Innenseiten exotischer Muscheln. Ihr glattes, halblanges Haar wechselt im Spiel von Sonne und Wolken die Farben: von lichtem Bernstein zu Pastellblond und Silberweiß und wieder zurück, und ihre leicht gebräunte Haut scheint zu leuchten. Sie ist makellos, wäre da nicht ihr linkes Auge. Die von einem ovalen Gesicht umgebenen Augen sind mandelförmig und von einem dunklen Blau, doch am Rand der Iris des linken Auges sitzt ein sechseckiger heller Fleck, der durch die einfallenden Sonnenstrahlen wie ein funkelnder Eissplitter wirkt. Diese irritierende Winzigkeit, ein kaum sichtbarer Einschuss von Kälte, strahlt auf ihr Gesicht ab, auf ihren vollkommen geschwungenen Mund und auf ein Lächeln, das wie von Raureif überzogen wirkt.

Die Beschreibung erweckt den Eindruck, als sei ich die ganze Zeit über mit der möglichst minutiösen Herstellung ihres Porträts beschäftigt, aber faktisch sind wir miteinander im Kontakt, seit ich ohne besondere Verrenkungen in ihren offenen Saab geklettert bin und zur Begrüßung kurz ihre mit der Gangschaltung beschäftigte Hand umschlossen habe, eine Hand, die älter ist als der sichtbare Rest ihres Körpers. Vendla und ich haben es bis auf die Titelseite zweier unterschiedlicher Seniorenzeitschriften geschafft, sie im Bild und ich in der Schrift. Ich himmele sie an, weil sie mich anhimmelt und umgekehrt, und weil wir, aus der Perspektive einer fiktiven Außenkamera betrachtet, eigentlich ein perfektes, im offenen Schwedencabrio über die Elbchaussee dahingleitendes Paar in den ewig andauernden besten Jahren abgeben, wundere ich mich darüber, dass zwei ihrer Bedeutung bewusste Menschen im Gespräch nicht darauf verzichten können, auf ihre freundschaftliche Verbundenheit mit noch bedeutenderen Zeitgenossen hinzuweisen: sie steht unter anderem mit der weltberühmten Bildhauerin Rebecca Horn auf dem Duzfuß und hat mit dem extrem gut aussehenden Romancier Bodo Kirchhoff nach einer Lesung aus *Widerfahrnis* vor Kurzem zwei Flaschen Sancerre geleert, während ich nur mit einem ehemaligen Kulturstaatsminister glänzen kann, von dem ich behaupte, dass ich ihn Mike nenne, obwohl es in unserer Korrespondenz seit dreißig Jahren bei dem lieben Herrn Dr. Naumann geblieben ist. Ich finde das Namedropping nicht wirklich verwerflich, weil es Vendla und mir hilft, schnell und unkompliziert zueinanderzufinden, ohne uns den Ballast der weniger ruhmreichen Kapitel unserer Geschichte zuzumuten: Ich darf mich an ihrer Schönheit weiden und danke ihr, indem ich mich geistreich gebe bis zum Anschlag.

Rickmers Hus liegt im Stadtteil Blankenese direkt neben dem Leuchtturm am Elbwanderweg. Vendla hat es vor zehn Jahren kernsanieren lassen. Das Haus besteht aus einem einzigen großen Raum, der durch einen halbierten hölzernen Zwischenboden getrennt ist. Die Wendeltreppe führt in den Schlafbereich, das Erdgeschoß beherbergt eine Wohnküche im amerikanischen Stil, der Innenarchitekt, ein alter Bekannter, arbeitet hauptberuflich als Designer für Manufactum. Vendla erwähnt kurz ihren im angrenzenden ehemaligen Waschhaus residierenden Sohn, scheint aber nicht gut auf ihn zu sprechen zu sein. Nach dem Tee fragt sie mich, ob ich sie auf ihrer Laufstrecke nach Othmarschen begleiten mag. Sie trägt einen verwaschenen Kapuzenpulli, eine ausgebeulte Trainingshose, die Schuhe aus der Werbung und zur Leistungskontrolle einen Fitness Tracker von Polar. Ihr steht einfach alles, sie verwandelt alles in pure Eleganz.

Ich kann halbwegs mithalten, aber die Erschütterung durch den Aufprall beim Laufen hinterlässt einen ziehenden Schmerz in meiner immer noch ein bisschen wackeligen synthetischen Schulter. Vor dem Duschen suche ich im Medikamentenschrank des Badezimmers nach Aspirin und sehe, dass zwischen einer Vielzahl von Röhrchen mit Nahrungsergänzungsmitteln und Proteinpräparaten ein paar mit einer weißen Substanz gefüllte Seidenpapierbriefchen stecken. Kaum anzunehmen, dass es sich um Backpulver handelt. Als ich so nackt und bloß vor mich hin sinniere, schlüpft Vendla in die geräumige Nasszelle, dreht den Wasserhahn auf, umfasst meine Hüfte und macht mir ein Kompliment:

»Du hast einen schönen Körper, mein Lieber.« Ich weiß, dass das nicht stimmt, aber die Lüge wirkt wie ein hochwirksames Analgetikum, und ich ziehe sie an mich heran, sage »dito« und lüge nicht. Die aphrodisierende Nebenwirkung der Schmeichelei kann sich nicht so recht entfalten, weil mich Vendla an die Einladung zu einer Vernissage erinnert, von der ich nichts weiß oder die mir entfallen ist. Sie trocknet sich eilig ab, und ich nehme wahr, dass ihre Achselhöhlen und ihre Scham unbehaart sind. Das verleiht ihrem Leib eine Aura von Jungfräulichkeit, die mich seltsam verlegen macht. Ich habe zeit meines Lebens die Nähe unberührter Frauen gemieden. Warum, weiß ich auch nicht. Es könnte was mit meinen Töchtern und der Inzestschranke zu tun haben.

Die Veranstaltung findet ein paar Querstraßen weiter in einer Kapitänsvilla am Gorch-Fock-Platz statt. Der gastgebende Kunstliebhaber ist ein überaus erfolgreicher, auf Magenverkleinerungen spezialisierter Gastroenterologe, der seinen auf dem Übergewicht der Patienten gründenden Reichtum mit hanseatischer Zurückhaltung präsentiert. Im hell erleuchteten Eingangsbereich spielen drei adrette junge Männer im Abiturientenalter Evergreens vom feinsten: *Take Five, Route 66, Ain't no sunshine anymore*. Vendla zieht mich hinter sich her und stellt mich verschiedenen Gästen vor, die offenbar gebrieft wurden: Sie begegnen mir sehr freundlich, geben vor, meine Artikelserie gelesen zu haben und sie in ihrer satirischen Zuspitzung ganz entzückend zu finden. Die Anwesenden machen nicht den Eindruck, dass sie nach ihren besseren Hälften in den Niederungen einer Onlinebörse fahnden mussten. Dass Vendla mich kurzerhand und ganz beiläufig vom freien Mitarbeiter zum Ressortleiter der *FAZ* befördert, lässt mich zusammenzucken, aber warum sollte ich nach der langen Zeit des Darbens nicht mal einen Abend lang über meine Verhältnisse leben und den Felix Krull sr. geben dürfen?

Die Vernissage steht unter dem Thema *Privacy* und stellt die Werke zweier Künstler aus den USA vor. Die aus Shreveport, LA stammende Marilyn Minter dokumentiert in ihrem Portfolio *Coral Ridge Towers* in fünf Schwarz-Weiß-Aufnahmen den körperlichen und geistigen Verfall ihrer zwangsneurotischen und alkoholsüchtigen Mutter. Der in New York tätige Leigh Ledare zeigt neun großformatige Farbfotos seiner Erzeugerin beim Geschlechtsverkehr mit verschiedenen Männern. Die Bilder tragen u. a. den Titel *Mom Fucking in Mirror, Mom on Top of Boyfriend* und *Mom pulling down Panties*. Dass der mit der Werkeinführung betraute Kunsthistoriker ein deplatziert wirkender Geck mit roter Fliege, gelben Halbschuhen und Fistelstimme ist, erscheint mir weniger bemerkenswert als das ihm entströmende feinziselierte Gewäsch, mit dem er die Machwerke überzieht. Er attestiert Minters Bildern, dass sie in ihrer schonungslosen Authentizität getragen seien von Melancholie und töchterlicher Einfühlung in die abseitig-versponnene Welt ihrer Mutter; während Leighs harte und zornige, zu komplexen psychologischen Tableaus verarbeitete Bilder in bewundernswert risikofreudiger Weise auf den offenen Tabubruch zusteuerten. Als Zaungast in einer Runde ergeben lauschender Blankeneser Bildungsbürger möchte ich nicht aus dem Rahmen fallen, als im Empörungsmodus beheimateter Choleriker ist mir danach, auf der Stelle aus der Haut zu fahren. Hin- und hergerissen zwischen diesen widerstreitenden Impulsen, warte ich das Ende des Vortrags ab und nähere mich dem Referenten mit dem Weinglas in der Hand auf wohlwollend-altväterliche Weise: »Angesichts der Fülle alltäglicher Grenzverletzungen bezweifle ich, dass dem Tabubruch noch irgendetwas Avantgardistisches oder gar Befreiendes zuzubilligen ist. In den von Ihnen hochgejubelten Exponaten wird der vollzogene Muttermord als letzter Schrei einer pornofizierten Kultur gefeiert und das kaufkräftige westliche Publikum nagelt sich die Bilder vom eigenen Untergang an die Wand. Am Ende, junger Mann, lachen die Wahhabiten.« Mein pathetischer Abgesang auf das Abendland findet Gehör und die Objekte finden keinen Abnehmer. Ob das meiner Dank Vendla exponierten Stellung im deutschen Zeitungswesen oder der Kraft meiner Argumente zu danken ist, bleibt offen. Der gastgebende Halbgott in Weiß freut sich auf weitere Begegnungen und lässt dem Herausgeber meines Blattes herzliche Grüße übermitteln. Bei der Bitte wird mir ein wenig blümerant, aber Vendla ist stolz auf mich und meint im Hinausgehen, dass man sich mit mir überall sehen lassen kann: »Mein lieber Mann, du hast es ja wirklich drauf!«

Im Waschhaus brennt Licht. Wir steigen auf der Wendeltreppe nach oben und schauen durchs Dachfenster des Haupthauses auf die Elbe und die lautlos flussabwärts ziehenden Ozeanriesen, auf denen sich die Container bis zum Himmel türmen. Eine Nacht am Tor zur Welt. Die Pracht der Sterne setzt sich an der Decke des Schlafzimmers fort: LED-Lämpchen verbreiten ein schonendes Licht. Wir trinken Tee aus frischer Minze und die Papierbriefchen haben den Weg vom Badezimmer nach oben gefunden. Vendla zieht auf dem schwarzen Lacktablett mit der Rasierklinge vier schneeweiße Lines und reicht mir das Glasröhrchen. Seit dem letzten Konzert von The Who im Jahr 1983 habe ich den Stoff gemieden, weil jeder Senkrechtstart mit einem Absturz bezahlt wird. Aber das ist eine Ewigkeit her, und was soll mir schon passieren außer einem Herzstillstand. Im ersten Moment brennt das Koks auf der Nasenschleimhaut wie gemahlenes Glas, aber dann falle ich in den Strom der Neurotransmitter und durchlaufe in Nullkommanichts die wunderbare Metamorphose vom berenteten Prothesenträger zum entfesselten Liebesgott: Ich bin mit einem Mal hellwach, klug, jung, begehrenswert und liege bei der schönsten Frau der Welt, die mir zuflüstert, dass ich ihr Ein und Alles werden könnte, und die sich mir hingibt, als habe sie ein Leben lang darauf gewartet, ihr Glück in meinen Armen zu finden. Das einzige, was an mir in diesem Augenblick das Prädikat alt verdient, ist die Liebesschule, die ich absolviert habe und deren erstes Gebot lautet: Du sollst den Frauen dienen, vulgo: Du hast dafür zu sorgen, dass sie vor dir kommt. Aller Gebrechen und Schmerzen ledig, überziehe ich in Verfolgung dieses Ziels ihren Körper von der süß duftenden Nackenpartie bis hin zu den blassrosa schimmernden Fußnägeln unablässig mit dem mir zur Verfügung stehenden Zärtlichkeitsrepertoire, bevor ich mich irgendwann endlich unserer Leibesmitte zuwende. Ist es die Nachtigall, ist es die Lerche? Ich weiß es nicht und höre aus ihrem halbgeöffneten Mund einen leisen, stetig ansteigenden Ton, der lange anhält und in ein Stakkato der Zustimmung übergeht: Ja, ja, ja, ja. Sie ist da, wo ich noch nicht ganz bin und in diesem asynchronen Moment fällt einen Wimpernschlag lang der Schatten der Entfremdung auf unsere entblößten Körper, und ich sehe uns plötzlich wie aus dem Regieraum der Truman Show: Ton ab, Kamera läuft und ... Action. Es ist gut, dass der dunkle Augenblick sich so schnell verflüchtigt, wie er kommt und ich finde zu uns und der Frau zurück, in deren Schoß ich nacheinander noch einmal beides erleben darf: das Aufblühen und das Vergehen.

Als ich aufwache, sitzt eine getigerte Katze regungslos am Fußende des Bettes. Sie ist keinesfalls fett, hat ein schmales Gesicht und schaut mich aus ihren meergrünen Augen unverwandt an. Auf dem zweiten Kopfkissen liegt ein Zettel: »Mache meinen Morgenlauf und bin in einer halben Stunde wieder zurück.« Ich krieche nochmal unter die Decke und werde von erregt klingenden Stimmen aus dem Schlaf gerissen, die von unten an mein Ohr dringen. Nach einer Weile höre ich heraus, dass sich Mutter und Sohn einen verbalen Schlagabtausch liefern. »Wenn du unbedingt dauernd mit diesen alten Säcken rummachen musst, dann geh doch gefälligst mit ihnen ins Hotel!« Das ist eine deutliche Ansage. Vendla hat ihr nichts entgegenzusetzen und fängt an zu weinen. Ich ziehe mich an, gehe nach unten und sehe mich mit einem feindselig dreinblickenden Spätadoleszenten konfrontiert, der circa

Mitte dreißig ist und die Abmessungen eines Kleiderschranks aufweist. Ich untersage ihm, in meiner Gegenwart in dieser Weise mit seiner Mutter zu sprechen und er nennt mich einen notgeilen Bock, der die Schnauze zu halten hat, wenn er sich mit seiner Mutter unterhält. Im Türrahmen dreht er sich noch einmal um und sagt, dass sein Vater sich im Grab herumdrehen würde, wenn er mitbekäme, was in diesem Saustall läuft. Dann wendet er sich angewidert ab und kehrt ins Waschhaus zurück. Der Vernissage dritter Teil: Hamlet kam bis Blankenese.

Nachdem Vendla sich gefangen hat und versucht, mir die Sache mit den angeblich Schlange stehenden Mitbewerbern zu erklären, falle ich ihr ins Wort und sage: »Lass stecken! Du bist das Beste, was einem alten Fahrensmann bei seinem letzten Fischzug ins Netz gehen konnte und wenn du jetzt in deinem Saab an den Landungsbrücken stehen würdest, brauchte es kein Kommando von Humphrey Bogart: Mach's nochmal, Sam – na klar!« Es ist nicht das brutale Machtwort ihres Sohnes, das eine gemeinsame Zukunft verhindert, sondern der in die Iris ihres linken Auges eingeschlossene sechseckige Eiskristall, das ihr Lächeln und ihre Gestalt einfriert. Um sich in ihrem Job als Model und Werbeträgerin zu halten, muss sie rund um die Uhr darauf achten, die Beziehungen nach oben zu pflegen und eine Form zu konservieren und zu verteidigen, in der sie zwar 65 werden, aber keinen Tag älter als 50 aussehen darf. So sind wir ohnmächtige Bewohner auseinanderdriftender Zeitzonen und Jahreszeiten. Vendla ist im permanent sonnigen Spätsommer daheim und ich treibe nach dem Abbrennen des VIP-Frühlingsfeuerwerks auf meiner Scholle volle Fahrt voraus auf den letzten Winter zu. Zum Abschied versprechen wir uns, was nicht zu halten ist, und da wir es beide wissen, ist es halb so schlimm.

In der *Zeit*, die ich auf der Rückfahrt lese, wundert sich die kluge junge Kollegin Christine Richard unter der Überschrift »Wie küsst ein Mann mit 80?« über die seltsame Abgehobenheit der um Trieb- und Schreiblust kreisenden Werke alter Männer, in denen nach ihrer Einschätzung alle das Gleiche suchten: »Am Anfang ist das Wort. Am Ende ist das Wort. Das Wort soll Fleisch werden. Körper, noch einmal. Da sein.« So schön hätte ich es nicht auszudrücken vermocht, und ich danke meinem in der Regel triebfeindlichen und ungnädigen Schöpfer sowie dem König der Niederlande und all seinen Untertanen für die rauschhafte Begegnung mit ihrer Landsmännin Vendla van der Meulen.

DAS BERGWERK VON WIEN

Am Himmel über der Wetterau formieren sich Tausende von Zugvögeln vor dem Abflug nach Afrika zu einer dunklen Wolke, die unablässig ihre Gestalt ändert. Ich stehe am Fenster und lasse das Bündel der verbliebenen Leserzuschriften durch die Finger gleiten wie beim Daumenkino. Genug ist genug. Der Schredder zieht die Briefe ein und verwandelt sie in unleserliche, lamettaschmale Papierstreifen. Bis auf einen. Der führt zurück ins Jahr 1963: Sweet Little Sixteen.

Petra sieht aus wie Heidi Brühl in *Ferien auf dem Immenhof*, und ich bin ein unbeholfener niedersächsischer Dorfjugendlicher, der sich unter Einsatz von 3 Wetter taft und einer verspiegelten Sonnenbrille als James-Dean-Imitator versucht. Seit sie mir in der Gaststätte Jägerhof einen Tanz geschenkt hat, bin ich ihr verfallen mit Haut und Haar. Sie trägt ein figurbetontes moosgrünes Musselinkleid, und als ich ihr beim Foxtrott auf die Füße trete, wirft sie ihren blondbezopften Kopf nach hinten und lacht mich ganz unbeschwert an oder vielleicht auch aus. Das ist aber egal, weil sie in diesem Augenblick mit ihrer quirligen Lebensfreude meine verstockte, in 16 Jahren angesammelte Düsternis hinwegfegt. Von ihrem Lachen kann ich gar nicht genug bekommen, weil dabei ihre zarte Haut zwischen Kinnspitze und Hals ein kleines dreieckiges Segel bildet, ein straffes, schneeweißes Segel, das mir entgegenleuchtet und das ich so gern mit Küssen bedecken würde. Aber ich weiß nicht, wie es geht, das Küssen, und ich weiß auch sonst ziemlich wenig. In der Schule habe ich zum zweiten Mal in Folge den Sprung in die zehnte Klasse verfehlt. Ihr Vater besitzt ein Hotel vor den Toren der Stadt. Es heißt »Zum goldenen Ritter.« Zweimal wöchentlich wandere ich über einen Treidelpfad fünf Kilometer flussaufwärts an der Werra entlang und mache ihr meine Aufwartung. Ich diene mich dem Familienunternehmen als Tellerwäscher an, bekomme von der mir gewogenen Mutter zum Dank ein üppig belegtes Restaurationsbrot vorgesetzt und darf mir unter Aufsicht mit ihrer Tochter die von Hanns Verres moderierte Frankfurter Schlagerbörse anhören: »Wir wollen niemals auseinander gehen, wir wollen immer zueinander stehn.« Der langsame Walzer verklingt, der Ballsaal ist leer, und als sie von einem Besuch bei ihrer Schwester aus den USA zurückkehrt, finde ich im Briefkasten eine Anzeige auf gehämmertem Büttenpapier: »Als Verlobte lassen grüßen ...« Mein Nebenbuhler ist promovierter Forstwissenschaftler und hat einen Ruf an die Universität Wien erhalten. Bei meinem letzten Besuch lasse ich mich mit Mariacron und Eckes Edelkirsch volllaufen und wanke durch die geschlossene Glastür des Hotels nach draußen. Die Schnittwunden an Gesicht und Händen bewirken keinen Sinneswandel. Ihr Vater hat ihr zum Abitur einen weißen Ford Taunus 17 M geschenkt. Ich suche auf allen Parkplätzen und Ausfallstraßen des Drei-Flüsse-Städtchens nach dem Kraftfahrzeug mit dem amtlichen Kennzeichen HMÜ-C 197 und schreibe ihr verzweifelte Briefe, die 55 Jahre lang unbeantwortet bleiben.

An einem Tag des Jahres 1759 klopft im schwedischen Falun ein junger Bergmann auf dem Weg zur Arbeit ans Fenster seiner jungen hübschen Braut und wünscht ihr einen guten Morgen – auf den Abendgruß wartet sie vergebens. Als er nicht mehr zurückkommt, legt sie das für ihn zum Hochzeitstag gefertigte schwarze Halstuch mit dem rotem Rand beiseite und vergisst ihn nie. Lissabon wird durch ein Erdbeben zerstört, der Siebenjährige Krieg geht vorbei, Polen wird geteilt, Maria Theresia stirbt, Amerika wird frei, die Türken schließen die habsburgischen Truppen in einer Höhle in Ungarn ein, Gustav von Schweden erobert russisch Finnland, in Frankreich bricht die Revolution aus, die Engländer bombardieren Kopenhagen, die Bauern säen und ernten, die Müller mahlen, die Schmiede hämmern, die Bergleute suchen in ihrer unterirdischen Werkstatt nach Metall und stoßen im Jahr 1809 dreihundert Ellen unter dem Boden von Falun auf den Leichnam eines ganz von Eisenvitriol durchdrungenen Jünglings, der aber so unverwest und unverändert aussieht, als sei er erst vor einer Stunde gestorben oder über der Arbeit ein wenig eingeschlafen. Kein Mensch kann sich an den schlafenden Jüngling erinnern oder weiß von seinem Unglück, bis die graue und zusammengeschrumpfte, auf Krücken gestützte Verlobte den Platz betritt und sich, wie es heißt, »mehr mit freudigem Entzücken als mit Schmerz« über die Leiche beugt. »Da wurden die Gemüter aller Umstehenden von Wehmut und Thränen ergriffen,« schreibt Johann Peter Hebel im *Schatzkästlein des rheinischen Hausfreundes*, »als sie die ehemalige Braut jetzt in der Gestalt des hingewelkten kraftlosen Alters und den Bräutigam in seiner jugendlichen Schönheit sahen, und wie in ihrer Brust nach 50 Jahren die Flamme der jugendlichen Liebe noch einmal erwachte: aber er öffnete den Mund nicht mehr zum Lächeln und die Augen nicht mehr zum Wiedersehen.«

Auf der Fahrt nach Wien herrscht in meinem Kopf ein Zustand wie Kraut und Rüben. Wo liegt mein Lissabon? An welchen Kriegen war ich beteiligt? Wem war ich wie lange treu und wen habe ich verraten? Was hindert mich daran, in dem mir vom Schicksal zugewiesenen Wartesaal in Ruhe meine Restzeit abzureißen? Warum lasse ich mir nicht einreden, dass es für ein erträgliches Leben keines zweiten Menschen bedarf? In wessen Auftrag schreibe ich seit ewig und drei Tagen das angestrebte Glück herbei und dem verlorenen Glück hinterher? Und wann hört das auf?

Der grenzdebile Führer der USA rühmt sich, Frauen in den Schritt zu fassen, die Saudis bombardieren den Jemen, im Mittelmeer ertrinken 150 Eritreer, die Politik drischt braunes Stroh, 8 von 100 Deutschen bejammern ihre Laktoseintoleranz und der EC 21 Franz Liszt fährt mit zehnminütiger Verspätung auf Gleis 5 ein. Nach und nach leert sich der Bahnsteig bis auf eine unscheinbare alte Frau, über die mein Blick hinweggeht, bis sie sich mir nähert und mich aus ungläubig aufgerissenen Augen anstarrt: »Bist du das wirklich?« Peggy Sue und James Dean fallen in den Zustand der Schockstarre. Aber wir kommen aus einer guten Kinderstube und verharren in der Umarmung, bis das Entsetzen abklingt und einem Anflug von Wiedersehensfreude weicht. Das Alter ist eine gottverdammt langgezogene und grausame Hinrichtung, bei der wir zu sadistischen Mittätern werden, indem wir uns wechselseitig mit dem kalten Scharfrichterblick der Jugend ins Visier nehmen. Die Flamme ist erloschen, aber als die erste Frau, für die ich in meinem Leben entbrannte, 55 Jahre danach den Mund zu einem spöttischen Lächeln öffnet, weiß ich wieder, was sie mir bedeutete: Ich wollte aufstehen und in der Stadt umgehen auf den Gassen und Straßen und suchen, den meine Seele liebte.

Sie ist verwitwet, und ich bin es auch. Diese Gemeinsamkeit öffnet ein Feld der Erinnerung, auf dem wir uns mit wachsendem Zutrauen aufeinander zu bewegen: Wie wir wurden, wer wir sind. Über die Mariahilfer Straße laufen wir hinunter zum Naschmarkt, trinken zwei Viertel Grünen Veltliner und in ihrer nahen Wohnung hängen die Fotos der Lebenden und der Toten. Das Bett im Gästezimmer ist frisch bezogen, und ich schlafe fest und traumlos. Nach dem Frühstück schenkt sie mir einen postkartengroßen Stich vom Goldenen Ritter und ermahnt mich, nie wieder durch eine geschlossene Tür zu laufen: »Pass gut auf dich auf, ja?« Wien ist ein idealer Ort für das wehmütige Ende einer langen Liebesgeschichte: Sag beim Abschied leise Servus …

VIVA COLONIA

In der Nacht nach meiner Rückkehr aus Wien wache ich morgens um fünf mit einem Gedanken auf, der für diese Uhrzeit und den damit verbundenen Geisteszustand von ungewöhnlicher Klarheit und Kürze ist: Das war's.

Vor ziemlich genau einem Jahr hat sich die Frau, mit der ich leben wollte, von mir getrennt, und alle Versuche, die durch diese Trennung entstandene Lücke mit einer anderen Frau zu schließen, sind gescheitert. Sie sind nicht gescheitert, weil die in Frage kommenden Frauen nicht zu mir passten oder ich nicht zu ihnen, sondern weil es unmöglich ist, die durch den Verlust eines Menschen entstandene Leere mithilfe eines zweckrationalen mathematischen Verfahrens zu füllen. Wer sich diesem Verfahren anheimgibt, läuft Gefahr, sich in einer von lauter frustrierten Lückenbüßern bewohnten Kunstwelt wiederzufinden und mit babylonischer Sprachverwirrung bestraft zu werden: Wer redet was, warum und mit welchem Ziel? 200 Jahre vor Beginn des Digitalzeitalters hat sich Johann Wolfgang von Goethe in den *Wahlverwandtschaften* eine chemischen Prozessen nachempfundene Versuchsanordnung ausgedacht, die eine gewisse Ähnlichkeit mit der FinalDate-Methode aufweist: Nach der Abschaffung des Himmels macht sich eine Gruppe kultivierter, kluger und bindungsfähiger Menschen daran, in ländlicher Abgeschiedenheit den Aufbau eines selbstbestimmten irdischen Paradieses zu organisieren – das Projekt endet tödlich. Ich bin nicht Goethe und mein Projekt endet nicht tragisch, sondern von außen betrachtet wohl eher komisch, aber auch ich schreibe nicht erst seit Ellas Exodus der Liebe hinterher. Nein, nicht irgendeiner kleinen, mickerigen, pragmatischen, aus abgegriffenen Textbausteinen zusammengebastelten Liebe, sondern einer großen, weitherzigen und umfassenden Liebe, die an die eine Liebe erinnert, mit der alles anfing.

Als ich im Jahr 1951 vor unserem von Stützbalken notdürftig gehaltenen Wohnhaus am Eigelstein in Köln stehe, kann ich von dort aus den etwa zwei Kilometer entfernten Dom sehen, ohne dass sich dem Blick irgendein Hindernis entgegenstellt: in der im Bombenhagel untergegangenen Innenstadt ist kein Stein auf dem anderen geblieben. Im Erdgeschoss unseres Hauses wohnt eine grell geschminkte, verhärmt aussehende Frau, die häufig Besuch von gut genährten Männern in khakifarbenen Uniformen erhält und eines Tages sehe ich, wie einer der Männer mit dem Messer auf die Frau einsticht und die Frau versucht, den Angriff mit einem Bügeleisen abzuwehren. Der Griff des Messers ist messinggelb und die Schlagstöcke der auf den Mann eindringenden Militärpolizisten sind schneeweiß und sie schlagen auf den Mann ein, bis er als lebloses Bündel vor der Wohnungstür der Frau liegt. Ich bin ein furchtsames Kind und meine Mutter hat graublaue Augen, riecht nach Tosca von 4711 und trägt ein tailliert geschnittenes Kleid aus knisternder grüner Kunstseide, das mit weißen Punkten bedruckt ist. Wenn meine Mutter mich auf den Schoß nimmt, geht die von ihrem Schoß aufsteigende Wärme auf mich über, unter ihrem Atem richten sich meine Nackenhaare auf, und wenn sie das Liederbuch aufschlägt und ihre kräftige Stimme erhebt, verebbt der Lärm des Krieges und weicht einer süßen, seligmachenden Melodie: *Kein schöner Land in dieser Zeit, als hier das unsre weit und breit, wo wir uns finden wohl unter Linden zur Abendzeit.*

Viele Abendzeiten später und die letzte Abendzeit in Sichtweite, erscheinen mir meine aneinandergereihten, nach Art eines Mantel-und-Degen-Stücks arrangierten Abenteuer auf dem Meer der internetbasierten Liebe wie ein verzeihliches, aber angesichts meines Alters groteskes Missverständnis, das von Novalis, einem lange verstorbenen Spezialisten für Abendzeitfragen in zwei Sätzen ausgeräumt wird: »*Wo gehen wir denn hin?*« – »*Immer nach Hause.*« Dass ich meinen Heimweg anscheinend allein antreten muss, ist nicht schön, aber nicht zu ändern. Die Irrfahrt muss ein Ende finden.

TOTER MANN

Wenn der Mensch stirbt, den man geliebt hat, bewahrheitet sich über kurz oder lang, was man unmittelbar nach dem Ereignis empört zurückweist und was die Leute um einen herum schon immer gewusst haben: Du kommst darüber hinweg. In dem seiner toten Frau Pat Kavanagh gewidmeten Buch *Lebensstufen* schreibt der englische Romancier und Essayist Julian Barnes: »Und es stimmt, man kommt darüber hinweg ... Aber man kommt nicht so drüber hinweg wie ein Zug über die Downs: raus aus dem Tunnel, hinein in den Sonnenschein und rasch hinabgerattert zum Ärmelkanal; man kommt heraus wie eine Möwe aus einer Öllache. Man ist geteert und gefedert fürs Leben.« Würden sich all die vermeintlich drüber hinweggekommenen Witwen und Witwer als das zu erkennen geben, was sie sind, aber nicht länger sein wollen, flügellahme, vom Leid gezeichnete Kreaturen, wäre die Erde ein Jammertal, würden die Paarbörsen ihr treuestes Kundensegment verlieren, und ich hätte Magdalenas Leserbrief ungelesen im Spam-Ordner versenkt.

»Sie halten sich die Frauen mit ihrer geschliffenen Feder vom Hals und scheinen sich im Alleinsein häuslich eingerichtet zu haben. Wenn Sie diese Unterstellung ärgert, würde ich Sie gern kennenlernen.« Die unverschämte E-Mail erreicht mich kurz nach Mitternacht, und das klar konturierte Schwarz-Weiß-Porträt im Anhang öffnet die Schleusen zur Unterwelt. Da ist mir plötzlich bei der Betrachtung des Bildes so, als erschiene es mir ein zweites Mal, das verlorene und herbeigesehnte Gesicht; offene Augen, die mich umfangen mit Wissen und Güte, Verlangen und Hingabe, Wärme und Vertrauen, und ich wehre mich gegen den Ansturm der Gefühle, weil das Déjà-vu von einer Beklommenheit begleitet ist, die aus dem drohenden Verrat an der Frau erwächst, der ich seit zehn Jahren durch einen Schwur verbunden bin: Dein Tod soll uns nicht scheiden. Mit der Einhaltung des Gelübdes habe ich mich seinerzeit dem Orden der untröstlich Trauernden zugesellt, einer elitären, nicht selten von Selbstmitleid, Zynismus, Weltverachtung und Dünkel geprägten Glaubensgemeinschaft, die meine gleichzeitige Mitgliedschaft bei FinalDate nachträglich als schäbiges Schmierenstück erscheinen lässt: Ich war entgegen meiner seriellen Werbung bei meiner toten Frau im Wort und es würde sich erweisen, ob der von Magdalenas Anblick ausgehende Sog stark genug war, mich in die Freiheit zu entlassen. Beruht die chronifizierte Trauer womöglich auf reiner Bequemlichkeit? Habe ich mich hinter einer Formel verschanzt, nach der sie zwar nicht mehr am Leben ist, es sie aber immer noch gibt? Zuviel Fragen im Morgengrauen, die ich mit einer halben Tavor stoppe.

Ich wache auf und wünsche mir, endlich glücklich zu werden, und weil es für den Inbegriff des Glücks zwei Menschen braucht, fahre ich nach Köln, um Magdalena davon zu überzeugen, dass ich an ihrer Seite gern einen Weg finden würde, der zurück in ein weniger beschwertes Leben führt. Dass sie ihren Mann im selben Jahr und im selben Monat verloren hat, wie ich meine Frau, lässt mich an die Bedingtheit des Zufalls glauben, und dass sie in Köln wohnt, kommt mir wie ein zusätzlicher gnädiger Wink des Schicksals vor. Als kleiner Junge habe ich gern gelacht und brachte andere Menschen zum Lachen. In meiner Vaterstadt Köln war ich seinerzeit von Menschen umgeben, die sich zu Lachstürmen hinreißen ließen, wenn ich Tünnes-und-Schäl-Witze erzählte, Heidewitzka, Herr Kapitän sang oder das Lied der Eingeborenen von Trizonesien anstimmte. Nach der Scheidung meiner Eltern und dem Rücksturz der Restfamilie in die niedersächsische Provinz versuchte ich mich bei den indigenen Altersgenossen beliebt zu machen, indem ich auf mein rheinisches Unterhaltungsrepertoire zurückgriff. Der Beifall war weniger als enden wollend. Ich starrte in die anhaltend unbewegten Gesichter, schlich mich bitterlich weinend von dannen, und dass mir meine Mutter versicherte, dass es sich bei den Zuhörern um Bauerntölpel handelte, denen die lehmige norddeutsche Scholle in Klumpen am Schuhwerk und am Gemüt haftete, war ein schwacher Trost. Obwohl ich nach diesem Zusammenstoß der Kulturen nie wieder einen Witz erzählt habe und auch keinen mehr hören mochte, blieb ich Köln und den Kölnern verbunden, und wann immer ich in den nachfolgenden Jahrzehnten dem mit dem Hochdeutschen verbundenen Ernst des Lebens entkommen wollte, fuhr ich nach Köln, kehrte im Brauhaus Früh am Bahnhof ein, spülte den legendären Halven Hahn mit einem Kölsch hinunter und badete im rheinischen Singsang der mich umgebenden Frohnaturen: *Drink doch ene met, stell dich nit esu ann, du stehs he die janze Zick erüm* ...

Als mir Magdalena ein paar Minuten nach Ankunft des Zuges auf der Domplatte entgegenkommt, ist mir augenblicklich klar, dass ich mit ihr kein von brausendem Gelächter und grundloser Heiterkeit erfülltes Wirtshaus würde ansteuern können. Die sehr kleine und sehr zierliche, um ein Lächeln bemühte Person, strahlt bei aller Feinheit der Gesichtszüge eine bittersüße Traurigkeit aus. Sie begrüßt mich mit einer sachten Umarmung, ich spüre ihren angespannten Leib und schließe in Sekundenbruchteilen auf die von Barnes beschriebene geteerte Seele, die nach Erlösung schreit. Ich weiß nicht, ob sie diesen Schrei ausstößt, und ich weiß nicht, ob ich der geeignete und von ihr auserkorene Adressat bin, aber ich weiß, dass ich alles in meiner Macht Stehende tun werde, um dieses erstarrte Vögelchen unter meine müden und verklebten Fittiche zu nehmen. Dieses paternalistische Blitzlicht ist weder gesellschafts- noch dialogfähig, und es ist erleichternd, dass Magdalenas ständige Begleitung, eine fuchsgroße Hundedame namens Sachiko, sofort alle Aufmerksamkeit auf sich zieht. Seit ich vor vierzig Jahren begonnen habe, als Dauerläufer meine täglichen Runden zu drehen, gehe ich allen großen und kleinen Hunden vorsichtshalber aus dem Weg. Das Misstrauen gegenüber diesen ständig zwischen Beißwut und Unterwürfigkeit schwankenden Geschöpfen, die angeblich immer nur spielen wollen, ist mit der Zeit nicht geringer geworden, aber Sachiko ist kein gebrochener deutscher Schäferhund und kein muffig dreinblickender Rauhaardackel, sondern eine stolze Prinzessin aus der Dynastie der Shiba Inu, die seit 7000 Jahren in Japan beheimatet ist und dort als nationales Naturdenkmal gilt. Ich beuge mich zu dem entzückenden kleinen Vierbeiner hinunter, der mich aus seinen wie mit Kajal umränderten dunklen Augen ruhig und konzentriert anschaut, und als ich sage, dass das ja ein ausnehmend schönes Tier sei, mit dem Sie auf Männerfang gehe, lacht Magdalena hell auf und die Tür zu unserer seltsamen Ménage-à-trois öffnet sich.

Es ist ein weiter Weg vom Bahnhof über die Deutzer Brücke zur Mühlheimer Insel, und die Sonne brennt vom wolkenlosen Himmel. Da der an einer Schleppleine laufende Hund ständig die Seite wechselt, bin ich gezwungen, hinter den beiden herzulaufen, und habe Mühe, Schritt zu halten. Während die kleine Frau mit dem kleinen Hund auf dem staubigen Uferweg vor mir hergeht, ohne sich umzublicken, kommt mir die Schlussszene aus Charly Chaplins Tramp in den Sinn, und ich bin von der scheinbaren Verlorenheit des ungleichen Paares derart gerührt und ergriffen, dass ich mich Magdalena nähere, ihre Schulter umfasse und unwillkürlich ihren Nacken küsse. Erschrocken über mich selbst, frage ich sie, ob der Übergriff verzeihlich sei, und sie schaut mich mehr erstaunt als irritiert an und sagt: »Ja, wenns vorerst dabei bleibt.« Es macht mich verlegen, dass ich den Sinn für das Schickliche, Richtige und Angemessene einen Augenblick lang verloren habe, und dass sie danach meine Hand ergreift und festhält, um mir darüber hinwegzuhelfen, empfinde ich als großzügige Geste. Mit Erreichen der in Flussnähe gelegenen Claudius-Therme löst sich der Knoten, und ich schwelge in Kindheitserinnerungen, stimme eine Lobeshymne auf den Rhein, seine Landschaften und Bewohner an, und als ich ihr anvertraue, dass ich den einsetzenden Winter meines Lebens gerne in dieser Region verbringen würde, liefert sie einen Beweis für ihren trockenen Humor: »Und jetzt suchen Sie zum idealen Endlager die passende Frau?«

Als ich mit 22 mit erheblicher Verspätung das Vergnügen hatte, dass eine Vertreterin des anderen Geschlechts bereit war, mich von der Schmach der Jungfräulichkeit zu befreien, war ich froh, von da an zu der Majorität von Menschen zu gehören, die Sex hatten. Später unterschied ich zwischen Menschen, die Liebe erfahren hatten und denen, denen diese Erfahrung verwehrt blieb oder sie mit dem, was man Liebe machen nennt, verwechselten. Erst im fortgeschrittenen Alter und unter Einbeziehung der eigenen Person wurde ich gewahr, dass es Menschen gab, die Leid erdulden mussten, und andere, die davon verschont blieben und lediglich unter Befindlichkeitsstörungen, Umweltbelastungen oder sinkenden Aktienkursen litten. Wenn man der Liebe teilhaftig wurde und Leid erfahren hat und ahnt, dass jede Liebesgeschichte, die den Namen verdient, für den, der zurückbleibt, am Ende auf eine Leidensgeschichte hinausläuft, hängt der weitere Gang der Geschichte davon ab, wie man dem Leid begegnet. Sich unter dem Eindruck des Verlustes dauerhaft aus dem Leben zurückzuziehen und eine gleichgültige und neutrale Haltung einzunehmen, um sich über Wasser zu halten, wäre nur sinnvoll, wenn man durch die Verbannung der Freude auch das Leid aussperren könnte. Die kontraphobische Lösung, die darin besteht, die Lücke zu schließen, indem man das Loblied auf das positive Denken singt, sich darauf verlegt, Weltreisen zu buchen, sich über die Teilnahme an der Paarbörse des eigenen Marktwerts versichert oder sich demonstrativ quietschfidel ins abklingende sexuelle Vergnügen stürzt, hatte sich als wenig zielführend erwiesen – zumindest für mich. »Kummer ist so etwas wie seelischer Rost«, zitiert Julian Barnes seinen literarischen Vorläufer Dr. Johnson, »und jeder neue Gedanke trägt, wenn er die Seele erreicht, dazu bei, ihn wegzutreiben.« Das klingt nach einem seit dem 18. Jahrhundert bewährten Hausmittel, und da ich mich zum ersten Mal seit langer Zeit bei der Rostbekämpfung nicht allein auf die um mich selbst kreisenden Gedanken verlassen will, bin ich überrascht und beglückt, als mich Magdalena nach Sonnenuntergang auffordert, das Gespräch in ihrer Wohnung fortzusetzen.

Die Backsteinfassade des nur ein paar hundert Meter vom Rhein entfernten Reiheneckhauses ist an der Vorderfront von Efeu bedeckt, auf beiden Seiten der Haustür rankt sich Spalierobst empor, die Vornamen der ursprünglich vier Bewohner stehen auf einer mit Sonnenblumen verzierten, aus Salzteig geformten Tafel. Das Innere des Hauses ist bis auf die in Weiß gehaltene Küche mit dem rotbraunen, in den Zwanzigerjahren kreierten Reformmobiliar der Deutschen Werkstätten ausgestattet. Die mit Glastüren versehenen Bücherregale reichen im Osten bis zu Erwin Strittmatters *Der Laden* und enden im Westen mit Heinrich Bölls 1992 posthum erschienenem *Der Engel schwieg*. Während Magdalena auf der Terrasse mit dem Teegeschirr hantiert, ziehe ich eine CD aus dem Regal: *Buena Vista Social Club at Carnegie Hall*. Das ist die Musik, die ich 2008 mit meiner Frau kurz vor Ausbruch des Krebses gehört habe. Während ich überlege, ob es passend ist, ihr diese Erinnerung zuzumuten, sagt Magdalena im Vorübergehen, dass ihr Mann mit ihr zu diesem Konzert nach Amerika fliegen wollte, aber dann habe sein Tod den Plan zunichte gemacht. Die Zeit steht still und jeder Gegenstand steht an seinem Platz. Keiner wurde entfernt, keiner ist hinzugekommen. Das Zusammenfallen der Schicksalsschläge weckt in mir das vielleicht trügerische, aber wärmende Gefühl der Verbundenheit, und als ich mit den Lippen erneut ihren Nacken streife, lächelt sie auf ihre scheue Art, die mich gleichermaßen anzieht und verwirrt, und nennt mich einen Triebtäter.

Ihre Familie wird 1945 aus Breslau vertrieben und findet in Kempten eine neue Heimat. Die Gastfreundschaft der Einheimischen beschränkt sich auf die Zuweisung eines aufgelassenen Gehöfts am Stadtrand; der Vater predigt Fleiß, Redlichkeit und Anpassung, und die drittgeborene Magdalena ist ihm eine gute Tochter. Auf dem Schulweg freundet sie sich mit einem drei Jahre älteren Flüchtlingsjungen an, der in Magdalenas Erinnerung genauso fleißig, redlich und angepasst gewesen ist wie sie selbst. Sie stehen sich in der feindseligen Fremde bei, und nach dem Abitur ist es eine ausgemachte Sache, dass sie mit Erreichen der Volljährigkeit heiraten werden; es sei folgerichtig gewesen, aber nicht romantisch. Sie studiert in Köln Sportwissenschaften und wechselt nach einem Unfall am Stufenbarren zum Chemiestudium nach München, wo er eine Assistentenstelle als Kunsthistoriker bekommen hat. Drei Wochen vor dem angesetzten Hochzeitstermin nähert sich ihr ein spanischer Kommilitone, der alles verkörpert, was ihrem Bräutigam fehlt. Sie trinkt sich vor dem entscheidenden Stelldichein Mut an, aber bevor es zum Äußersten kommt, entzieht sie sich der Versuchung im letzten Moment durch die Flucht. Ein Jahr nach der Vermählung erhält ihr Mann ein Fulbright-Stipendium, das so üppig ausgestattet ist, dass beide davon leben können. Sie will nicht in die USA, aber sie folgt ihm, weil sie vermutet, dass er auch ohne sie gehen würde. Er wird 1977 an der Boston University habilitiert, sie schließt ihr Studium mit einer seinerzeit viel beachteten Promotion ab und nimmt nach der Rückkehr das Angebot eines Ingelheimer Arzneimittelkonzerns an. Bis 1985 pendelt sie zwischen Rheinland-Pfalz und Köln hin und her; ihr Mann ist ins Leitungsteam des Römisch-Germanischen Museums aufgerückt und betätigt sich nebenbei als Oboist in einem halbprofessionellen Kammerorchester. Er schien, sagt sie, mit unserem Leben zufrieden zu sein, aber ich war es nicht. Mit ihrem vagen, aus dem Mangelempfinden entstandenen Wunsch, Kinder zu haben, steht sie zunächst alleine da, aber nachdem sie ihm zusichert, dass seine Interessen und Neigungen durch den Nachwuchs nicht beeinträchtigt würden, willigt er ein. Die Tochter wird 1989 geboren, der Sohn folgt zwei Jahre später, und mit dem Bezug des Neubaus in der Reihenhaussiedlung in Mühlheim gibt sie ihre wissenschaftliche Karriere auf und richtet sich in der Rolle als Hausfrau und Mutter ein und züchtet Teerosen. Eine Art wird nach ihr benannt. Er sei, sagt sie mit tonloser Stimme, ein gewissenhafter und im Rahmen seiner Möglichkeiten zugewandter Mann gewesen; dass sie sich in der knapp vierzigjähren Beziehung ungeliebt gefühlt habe, könne sie ihm ebenso wenig vorwerfen wie die Tatsache, dass er außerhalb seiner Arbeit zur Bequemlichkeit neigte und seine Gesundheit vernachlässigte. Beides habe sie um des lieben Friedens willen und der Kinder wegen für sich behalten. Als sie sich endlich dazu durchgerungen habe, den Mund aufzumachen, sei es zu spät gewesen. In der Nacht zum ersten Mai 2009 habe sie ihn im Wohnzimmer vor laufendem Fernseher mit schmerzverzerrtem Gesicht und spastisch verrenkten Gliedmaßen tot vorgefunden. Hirninfarkt. »Als ich ihn berührte, war schon alle Wärme aus ihm gewichen. Und nun sind Sie an der Reihe«, sagt sie, steht auf und holt Wein aus der Küche.

Wir repräsentieren zwei unterschiedliche Arten von Verlassenheit, denke ich, sie hat niemanden gefunden, für den sie Liebe empfinden konnte oder der fähig war, dieses Gefühl in ihr zu wecken, mir wurde der Mensch genommen, den ich liebte und der diese Liebe erwiderte. Als ich sie frage, ob sie diese Unterscheidung mit mir teilen könne und welche Art der Verlassenheit sie schlimmer findet, will sie wissen, worauf die Frage hinauslaufen soll:

»Deutschland sucht den Biggest Loser?« Über dem Mahagonitisch im Wohnzimmer schwebt ein großer, aus Glassplittern gefügter Leuchtkörper in Form eines Möbiusbandes. Wie kommen wir aus der Endlosschleife unserer Vergangenheit raus? Die japanische Prinzessin sitzt neben ihr auf dem Sofa und ihr sphynxhaftes Gesicht ist zur Hälfte von der Vorderpfote bedeckt. Sie verfolgt jede meiner Bewegungen. Wie ich das Weinglas an die Lippen führe, wie ich trinke und wie ich das Glas absetze. Sobald ich meine Sitzposition verändere, verengen sich die Augen zu Sehschlitzen wie bei einer Katze. »Wenn Sie Lust haben, und der Anstandswauwau nichts dagegen hat, würde ich gern zum ›Du‹ übergehen und mit dir ein bisschen Gras rauchen.« »Na gut,« sagt sie, »wenns der Wahrheitsfindung dient.« Ich bin aus der Übung. Der dilettantisch zusammengeklebte Joint passt nicht zur Wohnlandschaft, aber zu meinem Erstaunen inhaliert Magdalena den Rauch wie eine routinierte Kifferin ohne zu husten. Nach dem dritten Zug stehe ich auf und suche nach der passenden Musik aus den alten Beständen. Iron Butterfly: *In A-Gadda-da-Vida, Honey.* Der eingängige Gitarren- und Bass-Riff hat auch 50 Jahre danach nichts von seiner Unwiderstehlichkeit eingebüßt. Sie verschränkt ihre Hände hinter meinem Nacken, ihr warmer Atem streift mein Gesicht, und ich platziere meine linke Hand mit der Vorsicht eines Tanzschülers auf ihrem Rücken. Sweet little Sixty. Nach siebzehn Minuten verklingt die Musik, der Ballsaal ist leer, und als sie sich unvermittelt von mir löst, frage ich sie, was plötzlich in sie gefahren ist: »Ich kenne dich nicht und weiß noch nicht, ob ich dich kennenlernen will.«

Bevor Magdalena mit dem Hund noch mal um den Block geht, quartiert sie mich im ehemaligen Kinderzimmer ihrer Tochter ein und händigt mir den Schlafanzug ihres Mannes aus. Ich muss die Hosenbeine mehrfach hochkrempeln, weil er an die zwei Meter groß war. An der Wand hängen die Poster von Papst Johannes II. und der britischen Boygroup Take That, auf dem Nachttisch liegt eine mit der Widmung des Vaters versehene Bibel und ein zerlesenes Exemplar von Astrid Lindgrens *Die Brüder Löwenherz.* Der Schirm der altmodischen Leselampe ist mit Bast umflochten; in ihrem Schein blättere ich in meiner Reiselektüre, Connie Palmens Erinnerungen an ihren unsteten Mann Ischa Meijer. »Berinilikki«, sagt er, »ich möchte und möchte auch wieder nicht, und dann wieder wohl, aber vielleicht doch lieber nicht. Das ist Berinilikki.« Wie Berinilikki ist Magdalena, und ich frage mich, was ich tun kann, um ihr aus dem Vor und Zurück herauszuhelfen, oder muss ich einsehen, dass wir im späten Stadium der Liebe alle ein bisschen Berinilikki sind? Im Hinwegdämmern höre ich das Knacken des Lichtschalters und nehme wahr, dass mir eine Hand übers Haar streicht. Das ist schön.

In dieser Nacht träume ich zum ersten Mal seit langer Zeit wieder von F. Die Träume, in denen sie vorkommt, folgen einer bestimmten Dramaturgie. Wir fahren mit ihrem verbeulten grünen Toyota irgendwo im Taunus herum, es ist wie immer. Sie ist offensichtlich gesund und trägt die weiße Bluse mit den buntbestickten Knöpfen, die ich ihr aus einem Second-Hand-Laden in der Schillerstraße mitgebracht habe; darüber das sündhaft teure indische Seidengilet, das ihren Busen besonders reizvoll erscheinen lässt. Sie ermahnt mich, vor all den Leuten die Finger von ihr zu lassen und macht sich über meinen unbeholfenen Umgang mit dem Navigationsgerät lustig. Die Stimmung ist ganz unbeschwert und heiter, und wir schauen uns unverwandt staunend an, so, als könnten wir unser Glück nicht fassen und müssten uns der Anwesenheit des anderen vergewissern. Dann frischt der Wind auf, und sie erinnert mich daran, dass sie sich zu einer Tagung in Zürich angemeldet hat und gleich los muss. An dieser Stelle heule ich regelmäßig auf und versuche, ihr die Reise wutentbrannt auszureden. Aber in dieser Nacht fällt sie mir in den Arm und fordert mich auf, die Luft anzuhalten: Komm runter, mein Lieber, du weißt, mit wem ich verabredet bin, und ich weiß, mit wem du verabredet bist; beeil dich und werd endlich glücklich mit deiner neuen Flamme. Ich wache auf, aber die Einsicht in die Unabänderlichkeit ihres Todes kann ihrer tröstlichen Wiederbelebung im Traum nichts anhaben. Ich reibe mir den Schlaf aus den Augen und halte mit dem über mir hängenden Stellvertreter Gottes Zwiesprache: Ach, Wojtyla, du bist ein unverwüstlicher polnischer Märchenonkel und der Herr ist kein Hirte, jedenfalls kein guter. Danach schlurfe ich in dem gestreiften XXL-Pyjama ins Badezimmer, und als ich zögere, den mittlerweile schartigen Einwegrasierer des Verstorbenen zu benutzen, tritt Magdalena plötzlich hinter dem Duschvorhang hervor und hält mir die Augen zu. Ich spüre, wie ihre mädchenhaft kleinen Brüste meinen Rücken streifen, und als ich mich ihr zuwende, um ihre rosigen Brustwarzen zu küssen, entzieht sie sich mir mit einer blitzschnellen Bewegung, wirft sich den Bademantel über und huscht davon. F. hat mich freigegeben, aber wenn sie aus dem Schattenreich zurückkäme, würde ich mich auf der Stelle von jeder anderen Frau lossagen, selbst von Magdalena. Ein Vorbehalt im Konjunktiv. Raus aus der Grübelfalle. *Don't think twice, it's alright.*

Aus dem für die kommende Woche vorgesehenen Gegenbesuch in Frankfurt wird nichts, weil Magdalena in einen Autounfall verwickelt wird und die beteiligten Anwälte die Schadensregulierung verzögern. Öffentliche Verkehrsmittel kommen für sie nicht in Frage, weil Sachiko auf die damit verbundenen Geräusche und Bewegungen mit Panikattacken reagiert; die Hundedame in einer Tierpension unterzubringen, bringt sie nicht übers Herz. Ich habe keine Ahnung, wie sich Angstzustände bei einem Tier äußern, aber ich versichere ihr, dass es mir nichts ausmacht, zu ihr zu kommen, weil ich die Strecke nach Köln auf der schnellen Trasse in 76 Minuten abreiße – theoretisch. Böschungsbrand bei Troisdorf, Personenschaden vor Montabaur, Signalstörung im Bahnhof Siegburg, aber als routiniertes Opfer des Missmanagements der Bahn lasse ich die Verspätungen klaglos über mich ergehen: Hauptsache, wir kommen irgendwann an, und am Ende des Bahnsteigs wartet Magdalena mit dem Hund, der mir bei der zweiten Begegnung gewogen zu sein scheint.

Um die Anwartschaft auf ihre schmale Rente zu wahren, arbeitet Magdalena als überqualifizierte Betreuerin in Ehrenfeld in einem Pflegeheim für Demenzkranke. Durch den Park der Einrichtung führt ein in der Form einer kinesiologischen Acht gestalteter Endlosweg, der die motorisch getriebenen Patienten daran hindert, das Gelände zu verlassen und die Interaktion zwischen den beschädigten Gehirnhälften begünstigen soll. Da, wo sich die Acht kreuzt, sitzen drei alte Damen, die sich fein gemacht haben, auf der Bank. Sie klammern sich an ihre Handtaschen und warten neben einem Haltestellenschild auf einen Bus, von dem sie gnädigerweise nicht wissen, dass er nicht kommen wird. Eine der wartenden Greisinnen ruft Sachiko mit gebrochen zärtlicher Stimme beim Namen und als sie sich zu dem Tier hinunterbeugt und mit zitternder Hand sein dichtes, fuchsrotes Nackenfell krault, leuchtet ihr Gesicht unter der Berührung mit dem Lebendigen ganz kurz auf, um gleich wieder zu verlöschen. Auf dem Heimweg gestehe ich Magdalena, dass ich den Anblick der ihr anvertrauten Menschen bedrückend finde, weil mich der Gedanke umtreibt, in absehbarer Zukunft selbst auf einer Bank zu sitzen und auf einen Bus zu warten, der auf ewig abgefahren ist. »Was mich bedrückt«, sagt sie, »ist nicht der Umgang mit den alten Menschen, sondern die Tatsache, dass ich nach Ws. schnellem Abgang feststellen musste, dass ich als Wissenschaftlerin abgehängt war, dass ich mit den Kindern völlig mittellos dastand und froh sein konnte, dass mir die Caritas den Job als schlecht bezahltes Mädchen für alles angeboten hat. Und das muss ich jetzt noch zwei Jahre durchziehen, verstehst du?« Da bricht sich die Wut über ein entgangenes Leben Bahn und ich ahne, dass meine Variante der Trauerarbeit nicht die ihre ist und sich ihre Verbitterung wechselweise gegen den toten Mann und sich selbst richtet. Ich ziehe sie zu mir heran und rede beschwörend auf sie ein. Dass sie gar nichts müsse, sage ich, sie müsse sich nur auf mich einlassen und ich würde meine Wohnung in Frankfurt verscheuern und von dem Geld könnten wir in der uns verbleibenden Zeit ein sorgenfreies Leben führen, und ich könnte den Hund adoptieren und wir bildeten zusammen eine Kleinfamilie neuen Typs, und als ich ihr Gesicht zwischen meine Hände nehme und sie frage, hörst du mir überhaupt zu, Liebste, lässt sie die Frage unbeantwortet und stammelt, dass sie bislang noch kein Mann Liebste genannt hat. Und ich sage: Dann war es ja höchste Zeit.

Irgendwann zwischen der dritten und vierten Städtereise und nach annähernd 1000 zurückgelegten Bahnkilometern geht mir auf, dass Magdalena mit den Heiminsassen eine Eigenschaft teilt: ihr Bewegungsdrang scheint unstillbar zu sein. Wenn ein Herrchen oder Frauchen von sich sagt, dass es mit dem Hund eben mal Gassi geht, wäre das in Bezug auf Magdalena und ihre japanische Gefährtin eine glatte Untertreibung. Morgens, mittags und abends brechen wir zu ausgedehnten Spaziergängen auf; Fußmärsche, die in nördlicher Richtung bis zum Königsforst und rheinabwärts bis zur Flittarder Aue führen, und wenn ich nach Einbruch der Dunkelheit in ihre Behausung zurückwanke, bin ich oft so ermattet, dass ich keine Kraft mehr habe, an der Unterbringung im Kinderzimmer Anstoß zu nehmen, und sinke nach einem geschwisterlichen Stirnkuss widerstandslos in Morpheus' Arme. An einem Morgen, der einer solch unbefleckten Nacht in der Jugendherberge folgt, rüstet Magdalena nach einem kargen Frühstück erneut zum Aufbruch, aber weil sich Sachiko mit wunden Pfötchen im Vorgarten in den Schatten eines Hortensienstrauchs zurückgezogen hat, ein Platz, den sie auch nach sanften Ermahnungen und der Verabreichung der aus gedörrtem Entenfleisch bestehenden Lekkerli nicht räumen will, lässt sich Magdalena zu einer Änderung der Tagesordnung überreden. Nach einem Blick auf Dutzende im Eingangsbereich aufgereihte Lauf- und Trekkingschuhe und die darüber hängende, auf alle Witterungsbedingungen abgestimmte Funktionswäsche, mache ich Magdalena den Vorschlag, dass wir uns nach der gewiss gesunden systematischen Körperertüchtigung in Gottes freier Natur doch jetzt zur Abwechslung mal im Getümmel der Kölner Innenstadt dem überfälligen Programm ihrer Verweiblichung zuwenden könnten: Machen Sie mehr aus ihrem Typ. Sie lacht ihr kleines verhaltenes Lachen, und als wir losziehen, blickt uns der Hund erleichtert hinterher.

Kurz nach zehn herrscht auf der Hohen Straße noch relative Ruhe und in der COS-Filiale geleitet uns eine dezent auftretende Verkäuferin in die Damenabteilung. Nacheinander ziehe ich vom Bügel, was mir unter der Konfektionsgröße 34 ins Auge fällt: ein bunt bedrucktes, schwingendes Sommerfähnchen, ein schwarzes Seidennachthemd mit Spaghettiträgern, ein orientalisch bestickter Kaftan und ein kurzes, tailliertes Abendkleid, dessen Ausschnitt von einem silbernen Steg überbrückt wird: Mein liebes Kind, o sage mir, was du wünschest, schenk ich dir. – O Bäumchen, Bäumchen, rüttel dich, wirf Gold und Silber über mich. Als Magdalena alias Aschenputtel in den verschiedenen Kostümen mit einem zaghaften Lächeln aus der Umkleidekabine tritt, gerate ich in Verzückung und sinke vor ihr unwillkürlich auf die Knie: »Weißt du eigentlich, wie schön du bist?« Die in Hörweite befindliche Verkäuferin wendet sich errötend ab, und Magdalena hilft mir mit dem ihr eigenen Tonfall wieder auf die Beine: »Nein, das weiß ich nicht, aber wenn du's irgendwann noch goldene Pantöffelchen regnen lässt, glaub ich selbst dran.«

Unter Fettenhennen 11, dreihundert Meter vom Dom entfernt, liegt die Terrasse des Café Reichard. Ich lege die Einkaufstüten auf dem Stuhl ab, die sanfte Brise vom Rhein bauscht das bunte Sommerfähnchen und ich gebe voller Behagen eine Kindheitserinnerung zum Besten: Hier habe ich nach meiner Einschulung im Jahr 1953 in Begleitung meiner Oma die erste mit Ragout fin gefüllte Königinpastete genossen. Magdalena, deren Augen durch die Sonnenbrille verdunkelt sind, kommentiert den Schwank aus meiner Kindheit auf ihre Weise. »1958, fünf Jahre nach der Entdeckung deiner Leibspeise, hat Alfred Hitchcock in den USA *Vertigo* gedreht. Der Film handelt von einem Mann, der seine Geliebte durch Selbstmord verloren hat und im aufgelösten Zustand durch die Straßen San Franciscos irrt. Dort liest er eine junge und leicht vulgäre Frau auf, die der Toten täuschend ähnlich sieht und die er versucht, nach deren Ebenbild umzuformen und abzurichten: ihre Haare, ihre Kleidung, ihr Schmuck, ihre Gesten, ihr Augenaufschlag, ihre Wortwahl und ihre Manieren sollen mit denen der Verstorbenen verschmelzen. Nach dem Verlust deiner Frau wirfst du über die Medien mit wohlklingenden Worten jahrelang deine Netze aus und ziehst dir nach soundso vielen Fischzügen, die immer nur Beifang waren, endlich die Beute an Land, die dir geeignet erscheint, ihre Nachfolge anzutreten – nur am Outfit und am Ausdruck muss noch ein bisschen gefeilt werden, dann könnte es passen, oder?« Ich bitte sie, ihre Sonnenbrille abzunehmen und sehe, dass sie mit unbewegtem Gesicht weint. Ich sage: »Du hast recht, du hast unrecht. Ich meine dich nicht, ich meine dich doch. Sie ist tot, du lebst, aber was heißt das schon? Wenn du glaubst, dass wir durch die Toten verdammt sind, uns bis in alle Ewigkeit zu verkennen und zu betrügen, mache ich auf der Stelle die Flatter.«

Sie steht auf, nimmt meine Hand und zieht mich heimwärts hinter sich her. Da alles gesagt ist, was zu sagen war, ohne dass dabei irgendetwas klarer oder greifbarer geworden ist, drückt die Hand, die meine umfasst, aus, was zumindest für die Dauer der Berührung für sich spricht: Du und ich und niemand sonst. Daheim nimmt sie die Post aus dem Briefkasten, füllt den Fressnapf mit Trockenfutter, befiehlt dem missmutig dreinblickenden Hund, auf seinem Platz zu bleiben, und verschwindet im Badezimmer. Ich höre das Rauschen der Dusche und gehe im ersten Stock durch die weit geöffnete Tür ihres Schlafzimmers. Vom Balkon her fällt in den abgedunkelten Raum eine Säule aus Sonnenlicht, in der die Staubpartikel wie Goldkörnchen nach oben schweben. Halb versunken in die schwerelose Schönheit des Augenblicks, ziehe ich mich aus und lege mich auf das für meinen riesenhaften Vorgänger ausgelegte Ehebett. Magdalena tritt über die Schwelle und streift dabei die Träger des schwarzen Hemdchens ab. Ihrem Leib kann das einfallende Licht nichts anhaben, ich fühle mich im Halbschatten wohler und vor ihren und meinen eigenen Blicken besser geschützt. Sie küsst mich flüchtig und obenhin und dirigiert meinen Kopf mit einer sanften, aber bestimmten Bewegung in ihren sich öffnenden Schoß. Ihre feuchte, rosig schimmernde Scham schmeckt nach Zimt und reifen Feigen mit einem Anflug von Lavendel, und das Gärtchen breitet sich unter mir so duftend und wohlbestellt aus, dass ich jauchze, ohne einen Laut von mir zu geben. Ihr Gesicht ist entspannt, ihre Augen sind geschlossen und als ich in sie eindringe, öffnet und schließt sie zustimmend die Augen, diesen Eingang zur Seele, aus dem alles kommt und zu dem alles führt, was uns als liebende Wesen ausmacht. Das zerstörerische Gerede ist verstummt, die Bewegungen sind ruhig und stetig und als mein Atem irgendwann schneller geht und flacher wird, beugt sie sich über mich und ich höre ein Wispern, das klingt wie: Ja. Ich vergrabe meine Zunge in der dünnhäutigen, schweißbedeckten Bucht zwischen Nacken und Schulter und einen kleinen Tod später liege ich neben ihr im Zustand des vollkommenen hölderlinschen Friedens:

Einmal lebt ich, wie Götter, und mehr bedarfs nicht. Magdalena fragt mich, ob es mir gut geht, und ich sage »ja sehr, Liebste«, und als sie antwortet »wie schön für dich« und sich danach abwendet und aufsteht, ist alle Seligkeit verflogen und mir ist, als sei ich in der Dunkelheit mit voller Wucht gegen eine Betonmauer gelaufen.

Ich hocke bekümmert am Frühstückstisch und weiß nicht, was soll es bedeuten, dass ich so traurig bin. Während meiner bis zum fünften Lebensjahrzehnt anhaltenden Pubertät mochte ich mir als Verfechter der seriellen Monogamie den zwanglosen Umgang mit dem anderen Geschlecht nicht durch die inquisitorische Frage nach der Beständigkeit und Reichweite des jeweiligen Liebesspiels verderben lassen, jetzt starre ich missmutig auf das appetitlich angerichtete Rührei und zermartere mir das Hirn: Wenn da was war, war es was? Ein hormonell bedingtes Stochern in der Restglut? Ein herablassend gewährter Gnadenfick? Oder womöglich doch die Besiegelung eines bis zum Ende unserer Tage gültigen Versprechens? From here to eternity? Als ich ihr mit gequälter Miene die Butter reiche, und sie bitte, mich mit einem möglichst bombensicheren Liebesbekenntnis aufzuheitern, beugt sie sich über den Tisch, zupft den Kragen meines Leihpyjamas zurecht und bleibt sich mit ihrer Antwort treu: »Du bist mir nicht ganz unsympathisch.«

Als ich mich nach Beendigung der Mahlzeit ernüchtert unter die Dusche stelle und mir dabei die Seife immer wieder durch die nassen Finger glitscht, schießt mir die von Freud präzisierte Bestimmung der Zeitlichkeit des Glücks durch den Kopf: Was im strengeren Sinne so genannt werde, entspringe der eher plötzlichen Befriedigung eines hoch aufgestauten Bedürfnisses und sei seiner Natur nach nur als episodisches Phänomen möglich. So schwer diese Aussage zu widerlegen ist, wird mich die Glibberigkeit des Objekts nicht davon abhalten, immer wieder meine Hand danach auszustrecken: nach der Seife, nach dem Glück, nach Magdalena.

Nach einem ausgedehnten Streifzug durch die Rheinauen erholen wir uns bei einem Gläschen Campari on the Rocks vor dem Fernseher und ziehen uns auf Magdalenas Wunsch die zwölfte Staffel einer am Fuß des Wilden Kaisers angesiedelten Arztserie rein. In der ersten Folge leidet der junge Bergdoktor unter dem Abgang des alten Bergdoktors und wird in seiner Trauerarbeit von seiner Tochter begleitet, der es auch nicht gut geht, weil sie einem schnöseligen Medizinstudenten aus München in unerwiderter Liebe zugetan ist. Für weitere Ablenkung sorgt eine Touristin, die in der Seilbahn einen Schwächeanfall erlitten hat und dem Bergdoktor in der Notaufnahme in Anwesenheit ihres Gatten schöne Augen macht. Im Verlauf der diagnostischen Abklärung stellt sich nicht nur heraus, dass die 50-Jährige schwanger ist, sondern dass sie die Frucht ihres Leibes einem außerehelichen Fehltritt mit ihrem jugendlichen Golflehrer zu verdanken hat. Die für alle Beteiligten unerquickliche Situation wird zusätzlich von der Nachricht überschattet, dass der Laborbericht der werdenden Mutter besorgniserregende Werte aufweist. Wird es zu einem Schwangerschaftsabbruch kommen? Kann der gehörnte Ehemann der spätgebärenden Fremdgängerin verzeihen und wird er das Kuckuckskind am Ende gar adoptieren? Wo geht die seichte Unterhaltung in den Zustand der manifesten Verblödung über? Warum zeigt sich die neben mir kauernde Vollakademikerin verzückt vom Anblick der von dem vierschrötigen Bajuwaren Hans Sigl dargestellten medizinischen Allzweckwaffe? Was hat er, was ich nicht habe? Ehe mir all die verdrießlichen Fragen über die Lippen kommen, erinnert mich Magdalena daran, dass ich in einem Anfall von

Renommiersucht versucht habe, sie mit meiner Teilnahme am Swiss Alpin Marathon, einem rund um Davos führenden, über vier Gebirgspässe gehenden Dauerlauf, zu beeindrucken und verbindet diesen spitzzüngig vorgetragenen Hinweis mit dem Vorschlag einer Neuauflage: »Wir könnten, wenn du dir das zutraust, im Allgäu den Lechtaler Höhenweg abgehen und auf der Hinfahrt meine Mutter in Kempten besuchen.« Wenn ich keine Zweifel an der Beständigkeit ihrer Zuneigung hätte, würde ich ihr gern gestehen, dass diese sportliche Großtat über dreißig Jahre zurückliegt, dass ich mittlerweile unter einer generalisierten Höhenangst leide, dass mir eine auf asphaltierten Wegen verlaufende Radtour an der Nordseeküste lieber wäre, aber der maliziöse Unterton ihres Angebots macht es mir unmöglich, meine altersbedingte Abneigung gegen alle Reiseziele, die mehr als 100 Meter über dem Meeresspiegel liegen, offenzulegen. »Fein«, sage ich, »wann solls denn losgehen?«

Wir kommen nach Einbruch der Dunkelheit in Kempten an. Das Häuschen am Rande der verwaist wirkenden Vertriebenensiedlung ist hell erleuchtet. Die alte Dame steht auf ihre Gehhilfe gestützt in der Tür. Sie ist winzigklein und ihre Kittelschürze erinnert mich an die Frauen meiner Kindheit. Sie begrüßt uns mit brüchiger Stimme und umarmt ihre Tochter. Sie nennt sie Lenchen und sagt, dass sie es schön findet, dass sie ihren neuen Bekannten mitgebracht habe. Früher wurden Männer mit unklarem Beziehungsstatus als Bekannte bezeichnet, häufig wechselnde Bekanntschaften galten als anrüchig. Der Küchentisch ist gedeckt und Magdalenas Mutter bietet uns die von einer Nachbarin zubereiteten Spezialitäten aus der alten Heimat an: Schlesisches Himmelreich und zum Nachtisch Beuthener Steinchen. Sie ermuntert mich, ordentlich zuzulangen und bedauert, dass ihre Tochter immer noch wie ein Vögelchen im Essen herumpickt und viel zu dünn sei: »Finden Sie nicht auch, junger Mann?« Bevor ich Gelegenheit habe, mich zu meinem Alter und der Figur ihrer Tochter zu äußern, löst Magdalena die Tafel auf und räumt das Geschirr ab. Das Wohnzimmer wird von einem Pflegebett beherrscht, in dem Magdalenas Mutter den Großteil ihrer Tage und Nächte verbringt, weil ihr der Aufstieg in den ersten Stock zu beschwerlich ist. In einer Nische des von einem Kronleuchter schwach erleuchteten Raums fügen sich die Gegenstände aus einer versunkenen Vergangenheit zu einem Schrein der Erinnerung: Bunzlauer Wandteller mit Pfauenaugen, eine verkleinerte Reproduktion der Schwarzen Madonna von Tschenstochau, die in eine Schneekugel gehüllte Basilika St. Lorenz, Stadtansichten von Breslau aus der Zeit vor dem Zweiten Weltkrieg und das mit einem Trauerflor versehene Schwarz-Weiß-Foto des Vaters in der Uniform eines Hauptmanns der Bundeswehr. Magdalena hat seine Augen, Augen, in deren Bann ich auf rätselhafte Weise geraten bin und denen ich mich nicht entziehen kann. Indem ich mich frage, wie mir geschieht und wie ich in diese Familiengedenkstätte geraten bin, zieht sich die halbblinde Greisin am Triangelgriff des Bettes in die Höhe und sagt, dass ihr Mann ein lieber Mann gewesen sei, der ihr im Frühling des Jahres 1950 beim Schlesiertreffen ins Ohr geflüstert habe, dass er sie um ihre Hand bitten wolle, weil sie ein ganz heißer Feger sei. »Das ist ein schönes Leben gewesen mit ihm und den Kindern, aber nun warte ich darauf, dass unser Herrgott endlich ein Einsehen hat und mich zwanzig Jahre nach seinem Tod wieder zu ihm lässt.« Sie sinkt erschöpft ins Kissen zurück, winkt mich zu sich heran und bittet mich, das Oberteil der Matratze mit der Fernbedienung abzusenken: »Seien Sie gut zu Lenchen, sie hat es verdient.« Ich versichere ihr, dass ich seit Monaten unentwegt mein ganzes Sinnen und Trachten mit unterschiedlichem Erfolg darauf richte, gut zu ihrer Tochter zu sein, aber da hat sie sich schon zur Seite gedreht und die Augen geschlossen. Magdalena kommt aus der Küche und trocknet sich dabei die Hände mit dem Geschirrtuch ab. Dann begleitet sie mich auf dem Weg zu der Privatpension, in die sie mich einquartiert hat, weil sie sich für die restlichen Stunden bis zur Weiterfahrt ganz ihrer Mutter widmen will. Mein Einverständnis ist nicht geheuchelt, und als ich ihr für das Vertrauen danke, das sie mir durch den gemeinsamen Besuch ihres Elternhauses entgegengebracht hat, meint sie, dass ich das nicht überschätzen solle, Kempten habe halt auf der Strecke gelegen. Neben der Unterkunft befindet sich ein Etablissement, in dem sich nach Magdalenas Auskunft seit ihrer Schulzeit das hiesige Nachtleben konzentriert: Chez Rosie.

»Falls du dich nicht ausgelastet fühlst, kannst du dir bei ihr rund um die Uhr alles holen, was du von mir nur in homöopathischer Dosis bekommst.« Sie lacht, zupft mich am Ohrläppchen, wünscht mir eine gute Nacht, leint den Hund an und geht. Zwei Schritte vor und drei zurück. Halb in ihr und halb ohne mich. Ich kann mich nicht erinnern, mich neben einem Menschen jemals so einsam gefühlt zu haben. Ich sitze nackt auf der Bettkante, schütte irgendeinen lokalen Magenbitter aus der Minibar in mich hinein und versuche, mich im bedröhnten Zustand mit der Möglichkeit zu arrangieren, dass der Masochismus die letzte mir zur Verfügung stehende Quelle der Lust sein könnte.

Der Lechweg ist 120 Kilometer lang und führt vom Quellgebiet am Formarinsee bis hinunter nach Füssen. Durch die Extremspaziergänge mit Sachiko befinde ich mich in derart guter körperlicher Verfassung, dass wir am ersten Tag in einem Rutsch zwei Etappen hinter uns bringen: Siehe, er kommt hüpfend über die Berge. Als ich mit Magdalena beim Abendessen auf den gelungenen Einstieg und ganz beiläufig auch auf meine momentane Hochform anstoßen will, meint sie, dass das keine Kunst gewesen sei, weil der Weg ja schließlich immer nur abwärts geführt habe. Das Hotel zur Post in Steeg ist das erste Haus am Platze und hat nicht nur fünf Sterne, sondern serviert den Hausgästen ein aus ebenso vielen Gängen bestehendes Menü. Alles total Bio und regional und sonst noch was, aber die Portionen scheinen aus der Puppenküche zu kommen und mein Hunger wird von Gang zu Gang größer. Neben der Tatsache, dass ich meinen durch die Bewegung an der frischen Luft erhöhten Kalorienbedarf bei gleichzeitiger Verknappung der Nahrungszufuhr mit Unmengen physiologisch wertloser Semmeln abdecke, stößt sich Magdalena daran, dass ich mir nicht die Mühe mache, die Stoffserviette auf meinem Schoß auszubreiten, dass ich alle Gerichte unbesehen mit dem Salzstreuer bearbeite, dass ich das exquisite Essen mit ordinärem Dunkelbier hinunterspüle und generell viel zu viel Alkohol konsumiere. Vor Aufregung fällt ihr das Besteck aus der Hand und als ich der Kellnerin auftrage, meiner Frau ein neues zu bringen, verbittet sie sich vor dem verdatterten Personal von mir als solche bezeichnet zu werden: »Soweit kommt's noch.« Ich sage nichts, zeichne die Rechnung für die Getränke ab und gehe nach oben. Kurze Zeit später folgt sie mir, verschwindet wortlos unter der Dusche und kommt nackt wieder heraus. Sie ist so schön, dass mir die Augen brennen. Sie legt mir die Arme um den Hals, ich fühle mich von ihrem Verhalten angewidert und weise ihren Zärtlichkeitsausbruch zurück: »Ich will nicht drüber gelassen, ich will geliebt werden.«

Beim Frühstück schlägt die Stunde der Zaubertafel. Auf Magdalenas Gesicht sind alle Spuren des nächtlichen Zerwürfnisses gelöscht und es scheint so, als ginge für uns wie für das täglich grüßende Murmeltier an jedem Morgen alles wieder von vorn los. Sie findet es langweilig, weiter im Pulk der berenteten Stockenten auf der Talsohle flussabwärts zu trotten; wir sollten stattdessen über die Rossgumpenalm auf dem Höhenweg in Richtung Jöchelspitz laufen und über Bernardseck absteigen; natürlich nur, wenn ich mir das zutrauen würde. Sie geht mit dem Hund voraus, und ich folge ihr schicksalsergeben. Beim Anblick der Forchacher Hängebrücke stockt mir der Atem. Sie führt auf einem Metallgitter in einer Länge von 200 Metern über den Abgrund, und während ich sie mit weichen Knien überquere, richte ich meinen Blick starr auf die gegenüberliegende Schutzhütte. Die Hoffnung, dass damit der schlimmste Teil hinter mir liegt, erweist sich als trügerisch. Magdalena ruft mir zu, dass wir eine Abkürzung nehmen und springt leichtfüßig wie eine Gämse vor mir her. Der handbreite Trampelpfad ist von feuchten Tannenwurzeln durchzogen und von grobem Geröll bedeckt, auf dem ich ausrutsche und immer wieder den Halt verliere. An einer besonders ausgesetzten Stelle schießt mir der Angstschweiß aus allen Poren und verklebt die Brillengläser. Ich lehne mich an den vor mir aufragenden Berg und ziehe mich an dem herunterhängenden Gestrüpp auf allen Vieren millimeterweise vorwärts. Vom Kriechen zum aufrechten Gang und wieder zurück. Zu wissen, dass sie mein hilfloses Treiben von dem höher gelegenen Felsplateau aus die ganze Zeit hindurch beobachtet, erfüllt mich mit einem entsetzlichen, nie zuvor erlebten Gefühl der Scham. Nachdem ich eine Ewigkeit später endlich zu ihr aufgerückt bin, gehen wir auf dem Hauptwanderweg stumm nebeneinander her zurück ins Tal, peinigend wortlos, Stunde um Stunde, bis sie auf der Bank vor einer Jausenstation ihr Urteil verkündet: »Deine Hinfälligkeit hat mich so geschockt, dass ich mir ein Leben mit dir nicht vorstellen kann.«

Der Tote Mann ist eine durch den Auftrieb des menschlichen Körpers begünstigte Position der Ganzkörperschwebe, die von Schwimmlehrern angewandt wird, um Kindern die Angst vor dem Wasser zu nehmen. Ich bin kein Kind, fürchte mich nicht vor dem Wasser und treibe in einem österreichischen Bergdorf gegen Mitternacht auf der Oberfläche des hell erleuchteten Hotelpools, um mich von dem härtesten Bannfluch zu erholen, den eine Frau über einen Mann, den ein Mann über eine Frau verhängen kann: Du bist mir zu alt.

FUN IN JEVER

Auf die in Xenophons Gastmahl gestellte Frage, warum Sokrates in der Person Xanthippes auf eine Frau hereingefallen sei, die nicht nur unter allen Lebenden, sondern unter allen, die jemals gelebt haben und künftig leben werden, als die unerträglichste gilt, entgegnete der Philosoph, dass er sein Weib schätze und verehre, weil ihm nach der Eheschließung der Umgang mit allen anderen Menschen plötzlich ganz leicht gefallen sei und er ihrer nicht einzudämmenden Streitlust letztlich seinen beruflichen Aufstieg zu danken habe: Durch die Verwandlung seines trauten Heims in eine lärmerfüllte Hölle sei er gezwungen gewesen, bei der Beantwortung der zentralen Menschheitsfragen auf die Gassen und Plätze Athens auszuweichen.

Dass ich mich bei Sigrid einer Frau in die Arme warf, die ihrer antiken Ahnherrin in meinem Erleben mühelos den Rang ablief, hatte vor allem mit ihrer Fähigkeit zu tun, einem alten, kurz vor der sexuellen Abdankung stehenden Mann bereits im Verlauf der Erstbegegnung nicht nur Beine zu machen, sondern ihn, abgebrannt wie er war und sich fühlte, mit einem erotischen Feuerwerk zu beglücken, das vorübergehend alles hinwegfegte, was mich in den letzten zehn Jahren beschwert und zu Boden gedrückt hatte: Ich fühlte mich beim Vögeln unter ihrer Führung ganz und gar lebendig und voll und ganz im Einklang mit mir, mit ihr und der Welt. Ich weiß, dass der pure Sex hierzulande derzeit keinen guten Ruf genießt, weil die Frauen dabei immer draufzahlten, weil er aus bloßer Reibung bestehe und unterm Strich ein seichtes Vergnügen sei, dem es an geistig-seelischer Tiefe fehle. Der Verdacht ist kaum zu entkräften, aber vielleicht muss man wie ich und mein amerikanischer Kronzeuge Philip Roth das nahe Ende vor Augen haben, um im unumwunden ausgeübten Geschlechtsverkehr in all seinen Spielarten die letzte Möglichkeit wahrzunehmen, dem Tod Paroli zu bieten. Und in dieser Abwehrschlacht gegen das Nichts erschien mir Sigrid als kongeniale Bündnispartnerin. Sie war im Landkreis Jever als Tierärztin tätig, tanzte in ihrer Freizeit mit alleinstehenden Frauen Flamenco, und dass sie im westlichen Friesland nebenberuflich das Amt der Seuchenschutzbeauftragten ausübte, hielt ich zunächst für unbedenklich.

Die zweite Fahrt führte in sieben Stunden über Hannover, Bremen, Oldenburg und Sande zu dem entlegenen Liebesnest, und weil der Zustand der Bordtoiletten auf allen Streckenabschnitten jeder Beschreibung spottete, litt ich bei meiner Ankunft in Sigrids reetdachgedeckter Villa unter erheblichem Harndrang. Als ich nach einer notgedrungen flüchtigen Umarmung in ihr Badezimmer stürmte, versperrte mir die Gastgeberin mit einer Sprühflasche den Weg und bat mich, zuvor mein Schuhwerk zu desinfizieren. Ich war verblüfft, beteuerte, auf dem langen asphaltierten Weg zu ihr weder mit Kuhfladen noch mit Hundekot in Berührung gekommen zu sein, aber sie schaute mich wissend-mitleidig an und sagte: »Wat mutt, dat mutt und wasch dir anschließend bitte die Hände.« Mein Hormonpegel war hoch, meine Anpassungsbereitschaft unbegrenzt, und ich dachte an die Vogelgrippe, die Schweinepest, den Rinderwahnsinn und andere ländliche Heimsuchungen, von denen ich zugegebenermaßen keine Ahnung hatte. Danach war alles sehr entspannt, und ich genoss in ihren Armen das Bad im Jungbrunnen: »Werd ich zum Augenblicke sagen: Verweile doch! Du bist so schön.«

Beim dritten Besuch nahm ich mühelos alle hygienischen Hürden, und auf dem Umweg über ein vegetarisches Abendessen fanden wir zu ungetrübter Fleischeslust zurück, aber als ich hinterher erschöpft und total entspannt neben ihr lag und sie bat, ihren Kopf in meine Halsbeuge zu betten, mochte sie diesem Wunsch nicht folgen und sprang stattdessen ins Badezimmer. Dass sie mir bei ihrer Rückkehr anvertraute, sich einer Vaginaldusche unterzogen zu haben, machte mich ein wenig verlegen, und ich dachte im Stillen, dass es mir lieber gewesen wäre, wenn sie mich mit den entzaubernden anatomischen Details verschont hätte. Meine Hoffnung, im Anschluss an den mir unverständlichen Reinigungsakt zu einem von postkoitalen Zärtlichkeiten begleiteten Nachspiel zurückzufinden, erfüllte sich nicht. Stattdessen erklärte sie das traute Schäferstündchen für beendet, indem sie mich aufforderte das Bett zu verlassen, weil sie das befleckte Laken abziehen müsse. Ich warf ein, dass mir der Wäschewechsel angesichts der altersbedingt geringen Flüssigkeitsabsonderungen übertrieben erschiene, zudem empfände ich den von unserem überschaubaren Feuchtgebiet aufsteigenden Geruch eher als sehr stimulierend. Sie lachte, nannte mich ihren lieben, aber zur Schmuddeligkeit neigenden Poeten und befand, dass ihr Schlafzimmer weder eine Steinzeithöhle noch ein Raubtierkäfig sei. Während sie mit der Wiederherstellung ihrer keimfreien häuslichen Ordnung beschäftigt war, zog ich meine schwarze Unterhose an, setzte mich auf einen freien Stuhl und vertrieb mir die Zeit mit der Lektüre von Jürg Willis *Die Zweierbeziehung. Das unbewusste Zusammenspiel von Partnern als Kollusion*. Als ich bei dem Kapitel über die anal-sadistische Liebe als sicherheitsspendende Abhängigkeit angelangt war, stellte Sigrid den Staubsauger aus und fragte mich in die Stille hinein, ob mir noch keine Frau gesagt hätte, dass meine schwarzen Slips geschmacklos seien. Ich verwahrte mich sowohl gegen die Einladung zur Beziehungsretrospektive als auch gegen diese Einschätzung und verwies darauf, dass ein Gesäß und Scham bedeckender Slip kein prolliger Tanga sei und dass ich für den verruchten Markenartikel aus dem Hause HOM pro Stück 25 Euro abgedrückt hätte. Sie bedauerte meinen Starrsinn und stellte mir einen Einkaufsbummel in Aussicht: Sie wolle mir bunte, ästhetisch ansprechende Boxershorts mit lustigen Motiven schenken. Ich sagte ihr, dass ich alles sei, nur nicht lustig, und demzufolge auch keine lustige oder gar putzige Unterwäsche tragen würde. An diesem Wochenende kam es zu keinen weiteren Intimitäten.

Ich war nie das, was man landläufig einen schönen Mann nennt, und um mit dieser realistischen Selbsteinschätzung meinen Frieden zu machen, wollte ich auch nie einer sein. Diese Verleugnung, die entfernt an die Fabel vom Fuchs und den hochhängenden Trauben erinnert, hatte ihre Tücken, weil ich seit meiner Geburt immer auf den wohlwollenden Blick einer Frau angewiesen war und blieb, um mich in meiner Haut einigermaßen wohl zu fühlen – eine Abhängigkeit, die sich im Alter naturgemäß verschärft und bei mir im Umgang mit der Freizeittänzerin aus der norddeutschen Tiefebene beinahe den Charakter einer Sucht annahm. Natürlich war ich nicht so blöd, nach dem Akt der körperlichen Vereinigung beispielsweise mit der Frage »na, wie war ich?« in der unkultivierten Manier dumpfer Jungbullen Komplimente zu erpressen, deren Wahrheitsgehalt bei null lag, aber ich hätte sicher nichts dagegen gehabt, zumindest ein ganz kleines bisschen belogen zu werden. In Sigrid war ich jedoch auf eine emotionale Grobmotorikerin gestoßen, die sich auf die unverblümte Mitteilung ihrer Wahrnehmungen viel zugutehielt und sie durch eine Bhagwan-Weisheit aus den Siebzigerjahren des letzten Jahrhunderts zu adeln und zu untermauern pflegte: »Das Gute ist in dir und du darfst und musst es jederzeit rauslassen.« Im Verlauf meiner siebten Nordlandreise saßen wir entkleidet im Bett und schlürften auf ihr Geheiß mehrfach abgekochtes heißes Wasser, von dem sie behauptete, dass es nach ayurvedischer Lehre die Lebensgeister beflügele, als ihr kritischer Blick meinen frierenden Leib ins Visier nahm und ihrem Mund eine Frage entströmte, bei der mir der Becher mit dem energisierten Heißgetränk aus der Hand fiel: »Du hast dich für dein vorgerücktes Alter im Großen und Ganzen passabel gehalten, aber solltest du nicht mal darüber nachdenken, dich einer Enthaarungskur zu unterziehen?« Der Schock war so massiv, dass ich zunächst jede Gegenwehr einstellte und so tat, als hätte ich mich verhört. Selbstverständlich war mir bekannt, dass sich Geschlechtsgenossen aus anderen Kulturkreisen und Gesellschaftsschichten, die dem tierischen Erbe der Menschheit offensichtlich näher standen als ich, einer Körperbehaarung rühmen durften, bei der sie es mit jedem Gorillamännchen hätten aufnehmen können. Dass diese pelzartige Fülle in den Augen einer liebenden Frau aus unseren Breitengraden und dem mir vertrauten Milieu, nicht durchgehend als erotisierendes Geschenk der Mutter Natur begrüßt wird, leuchtete mir ein, aber von einem solchen Wildwuchs konnte bei einem Mann, dessen flaumartiger Haarwuchs noch nicht einmal einen zünftigen Schnauzer hergab, nicht im Entferntesten die Rede sein. Was tun? Flüchten? Standhalten? Einschmieren?

Nach meiner Rückkehr an den Main suchte ich eine entlegene Rossmann-Filiale auf und trug einer sehr zuvorkommenden und dezenten Mitarbeiterin im Flüsterton mein Anliegen vor. Das Präparat kam aus Frankreich, hieß *Veet* und die Liste der Nebenwirkungen war so lang und kleingedruckt, dass ich mir die Lektüre ersparte, um kurz vor dem Eingriff nicht den Mut zu verlieren. Als ich den Sicherheitsverschluss der Tube öffnete, roch es in meinem Badezimmer wie im Chemiedreieck Leuna-Buna-Bitterfeld vor der Abwicklung durch die Treuhand. Speiübel war mir nun schon, aber der aufkommende Brechreiz war nichts gegen die Höllenqualen, die ich erleiden musste, nachdem ich die zementartige Masse mit dem Spatel fingerdick im Genitalbereich aufgetragen hatte. Sechs geschlagene Minuten lang stand mein Unterleib in Flammen, bevor das Mittel seine Wirkung entfaltete und ich durch ein einstündiges Kamillensitzbad eine gewisse Linderung meiner Schmerzen erfuhr. Ich musste mir noch nie nachsagen lassen, feministischem Gedankengut allzu viel Sympathie entgegengebracht zu haben, aber durch die hinter mir liegende Prozedur wurde mir klar, was die Frau als Hüterin der Gattung in der langen Geschichte des Morgen- und Abendlandes an Deformationen über sich ergehen lassen musste, um den Mann bei Laune zu halten und seine Fortpflanzungsbereitschaft zu erhöhen. Man könnte aber auch ohne Weiteres sagen, dass sie einen transgenerationellen Sprung in der Schüssel hatte, und genau das sagte ich mir, als ich im Spiegel das Ergebnis der chemiegestützten Rodungsarbeit in Augenschein nahm: Ich sah aus wie ein betagter afrikanischer Nacktmull, ein Nagetier, das allerdings auch in einer früheren Lebensphase nicht viel attraktiver ist.

Wenn einem Mann der Gedanke kommt, dass vom Objekt seiner Begierde eine Wirkung ausgeht, die den Aufenthalt in einem nordkoreanischen Umerziehungslager als Wellness-Urlaub erscheinen lässt, ist es hohe Zeit, den Verstand zurate zu ziehen und sich seiner Selbsterhaltungsmechanismen zu vergewissern. Angesichts meines unübersehbar fortschreitenden Persönlichkeits- und Körperumbaus wurde ich von meinen

Töchtern bekniet und von meinen Freunden beschworen, von Sigrid abzulassen, aber ich verbat mir jegliche Einmischung in meine Privatsphäre und ersuchte sie, mich mit ihrem von Eifersucht und Missgunst diktierten Psychoscheiß zu verschonen. Die Wortwahl war zweifellos derb, die harsche Zurückweisung der Sorge um mein seelisches Wohlergehen unangemessen, aber wie hätte ich ihnen als um seine Würde ringender Mann jenseits der Siebzig erklären sollen, dass ich bereit war, diese Partnerschaft mit Zähnen und Klauen zu verteidigen, weil das Kerngeschäft unserer Beziehung, der Sex, von Sigrids Abrichtungsgelüsten völlig unberührt blieb. Und dieses Geschäft lief, um das Maß des Unsäglichen voll zu machen, wie geschmiert. Aus dieser Haltung heraus nahm ich zwei Wochen nach der Entlaubungsaktion ihren Heiratsantrag an und begab mich nach Beschaffung der Unterlagen in das örtliche Standesamt. Sigrid hatte an diesem Tag keine Zeit, weil sich bei einer trächtigen Kuh das Kälbchen während des Geburtsvorgangs quer gelegt hatte und sie für einen erkrankten Kollegen einspringen musste. Als veterinärmedizinischer Laie, der kein Blut sehen konnte, mochte ich mir ihren Einsatz im Detail nicht ausmalen, aber robust, zielstrebig und umsichtig, wie sie war, wusste ich, dass sich das Muttertier und sein Nachwuchs in guten Händen befanden und sie das Kind schon schaukeln würde. Der mit der Prüfung der Dokumente befasste Beamte war ein freundlicher, behäbig wirkender Mann, der allerdings zu einer für Friesen eher untypischen Redseligkeit neigte. Nach der sorgfältigen, von einem Dauermurmeln begleiteten Musterung der Wohnsitz- und Geburtsurkunden, wandte er sich den Vorehen und den Sterbeurkunden der früheren Partner der Antragsteller zu und schaute mich über den Rand seiner Lesebrille lange und unverkennbar mitleidig an: »Das muss man Ihnen lassen, Sie haben Mut, mein Herr!« Die

Verschwiegenheitspflicht von Kommunalbediensteten schien in den moorigen Randzonen Niedersachsens außer Kraft gesetzt zu sein, jedenfalls musste ich ihn nicht lange bitten, ein bisschen deutlicher zu werden. Sigrids erster Gatte, ein aus der k. u. k Monarchie stammender Landadeliger, der noch den Thronverzicht von Kaiser Karl erlebt hatte, war nach zwölfmonatiger Ehe im Alter von 92 Jahren aus dem Leben geschieden und hatte ihr das Haus in Jever und eine Ferienwohnung am Plattensee vermacht. Kurz darauf sei sie mit einem damals noch verheirateten Redakteur der *Badischen Zeitung* namens Fink liiert gewesen, der ein erhebliches Barvermögen in die Verbindung eingebracht habe und im Oktober letzten Jahres unter mysteriösen Umständen gestorben sei. Dass sie die Asche des in der Blüte seiner Jahre stehenden Mannes bereits eine Woche später vor Wangerooge in die Nordsee habe streuen lassen, sprach nach Einschätzung des Standesbeamten Bände und außerdem für sich. Da ich früher einmal für das in Freiburg erscheinende Intelligenzblatt gearbeitet hatte, wurde mir plötzlich ganz flau im Magen und ich stürzte mit dem Hinweis aus dem Amtsgebäude, dass ich wieder vorstellig würde, sobald ich mich mit meiner Verlobten auf den Termin der Eheschließung geeinigt hätte. Als der Kleinstadt mit Mühe und Not entronnener Flüchtling war mir bekannt, dass dort die Übergänge vom Tratsch zur üblen Nachrede bis hinunter in den Abgrund des Rufmords fließend sind, und deshalb konnte ich nach einem Spaziergang durch die malerische Fußgängerzone relativ schnell den paranoiden Gedanken abschütteln, einer geldgierigen Gottesanbeterin auf den Leim gegangen zu sein. Zudem musste das zwischen ihr und mir so etwas wie an Liebe grenzende Zuneigung sein, weil sie wusste, dass bei mir nach meinem Ableben außer den 4000 Euro Sterbegeld von der HUK Coburg absolut nichts zu holen war.

Da mir in Jever von Reise zu Reise und von Date zu Date bewusster wurde, dass sich meine Mitwirkungsrechte in unserer Partnerschaft auf das überschaubare Areal des 2 x 2 Meter messenden Himmelbetts beschränkten und die Wahrung dieser Rechte zudem von meiner durch das Alter zunehmend bedrohten Fähigkeit abhing, en suite in der Rolle des unermüdlichen Husaren zu glänzen, überredete ich Sigrid zu einem Gegenbesuch in Frankfurt. Ein einziges Heimspiel unter meiner Regie, so meine Hoffnung, und die bestehenden Machtverhältnisse würden in reifer und reflektierter Weise in das einmünden, was Paartherapeuten als Gleichwertigkeitsbalance bezeichnen. Dass sich diese Balance im Bordrestaurant des zwischen Hannover und München verkehrenden ICE noch nicht ganz deutlich abzeichnete, versuchte ich mir nachträglich damit zu erklären, dass wir uns im Niemandsland zwischen unseren jeweiligen Herrschaftsgebieten bewegten, ein undefiniertes Gelände, auf dem die Bändigung des freien Spiels der Kräfte ohne Schlichtung scheitern musste und dazu einlud, vor dem Abrüstungsabkommen ein letztes Mal die Waffen sprechen zu lassen. Sigrid bestellte sich einen Curry-Kokos-Salat mit irgendwelchen frittierten Bio-Algen aus dem chinesischen Meer, ich nahm mit einer schlichten gutbürgerlichen Tomatensuppe vorlieb und bemerkte in ruhigem Tonfall, dass die Schickimickisierung des gastronomischen Angebots nun wohl auch die alte Tante Bundesbahn erreicht habe. Sie ließ sich mit der Antwort Zeit, bis meine Suppe kam, und äußerte mit einem Anflug von Missbilligung, dass nach der 5000-jährigen indischen Ernährungslehre Knoblauch, Zwiebeln und vor allem Tomaten zur Gruppe von rajasischen Lebensmitteln gehörten, die bei unausgeglichenen Menschen eine allgemeine Reizbarkeit, Intoleranz und cholerische Ausbrüche fördern. Ich gab mich als Anhänger der evidenzbasierten europäischen Trophologie zu erkennen, betonte, dass ich die Ruhe selbst sei und mir die Gleichung »Wer Tomaten frisst, sieht rot«, aus einer der zahllosen Produktionsstätten für esoterischen Schwachsinn zu stammen schien. Lachen konnte Sigrid erst wieder, nachdem ich von ihren Algen probiert hatte und sich ein Fetzen von dem vermaledeiten asiatischen Grünzeug auf meinem Gesicht verselbstständigte, indem es unbemerkt vom Mundwinkel zum Nasenrücken wanderte. Sie zeigte *coram publico* ganz ungeniert mit dem Finger auf mich, kicherte wie ein ausgeflippter Backfisch und nach fünf Minuten platzte mir der Kragen, weil die Loriot-Nummer ziemlich abgestanden war und voll auf meine Kosten ging.

In Erwartung meines Heimvorteils steckte ich es locker weg, dass sie unmittelbar nach der Führung durch meine sonnige Frankfurter Dachwohnung verlauten ließ, dass die Altgesellenbehausung heruntergekommen und verwahrlost sei und förmlich nach einer Renovierung schreie. Zu diesem Zeitpunkt konnte ich nicht wissen, dass ich meine saloppe und wenig durchdachte Antwort binnen 24 Stunden bitter bereuen sollte: »Wenn dich der Schrei auch morgen noch umtreibt, kannst du meinetwegen loslegen.« Sie packte ihren Koffer aus und überreichte mir als Gastgeschenk eine aus verwaschenen Jeans zusammengenähte Einkaufstasche, die in einer vom UNHCR im Kaschmirgebiet unterhaltenen Werkstatt für Opfer häuslicher Gewalt gefertigt worden war. Statt den komplexen, an den universellen Unterdrücker gerichteten Symbolgehalt dieser mit Blut, Schweiß und Tränen imprägnierten Kostbarkeit zu entschlüsseln, schaltete ich auf Durchzug und sagte, sie solle es mir bitte nicht übel nehmen, aber der Patchworksack sondere einen Mottenpulvergeruch ab, der mich an das in der Nachkriegszeit gebräuchliche Naphtalin erinnere. Nach dieser Herzlosigkeit brach Sigrid in

Tränen aus, und weil mich die Tränen einer Frau seit jeher fassungslos machen, ruderte ich zurück und bekannte, dass mich meine mangelnde Sensibilität nachträglich mit brennend heißer Scham erfülle: »Kannst du mir das noch einmal verzeihen?«

Sigrid hatte ein schmales, schön geschnittenes Gesicht mit warmen, braungrünen Augen und einer blonden Aufsteckfrisur, die ihre wohlgeformten, enganliegenden Ohren betonte. Um diesen anziehenden Eindruck zu steigern und zu vervollkommnen, hatte ich vor ihrem Gegenbesuch eine mir bekannte Goldschmiedin aufgesucht und mich nach eingehender Beratung für ein Paar silbergefasster Ohrringe entschieden, die aus zwei tropfenförmigen, zartrosa schimmernden Opalen bestanden. Ich malte mir nach dem Kauf ganz häufig ihre Freude über dieses Geschenk aus, aber als sie jetzt daran ging, den Schmuck mit spitzen Fingern aus der Seidenschatulle zu nehmen, schwante mir, dass ihre Freude durch meine vorausgegangene Attacke gedämpfter ausfallen könnte als erwartet. Sie legte die Ohrringe auf ihre geöffnete Handfläche, schaute sich die Bescherung lange an und sagte, dass das sicher ganz lieb gemeint sei: »Aber die Farbe macht mich zehn Jahre älter und blass wie ein Graukäse.« Ganz lieb ist der Bruder von ziemlich doof, gewogen und für zu leicht befunden. Das war noch halbwegs zu verwinden, aber als sie hinzufügte, dass mir ihres Erachtens jedes Gespür für das fehle, was eine Frau ziert und was nicht, brachen bei mir alle Dämme. Ich schleuderte ihr an den Kopf, dass ich Frauen schon mit Geschmeide überschüttet, eingekleidet und ausgezogen habe, als sie mit ihren Spielkameradinnen vor dem Deich noch durch den Schlick gestapft sei. Das war nicht nett und zudem ein Schuss ins Knie, weil meine Invektive den zwischen uns bestehenden Altersunterschied von dreizehn Jahren bloßlegte.

In unserem Spiel ohne Grenzen stand es nach meiner Rechnung 2 zu 1 für sie.

Während sich Sigrid weinend ins Badezimmer zurückzog, um sich abzuschminken und ihre Nährcreme aufzutragen, dimmte ich die Wohnzimmerbeleuchtung herunter und bastelte den größten Joint meines Lebens. Als sie mit fettglänzendem Gesicht zurückkam, nannte sie mich einen narzisstisch gestörten Drecksack und ich sie eine putzwütige Zwangsneurotikerin, aber nach dem dritten Zug verschlug es uns endlich die Sprache und den Atem, und wir besannen uns auf das, was uns zusammengeführt hatte und was uns niemand nehmen konnte: die Lust. Danach legte ich meine Hand auf ihren weichen, wunderbar warmen Bauch und schlief wie ein Murmeltier. Beim Aufwachen klagte sie über Rückenschmerzen und machte dafür die billige und zudem durchgelegene Federkernunterlage meiner Schlafstätte verantwortlich. Durch die Behandlung mit einem scharf riechenden Massageöl der Marke Maharishi, trat eine gewisse Besserung ein, aber sie meinte, dass sie ohne einen viscoelastischen Memory Foam Topper keine weitere Nacht neben mir überleben würde. Weil die Nächte für uns entschieden einvernehmlicher verliefen als die Tage, und ich mich durch die hochdosierte Droge in einem anhaltend transzendenten seelischen Aggregatzustand befand, nannte ich sie ganz zärtlich meine Erbsenprinzessin, zog mich notdürftig an und fuhr in die Innenstadt. Bis zu meinem Eintreffen bei Matratzen Concord wusste ich weder, was ein viscoelastischer Memory Foam Topper ist, noch, dass er satte 198 Euro kostete. Der Fahrer des Lastentaxis wuchtete die voluminöse Fracht in den dritten Stock, und als ich die Tür öffnete, um die Liebesgabe vor Sigrid auszurollen, glaubte ich im ersten Moment, in der falschen Wohnung gelandet zu sei. Auf dem Balkon stapelten sich meine abgewetzten, für den Sperrmüll hergerichteten Sisalteppiche, die Küchenarmaturen waren von allen Kalkablagerungen befreit, der Duft von Sagrotan und Dan Clorix durchwehte den Sanitärbereich, und auch der penibelste Chirurg hätte angesichts der in keimfreiem Weiß erstrahlenden Tonfliesen keinen Augenblick gezögert, in meinen Gemächern auf der Stelle vom Boden zu essen oder Organtransplantationen durchzuführen. Der Traum vom Heimvorteil hatte sich im Nebel der Allesreiniger verflüchtigt, weil das Heim, in dem ich mich eingerichtet hatte, nicht mehr existierte, das Matriarchat war bis in das Innere meines Bidets vorgedrungen, und als ich mich unter Seufzen und Klagen nach dem Stand der Frühstücksvorbereitungen erkundigte, bat mich Sigrid um Geduld. Sie habe mein gesamtes Geschirr, verstaubt und versifft wie es war, in die Spülmaschine gestellt, aber wir könnten bis dahin ja die Rückenfreundlichkeit der Matratzenauflage testen und anschließend duschen.

Ich überspringe die heroische Schilderung meines letzten sexuellen Aufbäumens und nähere mich der Schilderung dessen, was sich danach in der Nasszelle abspielte und den Schlussakt des Sigrid-Dramas darstellen sollte. Wenn eine gewöhnliche Frau mit einem gewöhnlichen Mann im nichtöffentlichen Raum unter der Dusche steht und die beiden füreinander eine über das bloße Mitmenschlichkeitsgefühl hinausgehende Sympathie empfinden, ist es in der Regel so, dass der Duschvorgang nicht vorrangig der Körperreinigung gilt, sondern im jeweiligen Kontext von den Beteiligten unausgesprochen als Element eines ergebnisoffenen Nach- oder Vorspiels begriffen wird. Da Sigrid jedoch alles andere als gewöhnlich war und den permanenten Übergriff zur nicht hinterfragbaren Regel erhoben hatte, fuhrwerkte sie auf meinem knabenhaft enthaarten Körper herum, als sei ich soeben von einer Doppelschicht im Kohlebergbau heimgekehrt. Das alles hätte ich wie Wind und Wetter über mich ergehen lassen, wenn sie, entfesselt wie sie war, nicht dazu übergegangen wäre, sich einen eingeseiften Frotteewaschlappen über den Zeigefinger zu stülpen und ihn in meine Ohrmuscheln zu bohren. Wie hätte sie wissen sollen, dass meine Mutter, eine liebe und aufopferungsvolle Frau, die ihre Herzensgüte allerdings zeit ihres Lebens erfolgreich unter einer ausgeprägten Rigidität verbarg, vor Urzeiten mit – ich bin versucht zu sagen – demselben Waschlappen und demselben Zeigefinger in meine Gehörgänge einzudringen versuchte. Es war immer noch Samstag, ich stand immer noch in einer mit lauwarmem Wasser gefüllten Zinkwanne und sie kam immer noch über mich als sei es gestern gewesen. Ich stand unter der Dusche und sah meine Mutter. Sie war mir zu nahegekommen, und ich sagte es ihr.

Als sie in ihren Smart stieg und auf immer in Richtung Norden verschwand, wusste ich, dass das Endspiel meines Lebens ohne sie ziemlich trostlos über die Bühne gehen würde.

MÜNCHEN LEUCHTET

Als geschwisterlos aufwachsendes Kind hatte ich nacheinander Goldfische, einen Hamster und einen Wellensittich. Weil ich mich um die mir anvertrauten Geschöpfe nach ihrer Anschaffung nicht in erwünschter Weise kümmerte, wurden sie von meiner Mutter, einer resoluten und entscheidungsfreudigen Angehörigen der Trümmerfrauengeneration, nach einmaliger Vorwarnung durch die Toilette gespült, vom Balkon in die Tiefe geschubst oder an fürsorglichere Altersgenossen weitergereicht. In der Folgezeit ging ich den Tieren und die Tiere gingen mir wohlweislich aus dem Weg, und ich hätte mir vor dem Hintergrund dieser für beide Seiten traumatisierenden Erfahrung niemals träumen lassen, dass ich 65 Jahre später aus einer finanziellen Notlage heraus auf einer gottverlassenen Wüsteninsel im Atlantik die Verantwortung für circa 30 streunende Kleinsäuger aus der Familie der Felidae übernehmen sollte.

Nach Sigrids Abflug war die Zeit reif für eine Schlussbilanz. Obwohl ich meine Idealvorstellungen im Prozess der Beziehungsanbahnung laufend nach unten korrigiert hatte, waren alle Versuche, bei FinalDate auf dem Meer der digitalen Liebe eine Frau an Land zu ziehen, gescheitert. Als Anhänger der erotischen Old School war es für mich seit der ersten Tanzstunde ein ebenso unzeitgemäßer wie unumstößlicher Bestandteil männlichen Paarungsbestrebens, für die Nebenkosten der Begegnungen auch dann aufzukommen, wenn sie sich nicht als zielführend erwiesen, was leider meistens der Fall war. Die eiserne Regel, nach der es sich für den ritterlichen Mann verbietet, in Gegenwart des angehimmelten Wesens über Geld oder gar getrennte Kassen zu reden, ist natürlich leichter zu befolgen, wenn man es hat oder sich der Gegenwert der Fehlinvestitionen wie in den vermeintlich guten alten Zeiten auf ein koffeinhaltiges Erfrischungsgetränk, den Besuch eines Kettenkarussells oder eine Kinokarte beschränkt. Tatsache war, dass ich bei der verzweifelten Suche nach einer endgültigen Liebe kaum noch aus den Spendierhosen herausgekommen war, aber nach zwei Jahren verschwenderisch gestreuter Huldbeweise stand die Fadenscheinigkeit dieses Kleidungstücks ebenso außer Frage wie die Erschöpfung meines Kreditrahmens und das Verlöschen meiner Libido. Alles umsonst und der Novembersturm fuhr mir durchs morsche Gebein.

Das an der Südküste Teneriffas gelegene Aparthotel Emperador hat keinen Stern und beherbergt in den Schlichtunterkünften berentete Langzeiturlauber aus England und Deutschland, die wenig oder nichts auf der Naht haben. Der Sachbearbeiter meiner Bank hatte mir nach zähen Verhandlungen für den dreimonatigen Aufenthalt einen an Hartz IV angelehnten Vorschuss von 1200 Euro bewilligt, und dass Ryan Air für den Transport in einem dubiosen Fluggerät sowjetischer Herkunft 19,99 Euro verlangte, machte den Kohl auch nicht mehr fett. Nach meiner Ankunft in der Bettenburg wechselte ich in einen frugalen Modus der Lebensführung. Vor Tau und Tag absolvierte ich im unbeheizten Salzwasserpool des Hotels 25 Bahnen, nahm den Morgenkaffee bei McDonald's zu mir und wanderte im Strom meiner Altersgenossen über die Strandpromenade fünf Kilometer in nördlicher Richtung, um die vor der Küste kreuzenden Kite-Surfer zu bestaunen: ihre beweglichen, in der Sonne glitzernden Leiber, die Kraft und die Unverwundbarkeit der Jugend, ein neidloser Rückblick auf ein abgeschlossenes Kapitel. Ich ernährte mich von Ziegenkäse, Weißbrot, Äpfeln und Oliven, wusch meine Klamotten in Rei aus der Tube und trank zum Tagesausklang einen gesamteuropäischen Rotweinverschnitt aus dem Tetra Pak.

War es die Rückbesinnung auf das Gebot christlicher Nächstenliebe oder ein schlichter Akt herablassender Fürsorge: jedenfalls kümmerte ich mich fortan um die zweimal wöchentlich im Emperador eintreffenden Neuzugänge, darunter zahlreiche gehandicapte Hochbetagte, die auf der Suche nach günstigen Einkaufsmöglichkeiten und medizinischer Grundversorgung desorientiert durch die touristische Kampfzone von Los Americanos irrten. Als mein Ruf als barmherziger Samariter bis zu dem vom spanischen Festland stammenden Geschäftsführer vorgedrungen war, bestellte er mich in sein Büro und fragte mich, ob ich gegen ein kostenloses Upgrade in die Halbpensionsklasse bereit sei, meine Mildtätigkeit auf die auf dem Hotelgelände lebenden Vierbeiner auszudehnen. Da er sein Angebot in gebrochenen Hispanogermish vortrug, brauchte es eine Weile bis ich begriff, um was es ging. Die Hotelgäste fühlten sich von einem Katzenrudel bedrängt, das sich morgens von Klagelauten begleitet vor den Wohneinheiten versammelte, in denen die Bewohner auf den Balkonen unbehelligt ihr Frühstück zu sich nehmen wollten. Um diesen Missstand zu beenden, sollte ich die Tiere mit einem Eimer Küchenabfällen versehen, in einen aufgelassenen Teil der Hotelanlage locken und sie derart abfüllen, dass sie an Ort und Stelle in einen mehrstündigen Verdauungsschlaf fielen. Verführt durch die in Aussicht gestellte Statusverbesserung, erklärte ich mich bereit, die Störenfriede wohlwollend in Augenschein zu nehmen. Ich ließ mir aus der Küche eine Dose Ölsardinen kommen und öffnete sie, sobald ich das Tierreservat, eine aus vier abbruchreifen, von verdorrten Palmen umstandenen Bungalows bestehende Häuserzeile, erreicht hatte. Innerhalb weniger Minuten nahmen die Tiere Witterung auf und schossen aus allen Himmelsrichtungen auf mich zu. Meine vielköpfige Klientel baute sich maunzend und schnurrend im Halbkreis um mich auf, und ihr Anblick war im ersten Augenblick schockierend. Wenn Katzen sieben Leben haben, so machten diese den Eindruck, dass sie sechs davon bereits hinter sich hatten. Ihr räudiges Fell war von Narben überzogen, der einen fehlte ein Auge, der anderen der halbe Schwanz, die Öhrchen waren zerfleddert und einige zogen die lahmenden Läufe hinter sich her. So abstoßend diese gepeinigten Kreaturen auch wirkten, weckten sie in mir ein an Solidarität grenzendes Mitgefühl. Ich war im entlaubten und illusionsbereinigten Winter meines Lebens angekommen, versuchte im Zentrum eines gerontotouristischen Durchlauferhitzers über die Runden zu kommen und das Schicksal hatte mir über die Hoteldirektion ein Sinnstiftungsangebot zukommen lassen, das ich nicht ausschlagen konnte: der Eremit und seine Schutzbefohlenen. Um ein bisschen deutsche Zucht und Ordnung in den darwinistisch enthemmten Selbstbedienungsladen zu bringen, setzte ich die aufdringlichen alten Kater, durchweg kampferprobte und mehrfach verwundete Haudegen, auf Diät und päppelte nach Maßgabe des Kindchenschemas zunächst die kleinen und zerbrechlichen Artgenossen auf. Wenn ich auch mit den Menschen im Allgemeinen und den Frauen im Besonderen auf keinen grünen Zweig mehr kommen würde, wuchs ich doch mehr und mehr in die Rolle des erfolgreichen Dompteurs hinein und überlegte bereits, mit den äußerlich weniger beschädigten Exemplaren ein paar Kunststückchen einzuüben, die ich im abendlichen Belustigungsprogramm des Hotels unterbringen konnte.

So vergingen die Tage im ewigen kanarischen Frühling wie im Flug, und als ich mich am ersten Advent in brütender Hitze über die dreißig Wasserschälchen und die dreißig Fressnäpfe beugte, tauchte hinter mir plötzlich ein mächtiges Objekt auf, das die Sonne verdunkelte. Ich richtete mich erschrocken auf und stand einem um einen Kopf größeren jungen Mann gegenüber, an dem alles rund war: die Augen, die Brillengläser, der Kopf, und der voluminöse, von einem FC-Bayern-Shirt umspannte Leib. Er grinste wie ein Honigkuchenpferd, hielt in den geöffneten Handflächen zwei Dosen Whiskas und richtete in einem mir unvertrauten Idiom das Wort an mich: »Gö, da schaugst.« Nachdem sich meine Verblüffung gelegt und wir die tierischen Delikatessen an zwei besonders bedürftige Katzendamen verfüttert hatten, die ich insgeheim Schneeweißchen und Rosenrot nannte, stellte ich mich mit meinem Online-Decknamen Jakob vor und er hielt mir seine Pratze hin und sagte: »I hoaß Xaverl, kimm von Minga und bin behindert.« Das klang wie die rituelle Kapitulationsformel der Anonymen Alkoholiker und gleichzeitig wie die Benennung einer höheren Wahrheit: Wir, das zurückgebliebene Riesenbaby, die ausgemusterten Katzen und der vom Geschlechterkampf aufgeriebene Alte, waren Angehörige der an den Rand der Welt gedrängten Internationale der Abgehängten und so erwiderte ich seinen Händedruck mit großer Herzlichkeit: »Willkommen im Club, lieber Xaverl!«

Ich stellte den Jungen gegen zwei Cola light täglich als Subunternehmer ein, schenkte ihm eine Baseball Cap mit der Aufschrift *Cat Ranger Assistant* und so zogen wir allmorgendlich an der Spitze unserer bunt zusammengewürfelten Versehrtentruppe über das Hotelgelände und trugen mit unserer Prozession zur Belustigung unserer Mitbewohner bei. Heiligabend saß ich in gemischter Stimmung auf meinem Balkon und gestand mir ein, dass die mit dem Langzeiturlaub verbundene Vorstellung, den Rest meines Lebens als Dörrobst in Menschengestalt mit gottgefälligen Taten und der Konservierung meines Leibes zuzubringen, etwas von einem langgestreckten Selbstmord hatte. Das Wissen um das, was mich als alter Mann in absehbarer Zeit erwartete, war ebenso unabweisbar wie die Stille, die mich dann auf immer und ewig umgeben würde. Aber dieses Wissen um die Endlichkeit änderte zum einen nichts daran, dass sich jeder Mensch unsterblich fühlt, solange er lebt, zum anderen war mir klar, dass ohne die Frau an meiner Seite in mir *nichts* jemals zur Ruhe kommen würde. Da diese Frau nicht in Sicht war, machte ich mich daran, das zweite Tetra Pak zu öffnen, als Xaverl an die Tür klopfte und mir von seiner Mama, der Resi, ausrichten ließ, dass sie mit mir in dem neben dem Revier der Guardia Civil angesiedelten Tegernseer Tönnchen gern eine Weihnachtsmaß trinken würde. In dem Lokal herrschte großes Gedränge, heimwehkranke Deutsche aller Stämme gaben sich die Kante und an einem Nebentisch hockten Briten, die zwar aus der EU wollten, denen das eigene Bier aber offensichtlich zu labberig war. Als sich Xaverls Mutter von ihrem Stuhl erhob und mich mit der Aufforderung »hock di scho ha« an den Tisch zitierte, starrte ich sie nicht nur wegen der gewöhnungsbedürftigen Begrüßung entgeistert an: Der Berg von Sohn unterstrich ihre Zierlichkeit, sie hatte blonde, halblange Haare, eine ebenmäßiges Gesicht, hohe Wangenknochen, dunkle mandelförmige Augen, in denen eine Traurigkeit stand, die es mir schwer machte, die fremde Frau nicht mit aller Kraft an mich zu ziehen. Die von Verletzungen, Verlusten und Enttäuschungen diktierten Vorgeschichten, die wir uns in den nachfolgenden Stunden anvertrauten, tun hier nichts zur Sache, aber als ich Resi und Xaverl am frühen Morgen vor ihrem Appartement verabschiedete, war ich von dieser Frau ergriffen, wie von nur einer zuvor in meinem Leben.

Am Tag ihres Heimflugs brachte ich sie zum Taxi und fragte sie, ob ich in München willkommen sei. Sie zog meinen Kopf zu sich herunter, nahm mein Gesicht zwischen ihre Hände und sagte: »Basst scho, Liabsta.«

NACHLESE

Es ist seltsam«, schreibt Novalis, der sehnsuchtsvollste Vertreter der deutschen Frühromantik, »dass in einer guten Erzählung allemal etwas Heimliches ist – etwas Unbegreifliches. Die Geschichte scheint noch uneröffnete Augen in uns zu berühren – und wir stehn in einer ganz anderen Welt, wenn wir aus ihrem Gebiete zurückkommen.« Die Beantwortung der Frage, ob der hier vor dem Leser ausgebreitete erzählerische Reigen gut oder ungut ist, etwas Unbegreifliches hat, als berührend, irritierend oder anstößig empfunden wird, liegt ebenso außerhalb meiner Zuständigkeit wie die, ob jemand nach ihrer Lektüre seine eigenen Liebesmühen in einem veränderten Licht sieht.

Ich habe in den Jahren 1987 und 1992 unter dem Titel *Kindskopf oder die Erfindung des tiefsten Blaus* und *Der Mann, der auf Frauen flog* zwei autobiographisch gefärbte Romane geschrieben, die von der unausgesprochenen, aber stets mitschwingenden Hoffnung diktiert waren, die Franz Kafka 1912 in einem Brief an seinen Freund Max Brod in einen verblüffend naiven Stoßseufzer fasste: »Oh, wenn es doch wahr wäre, dass man Mädchen mit der Schrift binden kann!« Im Gegensatz zu dem Godfather aller elenden Skribenten, der der 16-jährigen Hausmeisterstochter Margarethe Kirchner trotz der erhöhten Produktion sorgfältig formulierter Ergebenheitsadressen und Billetdoux nach eigener Einschätzung »so gleichgültig blieb wie ein Topf«, kann ich – so vermessen es klingt, mich mit dem Prager Sprachgiganten in einem Atemzug zu nennen –

voller Dankbarkeit sagen, dass ich Glück hatte und meine zweibändige Flaschenpost mit fünfjähriger Verspätung 1997 von einer Leserin aus dem Meer der Worte gefischt wurde, die sie nicht nur entziffern, sondern auch verstehen konnte. Da die Schriftstellerei in einem sehr eng gefassten Sinne seltener aus dem Überfluss als aus dem Mangel entsteht, spürte ich danach für lange Zeit weder ein Verlangen noch hatte ich eine Veranlassung, mich nach einer anderen Frau umzudrehen, geschweige denn, einer von ihnen hinterherzuschreiben. Zum ersten Mal in meinem wechselvollen Liebesleben fehlte es mir an nichts. Als meine Frau 2009 einen furchtbaren Tod gestorben war, wechselte ich von einem auf den anderen Tag in das haltgebende Gerüst von Kinderaufzucht, Broterwerb und Raumpflege; ein automatenhaft starrer Modus der Alltagsbewältigung, der dem vorherigen Zustand unter umgekehrten Vorzeichen auf paradoxe Weise ähnelte: wie der unterm Eis eingeschlossene Lurch aus der Familie der wechselwarmen Landwirbeltiere, stellte ich alle Aktivitäten ein und empfand dabei weder Mangel noch Schmerzen.

Nach dem zweiten Winter in selbstgewählter Isolation suchte ich einen Neurologen auf, weil mein linkes Bein lahmte, und da die Untersuchung keinen organischen Befund erbrachte, wurde mir eine krankengymnastische Behandlung verordnet. Die durchtrainiert wirkende Physiotherapeutin, die sich meines Laufwerks annahm, forderte mich auf, den Fuß anzuheben, zu strecken und in der Luft kreisen zu lassen und unterstützte die Übung, indem sie mit den Fingerspitzen über die eingeklemmten Nervenbahnen strich. Bei der jäh aufflammenden Erinnerung an ganz anders geartete Berührungen schossen mir die Tränen in die Augen, und als die junge Frau erschrocken innehielt und mich fragte, ob sie mir wehgetan habe, konnte ich sie beruhigen: das Gegenteil war der Fall.

In der darauffolgenden Nacht lag ich zusammengerollt im Bett und dachte über das Tanztheater der verstorbenen Pina Bausch nach. Deren Solotänzer gingen auf dem Zenit ihrer Kunst derart gelöst mit ihren Extremitäten um, dass sie den Eindruck erweckten, sich selbst umarmen zu können, mehr noch: sich selbst genug zu sein. Aber ich war kein überaus geschmeidiger Tänzer von indianischem Wuchs und autoerotischer Begabung, sondern ein hinkender Hinterbliebener, der nachts an die Decke seines Schlafgemachs stierte und überlegte, wie er seiner Bedürftigkeit entrinnen könnte: Wenn es mir doch gelungen war, meine erste Liebe mit der Schrift an mich zu binden, wäre es doch einen Versuch wert, unter Einsatz des mir verbliebenen Wortschatzes bei einer letzten Liebe endgültig vor Anker zu gehen. So landete ich bei FinalDate, es hätte aber genauso gut auch Parship oder ElitePartner sein können.

Nach Angaben der Betreiber der einschlägigen Internetportale funktioniert die Beziehungsanbahnung wie ein Thermomix: man schmeißt alle Zutaten, gefühltes Alter, Körpergröße, Lebendgewicht, Bildungsgrad, Kinderanzahl, sexuelle Orientierung, Familienstand, Lieblingsfilme, Haustiere, regelmäßig ausgeübte Sportarten und Suchtmittelpräferenzen in einen Topf, garniert das Ganze mit einer optimistischen Weltsicht und einem dem Selbstbild schmeichelnden Schnappschuss, drückt die Entertaste und spätestens 24 Stunden später rollen die frischgebackenen Pärchen vom Band. Dass ich nicht zu den erfolgsstatistisch belegten 38% der User gehöre, die nach der Erstbegegnung dauerhaft zueinander finden, ohne darüber dicke Bücher schreiben zu müssen, kann ich nicht dem bösen Kapitalismus und der ihm innewohnenden Rationalisierung der Gefühle anlasten, sondern nur dem durch meine Vorgeschichte vertieften Hang zum Drama: Ich konnte und kann nur große Liebe oder gar keine.

Wer sich auf dem Markt der Beziehungen dem freien Spiel von Angebot und Nachfrage aussetzt, wird nicht nur mit den wertmindernden Nebenwirkungen des Alters konfrontiert, sondern auch mit der im Alter zunehmenden Schwerkraft der jeweiligen Vorgeschichte, die immer länger und gewichtiger sein wird, als die in gelungenen Momenten ausgemalte gemeinsame Zukunft des neuen Paars. Da dieser Text im Sachbuchsegment meines Verlages veröffentlicht wird, scheint es mir angebracht, im Hinblick auf die geschilderten Begegnungen, seinen semi-fiktionalen Charakter zu betonen. Bei der Auswahl war ich bemüht, die Anonymität der beteiligten Frauen zu wahren und die mir in intimen Augenblicken anvertrauten, nicht selten leidvollen Lebensgeschichten heller und heiterer erscheinen zu lassen, als sie von ihnen erinnert wurden. Dass mir das im einen und anderen Fall gelungen ist, kann ich durch die Korrespondenz belegen, die ich mit einigen von ihnen unterhalte:

Ella hat mit ihrer Frauengruppe inzwischen die meisten der weltweit anvisierten 120 Reiseziele abgeklappert und will nach ihrer Rückkehr aus Patagonien eine Ausbildung zur Hospiz-Begleiterin machen. Sie unterhält eine Teilzeitliebschaft mit einem in Oberursel lebenden Account-Manager von Thomas Cook, mag sich aber nicht zur Identität des um einige Jahre jüngeren Mannes äußern.

Selma ist seit Silvester mit dem scheidenden Präsidenten der Landesärztekammer von Rheinland-Pfalz liiert. Die Hochzeitsfeier fand im Golf-Hotel von St. Wendel im Kreis von 120 hochrangigen Gästen aus Politik und Gesellschaft statt. Der Mann kommt mir ein wenig behäbig vor. Ein Umstand, der ihre alterslose Schönheit unterstreicht.

Teresa wurde in die Bundesethikkommission der Deutschen Psychoanalytischen Vereinigung berufen und hat mir eine enthusiastische, für die »Psyche« verfasste Rezension über Peter von Matts *Sieben Küsse. Glück und Unglück in der Literatur* zugeschickt. Der Aufsatz ist eine Sublimierungsleistung erster Güte.

Monika leitet in Görlitz ehrenamtlich einen Integrationskurs für alleinstehende syrische Flüchtlinge männlichen Geschlechts und darf jetzt, wie sie es auf ihre unnachahmliche Weise formulierte, endlich wieder direkt aus der Quelle trinken.

Antje aus dem Odenwald konnte sich von FinalDate verabschieden, weil sich der Kellner des Gasthofs zur Post in sie verguckt hat und die äußerlich zu ihrem Vorteil veränderte Frühpensionärin auf Händen trägt.

Jutta ist zu ihrem kiffenden Ex-Piloten nach Bad Bergzabern zurückgekehrt und geht ihm, wenn sie nicht gerade ihre über halb Deutschland verstreuten Enkel betreut, bei der Pflege und Tarnung seiner Plantage zur Hand. Das Selfie zeigt die beiden völlig entspannt auf einer sonnenbeschienen Bank vor den hoch aufragenden Marihuana-Stauden.

Marianne hat nach einem Konzert den hochbetagten Schlagzeuger der Rodgau Monotones wiederbelebt und tourt jetzt an seiner Seite durch die hessischen Bier- und Apfelweinzelte: *The beat goes on*.

Unter dem Druck der jüngeren Konkurrenz musste *Wally* ihre Zelte im Frankfurter Bahnhofsviertel abbrechen und verwöhnt in Kelsterbach mit zwei Assistentinnen unter der Internetadresse erfahreneladies.de liebeshungrige Vielflieger aus aller Herren Länder. Der Laden brummt und in zwei Jahren wird sie sich zur Ruhe setzen können, schreibt sie.

Von *Magdalena* und der japanischen Prinzessin habe ich nichts mehr gehört. Der Stachel sitzt tief, aber er beginnt, sich zu lösen.

Und selbst? *Resi* glaubt an Gott und unsere dies- und jenseitige Zukunft. Ich lerne Bayerisch und nach dem letzten Hausbesuch hört sie die Vokabeln ab. Wenn sie mich fragt, ob ich mag, lieben wir uns wie am ersten Tag. Ich schlafe neben ihr ein und wache neben ihr auf. Dann küsse ich das Kreuz zwischen ihren duftenden Brüsten, und gehe in die Küche, um den Kaffee aufzubrühen. Xaverl blickt mir verschlafen entgegen und nickt mir freundlich zu. Falls das Buch einschlägt, lade ich unsere beiden Sippen nach Sansibar ein, weil es so schön klingt. Dass die letzte Liebe so leicht ist, hätte ich nie zu träumen gewagt. Ich bin alt, aber solange das Herz schlägt, fürchte ich mich nicht.

QUELLEN

Literatur

Theodor W. Adorno, Minima Moralia, Frankfurt am Main 1951.

Theodor W. Adorno, Kindheit in Amorbach. Bilder und Erinnerungen, Frankfurt am Main 2003.

Ariès, Philippe Béjin, Michel Foucault u. a., Die Masken des Begehrens und die Metamorphosen der Sinnlichkeit, Frankfurt am Main 1984.

Paul Auster, Winterjournal, Reinbek/Hamburg 2013.

Friedrich Dürrenmatt, Die Physiker, Zürich 1962.

Andrea Dworkin, Alice Schwarzer, Pornographie. Männer beherrschen Frauen, Frankfurt am Main 1990.

Gustave Flaubert, Louise Colet, Briefwechsel, Zürich 1995.

Harry G. Frankfurt, Bullshit, Frankfurt am Main 2005.

Max Frisch, Montauk, Frankfurt am Main 1975.

Johann Peter Hebel, Unverhofftes Wiedersehen, in: Das Schatzkästlein des rheinischen Hausfreundes, Frankfurt am Main 1998.

Christoph Hein, Drachenblut, Darmstadt 1984.

Ernest Hemingway, Der alte Mann und das Meer, Reinbek/Hamburg 1952.

Ursula März, Für eine Nacht oder fürs ganze Leben. Fünf Dates, München 2015.

Friedrich Nietzsche, Also sprach Zarathustra, Hamburg 2013.

Novalis, Heinrich von Ofterdingen, Frankfurt am Main 1982.

Michael Rohrwasser, Saubere Mädel. Starke Genossen. Proletarische Massenliteratur?, Frankfurt am Main 1975.

Charles M. Schulz, Das große Peanuts-Buch, Frankfurt 1998.

Johanna Spyri, Heidi, Köln 1980.

Thomas Steinfeld, »Einmal und nicht mehr.« Schriftsteller über das Alter, Stuttgart / München 2001.

Adalbert Stifter, Bergkristall, Ditzingen 1972.

Klaus Theweleit, Männerphantasien, Frankfurt am Main 1977.

Martin Walser, Das dreizehnte Kapitel, Reinbek / Hamburg 2012.

René Weller zit. nach **Rainald Goetz**, Hirn, Frankfurt am Main 1986.

Filme

African Queen, Regie: John Huston, 1951.

Die barfüßige Gräfin, Regie: Joseph L. Mankiewicz, 1954.

Broken Flowers, Regie: Jim Jarmusch, 2005.

Das Dschungelbuch, Regie: Wolfgang Reitherman, 1967.

Der Glöckner von Notre Dame, Regie: Jean Delannoy, 1956.

Grand Budapest Hotel, Regie: Wes Anderson, 2014.

In der Hitze der Nacht, Regie: Norman Jewison, 1967.

Das Mädchen und der Mörder, Regie: Joseph Losey, 1972.

Nord Nord Mord: Clüver und der leise Tod, ZDF am 15. 01. 2018.

Der Pate, Regie: Francis Ford Coppola, 1972.

Psycho, Regie: Alfred Hitchcock, 1960.

Still Alice, Regie: Richard Glatzer, 2014.

Soylent Green, Regie: Richard Fleischer, 1973.

The Student Prince, Regie: Richard Thorpe, 1954.

Terminator, Regie: James Cameron, 1984.

Tschaikowsky. Genie und Wahnsinn, Regie: Ken Russell, 1970.

Unter Verdacht, Fernsehserie, Arte seit 2002.

Vor der Morgenröte, Regie: Maria Schrader, 2016.

Songs

Charles Aznavour, Du lässt dich gehen, 1962.

The Doors, People are strange, 1967.

The Doors, The End, 1967.

Zucchero, Senza una donna, 1987.

The Kinks, You really got me, 1964.

Phil Collins, You can't hurry love, 1982.

The Moody Blues, Nights in White Satin, 1967.

Franz Josef Degenhardt, Sacco und Vanzetti, 1972.

Marv & Phillipp Dittberner, Wolke 4, 2015.

Peter Kraus, Tiger, 1959.

Rod Stewart, The first cut is the deepest, 1976.

Opus Dei, Hold me, Touch me, Heal me, 1970.

Vangelis, Chariots of Fire, 1981.

Wencke Myhre, Einsamer Boy, 1966.

Ivo Robic, Morgen, 1959.

Leonard Cohen, Ten New Songs, 2001.

Rag 'n' Bone Man, Skin, 2017.

David Bowie, Heroes, 1977.

Tom Petty and **The Heartbrakers**, Into The Great Wide Open, 1991.

Annick Cojean
Was uns stark macht
Begegnungen mit Patti Smith,
Virginie Despentes, Joan Baez,
Brigitte Bardot u.a.
Aus dem Französischen
von Kirsten Gleinig
299 Seiten. Gebunden
ISBN 978-3-351-03766-6
Auch als E-Book erhältlich

Begegnen Sie den inspirierendsten Frauen unserer Zeit

Was hat uns geprägt? Was treibt uns an? Auf diese Fragen lässt Starjournalistin Annick Cojean außergewöhnliche Frauen aus unterschiedlichen Generationen und Bereichen unserer Gesellschaft antworten. Wir hören Patti Smith, wie sie über die unerschütterliche Liebe zu ihrer Mutter und zur Musik als Lebensmotor spricht. Wir erfahren von Bestsellerautorin Virginie Despentes, dass sie sich als junge Frau erst aus der Alkoholsucht befreien musste, um dorthin zu kommen, wo sie heute ist. Joan Baez erzählt von dem großen Glück, ihre Stimme für politische Zwecke einsetzen zu können ... Ein zutiefst berührendes Gesprächsbuch, das so farbenfroh und lebensklug ist, dass man es nicht mehr aus der Hand legt.

Gespräche u. a. mit: Patti Smith, Virginie Despentes, Claudia Cardinale, Asli Erdogan, Hélène Grimaud, Joan Baez, Juliette Gréco, Brigitte Bardot, Vanessa Redgrave, Marianne Faithfull u. a.

Regelmäßige Informationen erhalten Sie über unseren Newsletter. Jetzt anmelden unter: www.aufbau-verlag.de/newsletter

Anne Dufourmantelle
Lob des Risikos
Ein Plädoyer für das Ungewisse
Aus dem Französischen
von Nicola Denis
315 Seiten. Gebunden mit Schutzumschlag
ISBN 978-3-351-03732-1
Auch als E-Book erhältlich

»Das Risiko ist der alles entscheidende Augenblick.« ANNE DUFOURMANTELLE

Im Risiko, im Unvorhersehbaren liegt eine ungeahnte Kraft. Wenn wir etwas wagen, ohne zu wissen, wo es uns hinführt, können wir nur gewinnen: Handlungsräume, Kreativität und Selbstbestimmung. Das größte Risiko unseres Lebens ist und bleibt die Liebe. Die Philosophin und Psychoanalytikerin Anne Dufourmantelle hat stets nach dieser Maxime gelebt. Als sie im Sommer 2017 zwei Kinder vor dem Ertrinken rettete, hat sie ihr eigenes Leben riskiert – und verloren. Dieses Buch ist ihr Appell, die Fenster aufzureißen, um das Ungewisse in unser Leben zu lassen.

»Ihre Worte, ihre Intelligenz, ihre Sanftheit werden uns fehlen, weil sie uns halfen, das Risiko einzugehen, sich anderen und der Welt gegenüber zu öffnen.« LIBÉRATION.

»In ihren Arbeiten verband Dufourmantelle auf vornehmste Art philosophisches Denken mit gesellschaftlicher Realität.« SÜDDEUTSCHE ZEITUNG

Regelmäßige Informationen erhalten Sie über unseren Newsletter. Jetzt anmelden unter: www.aufbau-verlag.de/newsletter

Rachel Corbett
Rilke und Rodin
Die Geschichte einer Freundschaft
Aus dem Englischen
von Helmut Ettinger
379 Seiten. Broschur
ISBN 978-3-7466-3554-5
Auch als E-Book erhältlich

Eine große Künstlerfreundschaft in Zeiten des Umbruchs

Mitreißend und berührend erzählt Rachel Corbett erstmals die Geschichte einer großen Künstlerfreundschaft, die 1902 in Paris beginnt. Der Bildhauer Auguste Rodin wird zur Vaterfigur für den jungen Rainer Maria Rilke, der sich nach Antworten auf die existenziellen Fragen seines Künstlerlebens sehnt. Es folgen intensive Begegnungen, ein dramatisches Zerwürfnis und eine bewegende Versöhnung. In dieser inspirierenden Freundschaft zweier herausragender Persönlichkeiten spiegelt sich die aufstrebende, künstlerische Moderne zu Beginn des 20. Jahrhunderts.

»Eine einfühlsame Biographie über die Freundschaft zwischen zwei der größten Künstler des zwanzigsten Jahrhunderts.« THE NEW YORKER

Regelmäßige Informationen erhalten Sie über unseren Newsletter. Jetzt anmelden unter: www.aufbau-verlag.de/newsletter

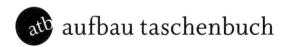